Publicado por The Saif House

LA ILUMINACIÓN DE BITCOIN

ISBN
978-1-967693-04-7 Tapa dura
978-1-967693-05-4 Rústica
978-1-967693-06-1 Libro electrónico
978-1-967693-07-8 Audiolibro

LA ILUMINACIÓN DE BITCOIN

EL FINAL DE LA EDAD OSCURA DEL DINERO FIAT

LA ILUMINACIÓN DE BITCOIN

EL FINAL DE LA EDAD OSCURA DEL DINERO FIAT

RICARDO B. SALINAS
PASCAL HÜGLI + DANIEL JUNGEN

MÉXICO, 2025

CRÉDITOS

La iluminación de Bitcoin - El final de la edad oscura del dinero fiat
Ricardo Benjamín Salinas Pliego, Pascal Hügli, Daniel Jungen

Coordinación editorial y del proyecto
Luis J. Echarte / Ximena Covarrubias / Saifedean Ammous

Edición
Ximena Covarrubias / Jesús Velázquez

Diseño editorial
Julieta Hernández Adame / Mónica Zacarías Najjar

Diseño de la portada
Jamie de Rooij

Ilustraciones
Julieta Hernández Adame

Corrector
Peter Gellert

Traducción al español
Leonor de Villafranca

Reconocimientos
Hugo Salinas Price, Michael Saylor, Nayib Bukele, Samson Mow,
Max Keiser, Stacy Herbert, Humberto San Juan, Bruno Rangel,
Jorge Nikaido, Lyn Alden.

www.ricardosalinas.com
www.lessnoise-moresignal.com
comentarios.ricardosalinas@gruposalinas.com.mx

ÍNDICE

El malestar de nuestro mundo es profundo y los que deberían velar por nosotros se rehúsan a reconocer la causa directa: el papel moneda.

Hugo Salinas Price

RECONOCIMIENTOS

Gracias a mi padre, Hugo Salinas Price, quien me educó y alimentó mi interés para convertirme en un "defensor del oro" desde la década de los 80. La transición a ser un "Bitcoin maxi" fue fácil para mí porque sabía mucho sobre las ineludibles políticas de devaluación del dinero fiat, implementadas por los gobiernos modernos, una piedra angular en el largo viaje para ser un convencido de Bitcoin.

A mi esposa, María, quien me ha escuchado pacientemente citar el precio de Bitcoin miles de veces, mañana y tarde: gracias por tu paciencia inquebrantable.

En particular, mi agradecimiento especial a Michael Saylor, quien ha proporcionado consistentemente material educativo invaluable para todos los *bitcoiners*.

Ricardo B. Salinas

฿ ฿ ฿

Yo, Pascal, quisiera expresar mi más profundo agradecimiento a mi esposa, Naemi, por su apoyo inquebrantable y generosidad para permitirme las incontables horas necesarias para escribir este libro. Queremos enviar un agradecimiento sincero a nuestras familias, en quienes siempre podemos confiar.

También quisiéramos agradecer a Robert Nef y a Beat Kappeler por presentarnos literatura histórica importante. Nuestra sincera gratitud también para Luis Echarte y Ximena Covarrubias de Grupo Salinas, cuyo apoyo incondicional, aliento y comentarios perspicaces, resultaron invaluables a lo largo del camino.

Agradecemos también a Preston Pysh por su retroalimentación sobre los capítulos relacionados con Bitcoin. Gracias Satoshi por lanzar Bitcoin. Sin tu innovación revolucionaria, no se hubiera escrito este libro. Sobre esta misma idea, también queremos expresar nuestro agradecimiento a la comunidad mundial de Bitcoin por preparar el camino y compartir generosamente sus reflexiones.

Por último, agradecemos a nuestro Dios y Creador por su favor inmerecido y protección en nuestras vidas.

Pascal Hügli, Daniel Jungen

PRÓLOGO

DR. SAIFEDEAN AMMOUS

Como editor de The Saif House, es un verdadero placer y privilegio publicar *La iluminación de Bitcoin*, un libro fantástico que destila la sabiduría de siglos de civilización de dinero físico (*hard money*), en términos fáciles de entender para el lector moderno.

Ricardo Salinas Pliego, viene de una larga línea de hombres de negocios y emprendedores exitosos, que han desarrollado y comunicado esta sabiduría por generaciones y somos afortunados de que haya dedicado tiempo de su apretada agenda para producir este libro, gracias a los esfuerzos de sus coautores Daniel y Pascal.

En 2011 y 2012, mientras estudiaba el trabajo del economista húngaro, Antal Fekete, me encontré con varios artículos de Hugo Salinas Price, un empresario que mostró un profundo entendimiento de los problemas monetarios de su país y cómo el *hard money* los podría haber evitado. El señor Salinas Price y otros del círculo de Fekete, me han parecido siempre fascinantes, como un tío interesante que posee profundos conocimientos sobre economía, que no son fáciles de entender para nuestra generación. Fekete fue quien me señaló primero el concepto de la relación entre las reservas y el flujo (*stock-to-flow*) y su papel determinante en lo que el mercado elige como dinero. Fekete argumentaba que el papel monetario del oro es una función del gran tamaño de sus reservas líquidas existentes, en comparación con su producción anual. Debido a la incorruptibilidad del oro, la humanidad no consume oro realmente, únicamente lo acumulamos. Conforme acumulamos mayores cantidades de él, la nueva producción de oro se vuelve una fracción insignificante de sus reservas líquidas disponibles en el mercado. Con base en los datos del siglo pasado, la proporción de las reservas líquidas de oro y su producción anual, se ha encontrado históricamente dentro del rango de 50 a 70. En otras palabras, las reservas líquidas globales de oro crecen únicamente alrededor de 1.5 a 2% por año. Esta tasa de crecimiento tan baja de la oferta es única para el oro y significa que en cualquier momento, los mineros de oro son jugadores insignificantes en el mercado general del oro. Aun cuando la demanda de oro suba y su valor de mercado se incremente, los mineros no pueden incrementar significativamente las reservas, ya que toda su producción es una pequeña fracción de estas reservas. Para los metales con una menor relación entre las reservas y el flujo, un aumento en la producción minera genera un incremento sustancial en las reservas líquidas, lo que reduce el precio.

Siempre me pareció admirable que un concepto obviamente crítico fuera desconocido para la mayoría de los lectores modernos, cuya comprensión sobre los asuntos económicos había sido tan influenciada por la propaganda keynesiana y estatista, que el asunto del aumento en la oferta de diversos activos monetarios hubiera sido ignorado casi en su totalidad. Era aún más notable que en ninguna parte de la obra de los economistas de la Escuela Austriaca hubiera encontrado una explicación adecuada sobre este punto en específico. Hasta donde puedo afirmar, hasta ahora, en ninguna parte Menger, Mises, Rothbard o Hayek comentan este concepto específico, pero estoy abierto a correcciones si estoy equivocado. Incluso para los austriacos, que comprendían muy bien la importancia del oro en el orden monetario, parece que dieron como un hecho este punto particular y lo ignoraron. Para los economistas, que se entrenaron en el estándar de oro, había una creencia casi incuestionable y ciega en el papel monetario inevitable del oro, que no necesitaba ser justificado o explicado. Mucho más urgentemente, necesitaba ser defendido. El mercado claramente había elegido el oro como dinero y parece que hay poco interés en discutir por qué. No está totalmente claro si era porque ignoraban este punto, o porque creían que era trivial o insignificante.

Siempre me fascinó cómo un punto tan profundo permaneció en gran medida ignorado. Entender cómo la baja tasa de crecimiento de las reservas de oro le había otorgado su papel monetario, sería muy provechoso para apreciar la importancia de bitcoin. Como había estado familiarizado con el trabajo de Fekete, me interesé de inmediato en bitcoin cuando me enteré de que la tasa de crecimiento de su oferta estaba en constante disminución. Cuando escribí *El patrón Bitcoin*, en 2017, encontré que la relación entre las reservas y el flujo era el marco conceptual esencial sobre el cual se había construido el libro. No sólo nos ayuda a entender la historia del dinero a través de los milenios, hasta el mundo moderno, sino que también proporciona el punto de entrada para explicar la economía del bitcoin e incluso su operación técnica. Se ha dicho a menudo que la mejor manera de entender algo es empezar por entender el por qué. Cuando *El patrón Bitcoin* explicó la importancia de una tasa baja de crecimiento de la oferta, fue posible entender el verdadero significado del difícil ajuste, lo cual se podría decir que es el avance tecnológico más importante del bitcoin. Al ajustar la dificultad de minar, Satoshi pudo asegurar que la oferta puede crecer de acuerdo con el programa presente, incluso descentralizando con la minería. Bitcoin fue diseñado para tener una relación entre las reservas y el flujo que aumente para siempre, hasta que se detenga la producción de bitcoin.

A pesar de que la mayoría de la gente desconoce la importancia de la tasa de crecimiento de la oferta, este concepto se volvió bastante popular entre los *bitcoiners* (quienes participan en actividades relacionadas a Bitcoin). Mi hipótesis es que esta perspectiva parece mucho más vívida y significativa para los *bitcoiners,* que para quienes tienen dinero fiat, e inclusive para muchos defensores del oro, debido a que ellos son testigos del incremento de un nuevo activo monetario en tiempo real. Quienes poseen dinero fiat no pueden concebir la importancia de la tasa de crecimiento de la oferta debido a que, en su mente, el dinero es lo que el Estado dice que es. Muchos defensores del oro también son incapaces de entender este punto; simplemente creen que el oro es dinero del mercado libre, debido a que existe una gran cantidad de pruebas de que realmente es el dinero del mercado. Pero, los *bitcoiners,* que observan cómo sigue aumentando el precio de Bitcoin, conforme la tasa de crecimiento de la oferta disminuye, no pueden dejar de notar la relación.

Otro socio de Fekete fue el fallecido banquero suizo Ferdinand Lips, autor de la maravillosa historia del patrón oro, *Las guerras del oro.* El libro de Lips es una historia fascinante del desarrollo del oro como dinero y su importancia esencial para la civilización. También contiene numerosas perspectivas sorprendentes sobre la historia, la economía y el dinero, que el lector recordará y que alterarán la forma en que ve el mundo. Lips parece un hombre fuera del tiempo y del espacio, un hombre que funciona bajo un sistema operativo de la civilización basado en el patrón oro, que vive en el siglo de la degradación del fiat, un retroceso anacrónico que te invita a entender e imaginar qué tan diferente sería nuestro mundo actual sin *hard money.* Este libro también se basa en el trabajo de Félix Somary, *El cuervo de Zúrich,* para explicar el impacto devastador de la desaparición de la letra de cambio a favor del dinero fiat y del economista alemán, Heinrich Rittershausen, quien explica hábilmente cómo funciona la deuda del gobierno y por qué a menudo falla de manera tan drástica.

Como la relación entre las reservas y el flujo de Fekete, las ideas de Lips, Somary y Rittershausen también resuenan con los *bitcoiners,* mucho más que con los *nocoiners* (personas ajenas a

Bitcoin) . Algunas de las viejas ideas sobre la sabiduría del *hard money* han penetrado entre los *bitcoiners*, mientras que la mente de los *nocoiners* se mantiene insensible a ellas.

La iluminación de Bitcoin es un libro que sigue la tradición de estos grandes y escasos hombres, que comprendieron verdadera y profundamente la importancia del *hard money* y su impacto profundo y de gran alcance. Ricardo Salinas Pliego destila sabiduría de *hard money* que ha aprendido de las cuatro generaciones de padres, tíos, abuelos y bisabuelos, que ustedes desearían haber tenido. Cuatro generaciones que han sido testigos de miles de millones en porcentajes de inflación fiat, que han consumido su riqueza, sus negocios y sociedades, pero que siempre han logrado salir triunfantes a pesar de ello, debido a que siempre supieron diferenciar entre el oro real y el oro de los tontos.

Mientras que mi trabajo y el de la mayoría de los *bitcoiners* es enfocarse en los desarrollos monetarios del siglo XX y de finales del siglo XIX, este libro se remonta mucho más atrás. La discusión sobre el establecimiento del Banco de Inglaterra en el siglo XVII es altamente informativa. El surgimiento del mercado de bonos del gobierno y su relación con la inflación también ha sido un tema muy importante y poco comentado, lo cual se explica de manera clara y lúcida en este cautivador libro.

En un mundo consumido por la propaganda inflacionista, los Salinas pasaron este conocimiento de generación en generación. Esto les ayudó a mantenerse ricos y aseguró que Ricardo Salinas Pliego fuera uno de los primeros magnates de los negocios en el mundo en reconocer el enorme valor de Bitcoin. Mientras que los inversionistas enfocados en el dinero fiat y los magnates de su generación siguen haciendo comparaciones patéticas de Bitcoin con los bulbos de tulipán y los peluches *Beanie Babies*, Salinas Pliego ha utilizado sus enormes plataformas para informar a sus incontables seguidores sobre la importancia de Bitcoin y cómo los puede liberar de la esclavitud del dinero fiat.

Mientras que Bitcoin sigue funcionando como la única tabla de salvación disponible para millones de personas alrededor del mundo, muchos magnates y empresarios siguen sin ver su importancia especialmente cuando muchos de ellos se han beneficiado precisamente del robo inflacionario, con el que Bitcoin termina. Mientras que la mayoría de ellos se pueden dar el lujo de ignorar a Bitcoin por el momento, los millones de personas que los siguen como guía e inspiración financiera no lo pueden hacer. Recuerdo claramente cuántos de mis amigos y colegas en Líbano desestimaban a Bitcoin con base en las palabras de Warren Buffet, Bill Gates y otros beneficiarios y entusiastas de la inflación. Mientras que los poseedores de fiat continuaban disfrutando de sus privilegios, la gente de Líbano que los seguía y escuchaba, vio cómo se esfumaban los ahorros de su vida en la crisis monetaria que empezó en 2019.

No se puede subestimar lo crucial que ha sido tener a una persona del calibre de Ricardo Salinas Pliego, que respalde a Bitcoin. Es una de las caras más conocidas en México, familiar para las decenas de millones de personas que compran productos en sus incontables tiendas, utilizan sus servicios financieros, ven sus estaciones de televisión y escuchan sobre sus éxitos financieros y magnífico estilo de vida. Millones de mexicanos lo siguen en redes sociales para conocer sus ideas. El hecho de que hable constantemente sobre Bitcoin sin duda ha influido en innumerables personas en todo el mundo para que tomen más en serio este activo. Sólo podemos imaginar cuántas vidas ha salvado de la miseria y la indigencia al guiarlos hacia Bitcoin y decirles clara y repetidamente que ahorren en él.

Más que una guía muy útil para entender el significado histórico de Bitcoin, este libro también contiene la sabiduría práctica de negocios de un empresario que triunfa sobre una terrible política gubernamental. Disfruté mucho su lectura y espero que ustedes también lo disfruten.

INTRODUCCIÓN

De manera genuina, *La iluminación de Bitcoin: el final de la edad oscura del dinero fiat,* nació durante una de las etapas más inciertas de la humanidad, un momento que mostró de manera inquietante qué tan rápido nos pueden arrebatar cada una de nuestras libertades. En el invierno de 2022, durante el pico de la pandemia de COVID-19, dos jóvenes entusiastas de Bitcoin se me acercaron para pedirme una entrevista. Yo no conocía el trabajo de Pascal y Daniel y sus nombres no me sonaban conocidos. Sin embargo, para sorpresa de mi equipo y mía, invité a los dos plebeyos de Bitcoin a mis oficinas en la Ciudad de México para sentarnos a platicar.

Lo que surgió durante esa entrevista de 45 minutos, que después se volvió viral en YouTube, fue una discusión acalorada sobre las fallas del dinero fiat, el papel de los bancos centrales y sus "sumos sacerdotes", mi experiencia personal con la hiperinflación y la libertad que ofrece el *hard money*, como el oro, la plata —y ahora el bitcoin— al mundo.

Pascal y Daniel propusieron capturar la esencia de nuestra discusión por escrito, lo que detonó la idea de este libro. Acordamos que la mejor manera de resaltar la necesidad de Bitcoin como el dinero más duro que jamás se haya creado, era familiarizar al lector primero con la naturaleza injusta y fraudulenta del sistema financiero actual. Después de todo, una vez que entiendes que el juego está amañado, no se requiere de mucha persuasión para decidir salirse del sistema.

Por esta razón, el libro comienza con mi historia personal y cómo haber vivido la hiperinflación en México me ayudó a entender el profundo valor de Bitcoin. De ahí sigue la línea del tiempo del dinero, explorando sus orígenes y el camino que nos llevó al defectuoso sistema fiat que enfrentamos hoy. Los últimos dos capítulos profundizan sobre Bitcoin y el futuro esperanzador que esta nueva tecnología monetaria nos promete a todos.

Al igual que Daniel, Pascal y yo, cada vez más personas en todo el mundo están recurriendo a Bitcoin para escapar del fiat. En el mundo fiat, a menudo me presentan como el "tercer hombre más rico de México" y aparezco en listas muy conocidas de multimillonarios. Pero, siempre he desconfiado de estas clasificaciones, son distracciones que no merecen una atención seria. Aun cuando soy afortunado por tener éxito financiero, creo firmemente que la riqueza no es un juego de suma cero. Al contrario, el enemigo real es la pobreza y erradicarla debería ser el motor de toda nuestra creatividad y energía. Éste es el verdadero camino hacia la prosperidad incluyente.

Lograr esta meta requiere de cimientos de libertad, confianza y compromiso con el estado de derecho. Sólo en este ambiente pueden prosperar la innovación, la competencia, la inversión y el crecimiento de los negocios y del empleo, para mejorar las vidas de millones de familias. Sin embargo, la naturaleza misma del dinero fiat debilita esta visión. Nos quita nuestro poder adquisitivo, nos roba nuestro tiempo, divide a la sociedad y erosiona nuestra libertad misma. Y una vez que perdemos nuestra libertad, perdemos nuestra identidad, nuestro propósito y la esencia misma del por qué existimos. Mi amigo, el Dr. Ulrich Wacker, capturó esta verdad con gran claridad cuando escribió:

"La libertad respeta siempre las pertenencias del hombre. Una persona debe ser libre de decidir lo que quiere

adquirir a través de su propio esfuerzo. [...] Sin el derecho de determinar nuestro propio futuro, el derecho a la propiedad y el derecho a la privacidad, el hombre está expuesto a los caprichos de los demás y pierde independencia".

Nuestra meta con este libro es educar, inspirar y servir como una llamada de atención para los lectores con una mente abierta, jóvenes y viejos por igual. La educación y la libertad son inseparables, la educación empodera a la libertad y la libertad impulsa a la educación. Cuando las personas aplican su conocimiento y alimentan su pensamiento crítico, la cultura prospera, las economías crecen y las oportunidades para una vida mejor abundan. Cuanta más gente vea la verdad, más difícil será que persistan las mentiras.

En el centro de este mensaje se encuentra la creencia de que debemos pelear para defender lo que más queremos: nuestra libertad. Somos personas libres, no esclavos. La propiedad es sagrada y esencial para nuestra libertad, representa los frutos de nuestro tiempo, de nuestra vida y de nuestro esfuerzo. No robo ni dejo que me roben. Tenemos tanto el derecho como la responsabilidad de defendernos.

El dinero libre, neutro y seguro es la base de nuestra civilización. Una moneda sólida genera bienestar a través de la posibilidad de planear el futuro y, por lo tanto, de invertir. Promueve el comercio y el comercio es paz. Una sociedad libre no puede existir sin dinero libre y la verdadera libertad requiere de dinero que esté arraigado en el principio de la libertad. Bitcoin encarna esta libertad. Gracias a Bitcoin se nos ofrece un futuro de libertad financiera, en vez de esclavitud: la libertad de ser verdaderamente dueños de nuestro dinero y decidir cómo usarlo. Que este libro ilumine el camino de sus lectores.

Ricardo, Pascal, Daniel

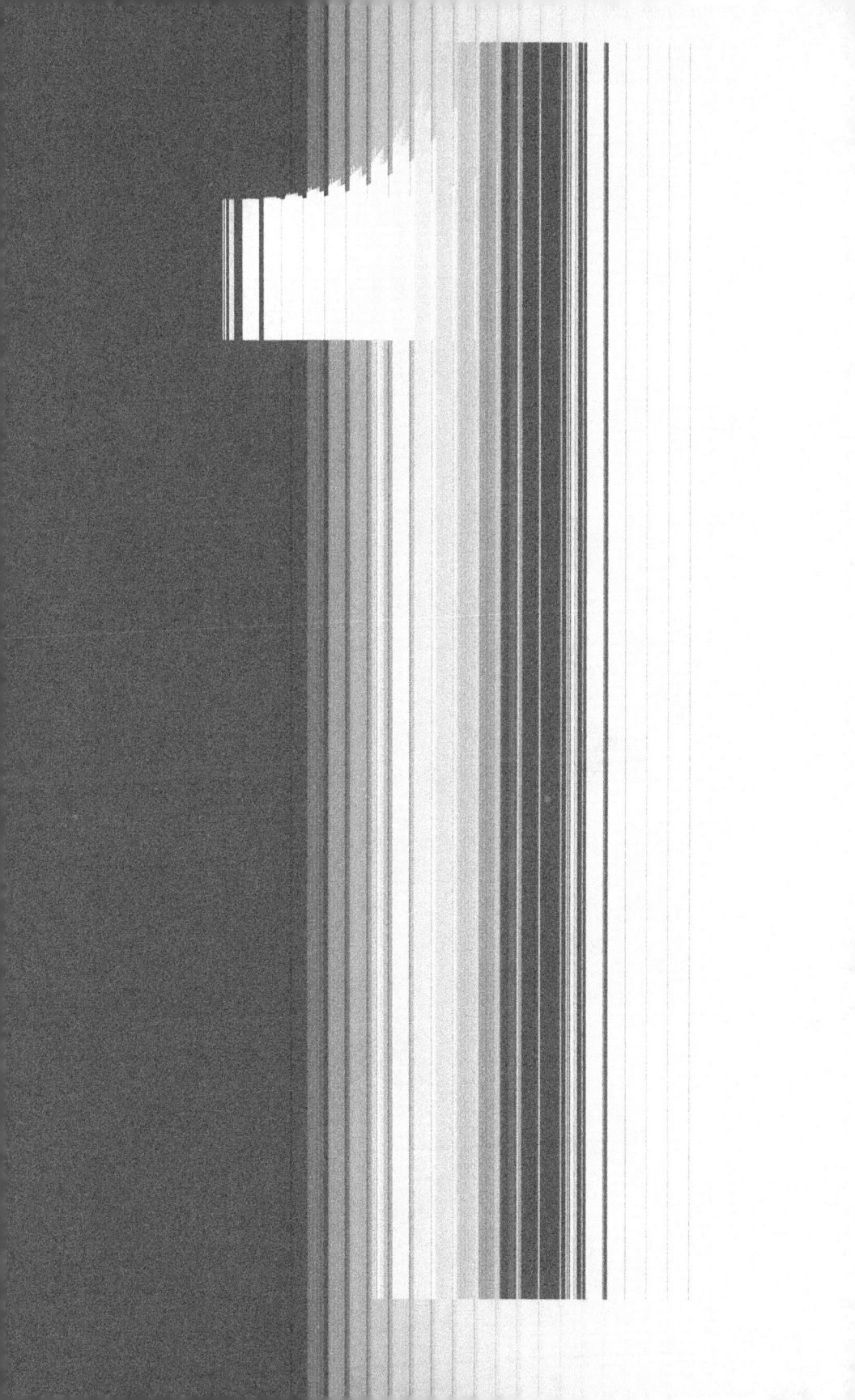

MI HISTORIA CON BITCOIN

La pregunta que más me hacen en entrevistas es: "Ricardo, ¿cómo te metiste en Bitcoin?". La respuesta rápida es que escuché a Barry Silbert, el CEO de Digital Currency Group, hablar sobre Bitcoin en 2013. En su conferencia magistral, en la ciudad de Nueva York, Barry presentó a Bitcoin como una oportunidad única de inversión. Convencido, acepté el trato y compré mi primer bitcoin en 200 dólares. Tan sólo veinte días después, el precio había subido a 500 dólares. Cuando eso sucedió pensé, "bueno, soy un genio invirtiendo" y compré mucho más. Como se podrán imaginar, esta operación terminó siendo sumamente exitosa. De hecho, fue tan exitosa que me vi obligado a investigar más a fondo sobre Bitcoin.

Después de estudiar el modelo más exhaustivamente, empecé a entender la verdadera innovación detrás de este tipo de dinero. Primero gradualmente, luego de repente. Me di cuenta de que por primera vez en la historia, la humanidad tiene ahora una moneda finita, cuya oferta está limitada a 21 millones de monedas. Y lo más importante, con Bitcoin tenemos dinero que no es embargable porque se puede mantener custodiado por uno mismo. Es dinero altamente resistente a la censura, es digital y aumenta la libertad y la soberanía de quien lo tiene. Como muchas personas antes que yo, llegué a Bitcoin por el dinero, pero me quedé por la revolución.

LA EXPLICACIÓN LARGA

Fui educado en una familia que ha creído durante más de un siglo en los principios que sustentan a Bitcoin. Mi abuelo y mi padre fueron defensores del oro toda su vida. Desde chico me hablaron sobre la naturaleza maligna del dinero fiat y que algún día colapsaría. En consecuencia, he estado consciente del hecho de que el dinero fiat es insostenible y es un fraude.

EL MALESTAR EN NUESTRO MUNDO ES PROFUNDO
Y QUIENES DEBERÍAN VELAR POR NOSOTROS
SE NIEGAN A RECONOCER LA CAUSA DIRECTA:
EL PAPEL MONEDA.

HUGO SALINAS PRICE, 1997

Analizando la historia de mi familia, no me sorprende que mi padre y mi abuelo fueran grandes defensores del dinero sólido en forma de oro y plata. Vengo de una familia de cuatro generaciones de emprendedores. Nuestra historia empresarial empezó con mi bisabuelo, Benjamín Salinas, que nació en 1884 y empezó a trabajar en el negocio de sillas de montar de su padre, a los 14 años. En esos tiempos, el negocio de la familia era aprovechar el auge de las casas de campo a finales del siglo XIX, produciendo colchones y cubiertas para sillas de montar.

Benjamín resultó ser un excelente vendedor. Al ver su potencial, su padre lo animó a buscar un trabajo con un mejor sueldo. Pronto, Benjamín empezó a trabajar para el empresario más importante de su ciudad natal, Monterrey, quien más adelante le ofreció ser socio de su empresa. Benjamín rechazó la oferta, firme en su decisión de empezar su propio negocio.

Junto con su cuñado, Joel Rocha Barocio, empezó a vender artículos para el hogar y las camas fueron su mayor éxito. El dúo empezó importando camas europeas y después construyó una fundición que les permitió producir sus propias camas de latón en serie. Esto marcó el nacimiento de Benjamín Salinas y Compañía, fundada en 1906. La compañía resultó ser un gran éxito, pero tuvo que cerrar en 1914, debido a la devastación monetaria resultado de la Revolución Mexicana (1910-1920).

LA REVOLUCIÓN MEXICANA

La Revolución Mexicana tuvo un profundo efecto sobre la emisión y circulación de moneda en México. Cinco años antes de la revolución, en 1905, México promulgó una reforma enmendando la Ley Monetaria e introdujo el patrón oro. En esta reforma, una moneda de un peso se definió como aquella que contenía 0.75 gramos de oro fino. Esto fue un buen augurio y durante un breve periodo, el sistema monetario de México se sostuvo sobre una base sólida.

En 1913, cuando la revolución llevaba tres años, el General Victoriano Huerta accedió al poder mediante un golpe de estado en el cual, Francisco I. Madero, el Presidente electo de México, fue asesinado. Huerta tomó el poder y ordenó a los bancos emisores privados que entregaran a su gobierno todos los billetes respaldados por metal, lo cual le permitió emitir billetes sin respaldo en grandes cantidades. Estos billetes se depreciaron rápidamente dañando gravemente al sistema bancario y la economía mexicanos.

Debido a la escasez posterior de moneda, los comerciantes, los terratenientes, las autoridades municipales y los militares se vieron forzados a emitir su propio dinero. Entre 1913 y 1915 se creó el dinero de necesidad en forma de billetes, pedazos de cartón y vales, para cubrir las necesidades económicas de tener un medio de intercambio. Varios tipos de monedas de oro y plata se acuñaron también, pero la emisión de papel en específico fue la que se multiplicó en ese tiempo.

Fueron los líderes militares, principalmente, quienes aprovecharon este vacío monetario. Venustiano Carranza, Jefe del Ejército Constitucionalista, fue el primero que empezó a emitir sus propios billetes. Pronto dio permiso a varios de sus líderes revolucionarios de imitarlo. Esto sentó un precedente y cada general revolucionario que subió al poder en lo sucesivo emitió su propia moneda.

Por supuesto, la gran variedad de billetes monetarios complicó aún más la situación, especialmente debido a que el valor de los billetes dependía en gran parte del poder y la autoridad que tuviera el emisor en una región específica. Cualquier cambio en la dinámica del poder tenía un impacto importante sobre el valor de los respectivos billetes, debido a que el papel moneda era el único respaldado por el poder del ejército emisor y su general. Pronto, la gente empezó a llamar a estos billetes bilimbiques (pedazos de papel sin valor), porque se devaluaban continuamente y se falsificaban en grandes cantidades. El único dinero seguro durante ese periodo fueron las monedas de oro y plata, las cuales eran escasas.

No debe sorprendernos que bajo estas circunstancias, los mexicanos perdieran la confianza en el papel moneda. Esto se hizo evidente cuando en 1916, los constitucionalistas bajo el liderazgo de Venustiano Carranza consolidaron el poder y expulsaron al golpista Victoriano Huerta del cargo. Para resolver el dilema monetario de México, Carranza decretó que en el futuro el único papel moneda válido serían los recién creados billetes "infalsificables" producidos por la American Bank Note Company, con sede en Nueva York, en representación del gobierno mexicano. Pero, estos billetes tuvieron el mismo destino que sus predecesores y perdieron su valor en unas cuantas semanas.

Por lo tanto, la Casa de Moneda de México empezó a acuñar monedas metálicas de nuevo y Carranza ordenó que se les pagara a los empleados con monedas. Esta medida finalmente empezó a resolver los problemas monetarios de México y preparó el camino para el Banco Central de México, el cual se estableció por ley en 1917 y se creó en 1925.

EL NACIMIENTO DE SALINAS Y ROCHA

La estabilidad política y económica volvió a México al ir disminuyendo lentamente el caos monetario y con la firma y promulgación de la nueva Constitución Mexicana, en 1917. En esos días, mi bisabuelo Benjamín y su antiguo socio, Joel Rocha, tuvieron el valor de volver a lanzar su negocio. Para financiarlo con recursos propios, cada fundador contribuyó con la mitad del capital. Abrieron su mueblería con el nombre de Salinas y Rocha y con gran habilidad la convirtieron muy pronto en una cadena.

Ambos empresarios comprendieron el valor de vender ofreciendo crédito y crearon el sistema de ventas en abonos, el cual impulsó aún más su negocio. Pronto la compañía ofreció una amplia variedad de productos, desde insecticidas hasta jabones, logrando así establecerse y prosperar a pesar de la situación desfavorable en el país después de la revolución.

DE GENERACIÓN EN GENERACIÓN

Mi abuelo, Hugo Salinas Rocha, inició su trayectoria en Salinas y Rocha como trabajador en la fábrica. Cuatro años más tarde fue nombrado gerente de la tienda de la Ciudad de México, convirtiéndola en la división más rentable de la compañía. Salinas y Rocha se convirtió en la primera compañía en establecer y anunciar precios fijos en México. Al igual que su padre, Hugo tenía un gran talento para los negocios y estaba muy interesado en la tecnología moderna.

En 1948, además de su papel en Salinas y Rocha, Hugo, junto con el empresario estadounidense, Donald Stoner, fundó Radiotécnica, una pequeña fábrica de radios que se convirtió en el proveedor de Salinas y Rocha, a la cual le surtía tecnología de punta. Tan solo dos años más tarde, en octubre de 1950, Hugo Salinas Rocha creó la marca Elektra Mexicana. Además de radios, Elektra Mexicana empezó a ensamblar equipos de televisión importados y pronto empezó a fabricar sus propios modelos.

La iniciativa resultó ser un gran éxito. Vender a un precio más bajo al mayor número de clientes, convirtió a Elektra en un actor clave en la modernización de México.

Mi padre, Hugo Salinas Price, había promovido y apoyado en gran medida la fabricación de equipos de televisión de Elektra. Como resultado de ello, a la joven edad de 20 años, mi padre ascendió al puesto de Gerente General de Elektra. Esto fue en el año 1952.

LA GRAN DIVISIÓN

En 1961, Salinas y Rocha había crecido para convertirse en una gran cadena, con 38 tiendas y ventas de más de 200 millones de pesos. Tristemente, la relación entre las familias Rocha y Salinas se fue deteriorando con el tiempo, hasta llegar al punto en que el consejo de administración de la compañía decidió retirar a mi abuelo de su puesto como Director General. A pesar de que mi abuelo mantuvo sus acciones de la compañía, desde ese momento, ningún miembro de la familia Salinas o Rocha podría dirigir la compañía.

Mi abuelo aprovechó la transición como una oportunidad para dedicarse totalmente a Elektra. Trabajando junto con mi padre, convirtieron esta pequeña organización en una gran cadena, que distribuía artículos electrónicos y bienes de consumo en todo México. Para 1964, sus esfuerzos seguían rindiendo frutos, mismos que se reflejaron en la apertura de su tienda número 16. Ambas compañías, Elektra y Salinas y Rocha, siguieron en el negocio de los bienes de consumo y pronto los antiguos aliados se volvieron acérrimos competidores.

UNA FAMILIA DE DEFENSORES DEL ORO

Considerando la historia de mi familia y nuestra experiencia de primera mano durante la Revolución Mexicana, como testigos del impacto destructivo del papel moneda no respaldado, no nos sorprende que tanto mi abuelo como mi padre hayan sido defensores del oro toda su vida. Mi padre ha pasado una gran parte de su vida promoviendo la divisa de plata en México para la gente que no tiene acceso a las instituciones financieras, como una forma confiable de ahorro.

> CON LA MONEDA DE PLATA, MÉXICO SE CONVERTIRÁ EN UN FARO DE ESPERANZA PARA EL MUNDO. UNA LUZ QUE MUESTRE EL POSIBLE CAMINO PARA SALIR DEL PANTANO DE LA ESCLAVITUD Y LA POBREZA PERPETUAS, REPRESENTADAS POR EL PAPEL MONEDA.

> HUGO SALINAS PRICE, 2004.

México, como muchos otros países, tiene una larga tradición de acuñar monedas de metales preciosos. Desafortunadamente, las monedas de plata en México han seguido el modelo que inventaron los emperadores romanos hace dos mil años. Durante varios siglos, hasta 1911, el peso mexicano contenía 24.44 gramos de plata. Como resultado de la Revolución Mexicana, se le aplicaron al peso las técnicas de dilución romanas. En 1918, se introdujo un nuevo peso que contenía 14.5 gramos de plata. Más adelante, la cantidad se redujo a 12 gramos y después a 7 gramos. En 1950, el contenido de plata se volvió a reducir a 4 gramos, luego a 1.6 gramos, antes de que se suspendieran finalmente las monedas de plata.

El lado positivo durante esta época de envilecimiento monetario, fue la introducción de la Onza Balanza en 1949, por parte del Banco Central de México, una moneda que contenía una onza (31.1 gramos) de plata y sin valor nominal. Estas monedas fueron reemplazadas en 1982 por la serie Libertad, las cuales a pesar de no ser aceptadas como forma de pago, proporcionan a los mexicanos un fácil acceso a la plata para diversificar sus ahorros.

Hasta el día de hoy, mi padre sigue siendo un firme defensor de la adopción de una moneda de plata —otra vez— en México, principalmente debido a que ahorrar en el sistema fiat representa retos significativos para los menos pudientes y con menor educación. Afirma, correctamente, que para proteger los ahorros de manera efectiva contra una devaluación fiat, se necesita un nivel de conocimientos financieros que mucha gente no tiene y que probablemente no debería necesitar. En contraste, las monedas de metales preciosos ofrecen una manera más simple para que las personas conserven su riqueza, independientemente de su nivel educativo o exposición al mercado financiero, y son accesibles para todos. Mi padre a menudo dice que cuando la población tiene acceso a la moneda de plata, tiene la tranquilidad y la paz mental que provienen de poseer una moneda de valor perdurable. Este sentimiento capta la esencia de este enfoque: poner a disponibilidad de todos la conservación de la riqueza.

INCORPORACIÓN AL NEGOCIO FAMILIAR

Debido a que crecí en un ambiente que abogaba por el dinero sólido, aprendí desde pequeño que el dinero fiat terminaría por colapsar. En 1980, poco después de finalizar la maestría en Negocios y entrar a la empresa familiar, tuve mi primera prueba de qué tan justificados estaban el escepticismo y la crítica de mi familia hacia el dinero fiat.

Cuando entré a Elektra, la compañía operaba 59 tiendas en todo México y empleaba alrededor de 2,000 personas. Desde 1962, Elektra les había facilitado a los consumidores el acceso a bienes de consumo, ofreciéndoles una opción de crédito a 24 meses. A pesar de que el negocio generaba grandes volúmenes de ventas, necesitaba liquidez, ya que el dinero no entraba tan rápido como se necesitaba para pagar a los proveedores y vender más productos. Gracias al financiamiento de Bank of America, Elektra pudo expandirse aún más e incrementar sus ventas.

En 1976, Elektra enfrentó su primer golpe debido a la inestabilidad del fiat. Ese año, el peso perdió valor tras sufrir una drástica devaluación, de 12.50 a 20 pesos por dólar. Debido a que Elektra tenía una deuda en dólares, tuvimos que repensar rápidamente nuestra estrategia. Mi padre propuso lanzar tiendas "satélite" más pequeñas enfocadas en ventas en efectivo, en vez de crédito, con el objetivo de saldar la deuda, mejorar el flujo de efectivo y fortalecer nuestra liquidez.

Pero la situación estaba a punto de empeorar. El desplome del precio del petróleo en 1981 hizo que la inflación en México alcanzara niveles de tres dígitos. El tipo de cambio peso/dólar se disparó de 20:1 en 1980, a más de 3000:1 para 1988. Mi sueldo en términos de dólares, se colapsó de $2,000 en 1980 a $20 en 1988.

Antes de 1980, mi padre contrató un préstamo de 9 millones de dólares para expandir el negocio. Sin embargo, con la hiperinflación en pleno apogeo, pagar el préstamo se volvió prácticamente imposible. En 1983, Elektra estaba al borde de la quiebra, lo cual nos llevó a detener los pagos a los bancos y proveedores (ver gráfica de la página 34).

Para seguir operando y rescatar a la compañía, negocié directamente con nuestros proveedores. Acordamos pagar la mercancía a la entrega, agregando un poco extra a cada pago hasta que hubiéramos pagado totalmente nuestras deudas. Afortunadamente, el arreglo funcionó y la empresa se recuperó.

En un giro sorprendente de los acontecimientos, en 1999, Elektra se volvió tan exitosa que ganamos la licitación para la ahora desaparecida Salinas y Rocha. Elektra compró el 94.3% de su capital por 77.7 millones de dólares, integrando a Salinas y Rocha al Grupo Salinas. Las compañías que habían sido socias y que después entraron en una feroz competencia, se unieron de nuevo. Fue el momento de cerrar un ciclo en nuestra historia.

¡HIPERINFLACIÓN!

PESOS POR DÓLAR EN LOS AÑOS 80

1982

$24 MXN

1984

$210 MXN

1986

$913 MXN

1988

$2,298 MXN

VALOR DE MI SUELDO EN 1980
2,000 USD

VALOR EN 1988
20 USD

1980

1988

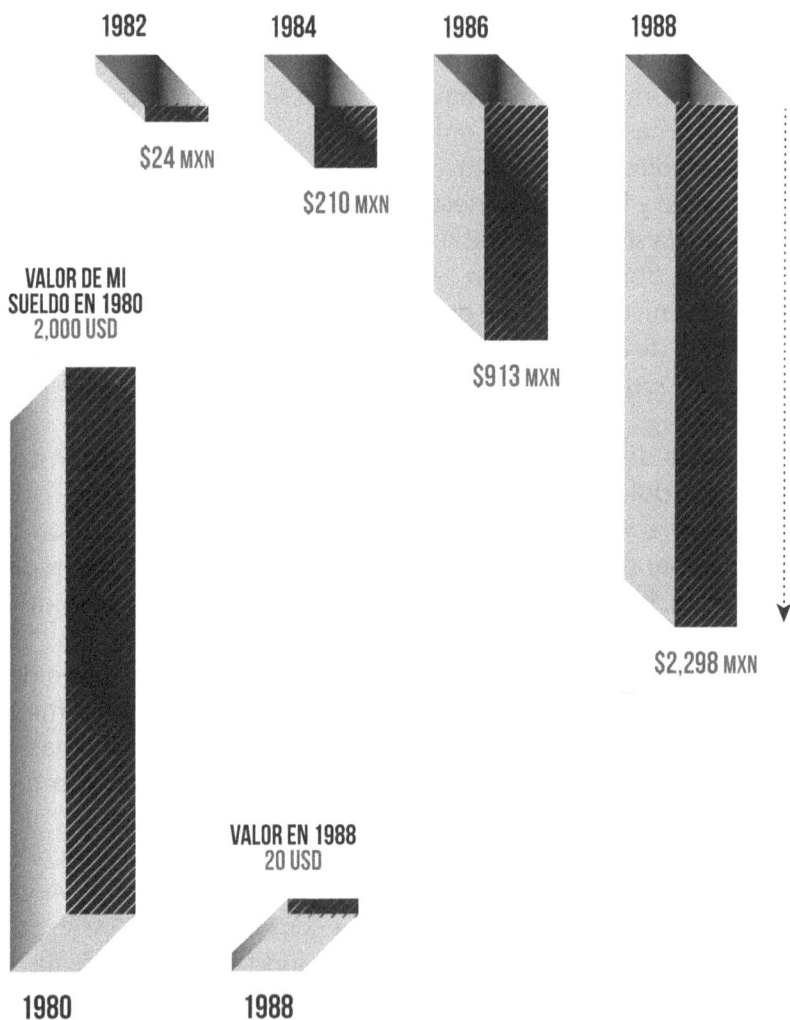

Hiperinflación en México en los años 80.

UNA CONVICCIÓN CRECIENTE

Saber de hiperinflación en teoría y experimentarla en la realidad son dos cosas muy distintas. Vivir la hiperinflación, como lo hicimos los mexicanos en los 80, deja huellas permanentes en las personas y en la sociedad. En lo personal, haber enfrentado este turbulento período durante mis primeros años como empresario, me marcó profundamente. Esto reforzó mi creencia de que el dinero fiat tiene fallas fundamentales, o para decirlo de manera más contundente, es un fraude. Podríamos decir que es dinero falso.

No se equivoquen, México no es un caso aislado. Muchos otros países también han sufrido devaluaciones monetarias significativas: la República de Weimar en Alemania, Argentina, Zimbabue y Venezuela son tan sólo algunos ejemplos de naciones que han sufrido periodos de inflación masiva. Los eventos drásticos de este tipo surgen invariablemente de una falta total de disciplina fiscal de los gobiernos y los bancos centrales.

El asunto principal con la hiperinflación y la inflación en general, es su naturaleza como un impuesto dañino e injusto. En primer lugar, para la mayoría de la gente está oculta, a menos que se vuelva claramente obvia y para entonces, generalmente ya es demasiado tarde para proteger sus ahorros efectivamente. En segundo lugar, y tal vez más grave, afecta desmedidamente a los que menos tienen.

UN CAMINO TRILLADO

Ahora, la mala noticia es que hoy en día el mundo entero está siguiendo el mismo sendero que mi país en los 80. Japón, el Reino Unido, la Unión Europea y Estados Unidos van por el mismo camino que México recorrió. Las gráficas son semejantes, sólo que con números diferentes. Debido a su papel dominante en el comercio y las finanzas, sus divisas fiat siguen teniendo una alta demanda y la hiperinflación no parece ser una amenaza inminente. Sin embargo, la inflación ya es un problema real en sus economías.

Solamente en los últimos 20 años, el balance general de la Reserva Federal de Estados Unidos se ha incrementado dramáticamente, de 0.8 billones a 8.5 billones de dólares y a fines de 2024 se ubicó en 7 billones de dólares. Durante el mismo periodo, los bancos privados han prestado dinero por un total de 14 billones de dólares y la deuda del gobierno de Estados Unidos se disparó de 7 billones a 36 billones de dólares.

TOTAL DE ACTIVOS DE LOS ESTADOS UNIDOS

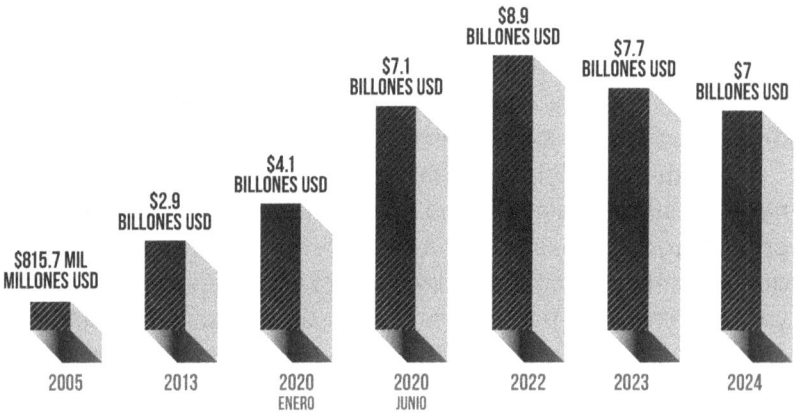

2005	$815.7 MIL MILLONES USD
2013	$2.9 BILLONES USD
2020 ENERO	$4.1 BILLONES USD
2020 JUNIO	$7.1 BILLONES USD
2022	$8.9 BILLONES USD
2023	$7.7 BILLONES USD
2024	$7 BILLONES USD

Activos totales, Sistema de la Reserva Federal de los Estados Unidos.
Fuente: FRED, 2024.

Esta expansión monetaria orquestada por nuestros sumos sacerdotes del fiat, ha llevado a una pérdida brutal de valor del dólar. Debido a que muchas divisas, incluyendo el peso mexicano, están respaldadas en gran medida por reservas internacionales denominadas en dólares, la devaluación no sólo ha afectado a Estados Unidos, sino a la economía global.

El lenguaje que utiliza el Banco de la Reserva Federal (Fed) para describir su balance general es bastante optimista. Se refieren a la parte en aumento como activos. Por supuesto que tener activos considerables debe ser muy bueno ¿verdad? Por otra parte, están comprando bonos, lo cual, superficialmente, no parecería un motivo para preocuparse. Sin embargo, lo que realmente están haciendo es producir dinero falso de la nada y prestarlo a las empresas para crear poder adquisitivo. Hasta ahora, han creado 7.4 billones de dólares en lo que se podría denominar ahorros falsos.

GOBIERNO DE LOS ESTADOS UNIDOS / DEUDA FEDERAL

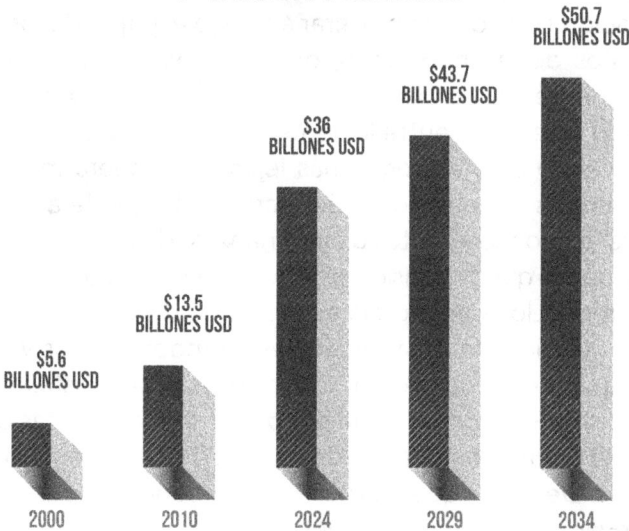

Deuda pública federal total de los Estados Unidos: FRED y CBO.

Desde el año 2000, la deuda del gobierno federal de Estados Unidos ha estado aumentando exponencialmente. La Tesorería de EE. UU. publicó recientemente un informe en el que advertía sobre el camino fiscal insostenible en el que se encuentra el país.

El problema con esta tendencia es importante, considerando especialmente el papel del dólar estadounidense como la divisa de reserva global. Como la mayoría de las divisas dependen del respaldo del dólar, para mucha gente es difícil, o incluso imposible, escapar de este tsunami de dólares cada vez mayor. Hasta las personas más trabajadoras se verán ahogadas por la gigantesca ola de dinero recién impreso, la inflación subsecuente de los precios de los activos y la devaluación de sus ahorros.

LOS SUMOS SACERDOTES MODERNOS

Para empeorar aún más las cosas, actualmente el sistema financiero está controlado por la élite del dinero fiat que, en muchos países, tiene un poder casi absoluto sobre su moneda nacional. La situación se podría considerar análoga al papel de los sumos sacerdotes de la antigüedad, que controlaban las relaciones entre la gente y Dios. Hoy en día, los sumos sacerdotes del fiat controlan la relación entre la gente y sus medios de ahorro.

Llevando esta analogía más lejos, de manera muy similar a los antiguos "iluminados" que dictaban lo que le agradaba a Dios, los "sumos sacerdotes de las finanzas" de nuestros tiempos, determinan lo que se considera benéfico para la economía. Según ellos, a menudo la economía es sinónimo de grandes corporaciones, inversionistas institucionales, grandes bancos y gobiernos. Lo que la economía exija —o lo que los economistas aleguen que necesita— lo proporcionarán los sumos sacerdotes del fiat, ya sean estímulos, bajas tasas de interés, gasto gubernamental o subsidios. Debido a que, como dice la creencia popular, no hacerlo llevará a consecuencias nefastas.

En la antigüedad, se temía que la desobediencia a los mandamientos divinos traería desastres naturales, enfermedades y la condena eterna. Hoy en día, mucha gente cree que criticar y no estar de acuerdo con los sumos sacerdotes del fiat nos puede llevar a un alto grado de desempleo, estancamiento del crecimiento económico e incluso a crisis financieras.

A pesar de que no todos los sumos sacerdotes eran malvados (y lo mismo aplica a los sumos sacerdotes del dinero fiat), detentan una influencia considerable sobre la prosperidad y el futuro de sus comunidades. Observando de nuevo los datos presentados anteriormente, resulta evidente que los sumos sacerdotes del dinero fiat no han utilizado su poder sabiamente. Aún peor, sus reacciones hostiles frente a los activos monetarios alternativos, como Bitcoin, muestran que no tienen la intención de apoyar una salida a su dominio fiat. La religión fiat no es tolerante y cualquiera que desafíe el sistema es desacreditado como un hereje.

BITCOIN, UNA SALIDA

En 2013, en aquella conferencia en Nueva York, accidentalmente me tropecé con una salida del sistema fiat. Con Bitcoin descubrí un activo monetario libre del control y la influencia de los sumos sacerdotes del régimen monetario tradicional. Gracias a Bitcoin, el mundo tiene ahora acceso a dinero que ellos no pueden controlar, manipular e incautar a voluntad de unos cuantos —en su mayoría funcionarios no electos.

De manera similar al oro y la plata, el suministro de Bitcoin no se puede manipular, pero, a diferencia de estos metales preciosos, Bitcoin es especialmente adecuado para nuestra era digital. Representa una tecnología de ahorro que es accesible tanto para los ricos como para los pobres, un sistema justo de confianza minimizada, que no tiene favoritos ni protegidos. Una alternativa digital al oro y la plata, escaso, fácil de transferir en el tiempo y en el espacio y una forma de pago que no conoce fronteras ni restricciones, abierto y disponible para todos.

Esta innovadora tecnología monetaria tiene el potencial de salvar a la humanidad de la maldición del sistema fiat, estableciendo potencialmente la separación entre el dinero y el Estado. Por esta razón, creo que Bitcoin está preparando el camino para un mejor futuro. Por eso tengo bitcoin y lo sigo promoviendo. Ésta es mi historia con Bitcoin.

LA MALDICIÓN DEL DINERO FIAT

Este libro es sobre dinero. Sobre dinero seguro. Estamos convencidos de que el dinero seguro, sólido y justo, es la piedra angular de una sociedad próspera y floreciente. En el mundo actual, tenemos el privilegio de ser testigos del ascenso de una nueva era monetaria. Con Bitcoin, un nuevo tipo de dinero sólido, con la posibilidad de revolucionar nuestro sistema financiero quebrado, ha entrado al terreno de juego. A pesar de que Bitcoin no es un "mesías" monetario que resolverá todos los problemas del mundo y nos devolverá el paraíso, tiene el potencial de revertir mucho de lo que se ha perdido desde que se cortó el ancla del oro, en 1971.

Un conocido proverbio dice: *el primer paso para resolver un problema es reconocer que lo tienes.* Para muchos, los problemas sistemáticos y los defectos del sistema fiat son invisibles. Sufren sus dolorosas maldiciones, pero no pueden identificar la causa fundamental. Como resultado, la gente está buscando soluciones en los lugares equivocados.

> ES POSIBLE QUE LOS DEFECTOS DEL FIAT TE SEAN DESCONOCIDOS, PERO NO SUS EFECTOS.
>
> JIMMY SONG

Para solucionar muchos de los problemas que afectan a nuestras sociedades, primero tenemos que identificar el dinero fiat, o con mayor precisión, la inflación sistemática del dinero fiat, como el principal problema. Solamente cuando entendamos qué tan roto está realmente el sistema fiat, podremos ver la necesidad del dinero sólido, que puede servir como la base de un sistema financiero alternativo.

A pesar de que los sistemas complejos rara vez se deben a un solo factor, creemos que muchos de los aspectos de la sociedad son consecuencia del dinero. Consecuentemente, cuando el dinero pierde su valor, todo lo que se relaciona con él también se ve afectado de manera negativa. Una analogía apropiada es la sangre que circula por el cuerpo humano: si la sangre está contaminada, todo el organismo se ve afectado. Esto también es cierto para el dinero, como el factor socioeconómico vital de la sociedad: si el dinero carece de valor, toda la sociedad sufre.

LAS LEYES HACEN QUE EL MUNDO GIRE

Nuestro universo está regido por leyes. Las leyes de la física describen las reglas que rigen el comportamiento de la materia, la energía, el espacio y el tiempo en nuestro planeta. Las leyes de las matemáticas especifican las relaciones entre los números, las cantidades y las formas. También existen leyes correspondientes a la economía y las finanzas. La ley de la oferta y la demanda, por ejemplo, establece que el precio equilibra la oferta y la demanda. La ley de la utilidad marginal decreciente explica que la satisfacción derivada de cada unidad adicional de un bien o servicio disminuirá a medida que se consuman más unidades. En términos sencillos: la primera manzana que te comes es más satisfactoria que la décima manzana.

Enfocándonos en la economía desde una perspectiva de principios fundamentales, podemos develar otra ley que describe el origen de cada logro humano. Se llama Ley de la Siembra y la Cosecha. En la carta bíblica a los Gálatas, el apóstol Pablo resume esta ley en el conocido proverbio: "Todo lo que el hombre siembra, eso también cosechará".

Esta ley describe la relación básica entre el trabajo (sembrar) y la recompensa (cosechar). Para cosechar una recompensa, primero hay que trabajar. Esta ley es la base de la mayoría de los bienes que utilizamos hoy en día. Todos los beneficios de la vida moderna que disfrutamos, únicamente existen debido a que alguien, en algún momento, "sembró" trabajo y capital para producirlos.

La ley de la siembra y la cosecha también es de fundamental importancia cuando se trata de dinero. Crear y ganar dinero necesariamente tiene un costo. No hay nada gratis. Cualquier sistema financiero que no esté construido sobre este principio está destinado al fracaso. Tratar de obtener algo a cambio de nada puede funcionar a corto plazo, pero la estrategia seguramente fallará en el largo plazo. La ley de la siembra y la cosecha sólo se puede ignorar durante un periodo de tiempo determinado antes de que la realidad se imponga. El auge y la caída de innumerables esquemas piramidales son prueba contundente de ello.

Lo que la ley de la siembra y la cosecha no especifica es la relación entre trabajo y recompensa. Por el contrario, el libro bíblico de Marcos establece que sembrar en buena tierra *"traerá frutos: algunos treinta por uno, otros sesenta y otros cien"*.

QUIEN SIEMBRA GENEROSAMENTE TAMBIÉN COSECHARÁ GENEROSAMENTE

Dependiendo de dónde se siembren el trabajo y el capital, la recompensa cosechada variará enormemente. Pero, el principio básico de sembrar y cosechar sigue siendo cierto: no hay recompensa sin esfuerzo. El consumo siempre es precedido, con pocas excepciones, por la inversión del tiempo y el dinero de alguien.

LA BÚSQUEDA DE LA HUMANIDAD

Desde tiempos remotos, la humanidad ha buscado optimizar la proporción entre la siembra y la cosecha. Nos hemos esforzado en gran medida para cambiar esta proporción a favor de la cosecha al mismo tiempo que sembramos menos, o siendo más eficientes. Aprovechar las fuentes de energía, como los combustibles fósiles y la energía hidroeléctrica, ha permitido sustituir la fuerza muscular por energía. Por lo tanto, a lo largo de miles de años, la humanidad ha podido incrementar enormemente su productividad y generar una mayor cosecha con menos siembra.

Al mismo tiempo, siempre se han hecho intentos para eludir la ley de la siembra y la cosecha y para tomar atajos. Muchos han soñado riqueza sin esfuerzo, eliminando la siembra, evitando el trabajo y obteniendo algo a cambio de nada. El arquetipo de esta búsqueda fueron los alquimistas en búsqueda de la piedra filosofal. Se decía que la piedra era de una sustancia alquímica mítica capaz de transformar los metales comunes en oro. Una vez descubierta, la piedra permitiría a su dueño crear algo de valor en cantidades ilimitadas sin esfuerzo alguno.

La piedra filosofal sigue siendo una fantasía, pero en la búsqueda de un atajo para evitar el trabajo de sembrar, a menudo se ha utilizado la violencia. Si robar la cosecha de alguien más requiere menos esfuerzo que sembrar, dejando la moral a un lado ¿por qué no tomar el camino más fácil? Afortunadamente, el sistema judicial ha aumentado el costo de la violencia, incentivando a la mayoría de la gente a elegir la paz y ganar sus propias recompensas.

Hoy en día, los estafadores, timadores y tramposos, que también buscan cosechar sin haber sembrado, utilizan una táctica más común. En lugar de la violencia, utilizan el engaño para enriquecerse, estafando a la gente trabajadora. Cada año se pierden millones de dólares debido a estafas y fraudes, convirtiéndolas en un "negocio" lucrativo. En resumen, existen tres maneras en las cuales la gente puede influir sobre la proporción entre la siembra y la cosecha: la innovación, la violencia y el fraude.

NATURALEZA CORRUPTA

La mayoría de los lectores estarán de acuerdo en que la violencia y el fraude son indeseables para la sociedad. Lo mismo pensaban nuestros antepasados. Por lo tanto, desde su origen, la humanidad ha buscado maneras de frenarlas, castigar a los malos actores y aplicar la ley de la siembra y la cosecha. La primera solución y la más fácil fue nombrar a un jefe o rey, a quien se le otorgaba la autoridad y el poder. A cambio, debía proporcionar paz y orden.

Designar a una autoridad superior funcionó bien al principio, pero más adelante tuvo consecuencias dolorosas. Todos los seres humanos son capaces de hacer el bien y el mal, al igual que las figuras de autoridad. La mayoría de la gente se ve a sí misma como buena persona y tiende a olvidar que nuestro "comportamiento apropiado" es parcialmente impuesto por la presión social y el castigo con el que nos amenaza nuestro sistema de justicia. Como resultado, nuestra confianza en la naturaleza humana a veces es demasiado grande y la otorgamos con demasiada facilidad. La historia ha comprobado repetidamente que la gente común es capaz de acciones de valor, misericordia y generosidad extraordinarias, pero también, de una maldad enorme. Elevada a una posición de poder, la gente es capaz de hacer cosas que nunca pensaron posibles, tanto buenas como malas.

> SÓLO CUANDO UNA PERSONA YA NO ESTÁ SUJETA A LAS LEYES ES CUANDO SE REVELA SU VERDADERO CARÁCTER.

Y he aquí el meollo del asunto. Sólo cuando una persona ya no se siente restringida y amenazada por los límites de la ley o por la presión social, se revela su verdadero carácter. Nuestros antepasados aprendieron esta lección hace muchos siglos en la escuela de la vida. Muchos han vivido, por elección o por la fuerza, bajo el dominio de gobernantes y han tenido que confiar en su liderazgo. En repetidas ocasiones se ha abusado de esta confianza, terminando en miseria para la gente y la sociedad. Lord Acton (1834-1902) expresó este dilema en una carta al Obispo Mandell Creighton cuando escribió: *"El poder tiende a corromper y el poder absoluto corrompe absolutamente"*.

Frenar la violencia y el fraude transfiriendo autoridad a personas elegidas ha representado un reto para la humanidad. *¿Quis custodiet ipsos custodes?* ¿Quién custodiará a los custodios? ¿Quién vigilará a los vigilantes? Desde la antigüedad, los pensadores han luchado con estas preguntas sobre cómo puede la sociedad lidiar con el lado oscuro de la naturaleza humana, la fuerza corruptora del poder y cuidar que quien está en la cima del poder actúe responsablemente.

Los antiguos griegos y más adelante los romanos trataron de diseñar sistemas para descentralizar el poder. Durante la Edad Oscura, las reglas estuvieron —cuando menos en teoría— sujetas a una deidad. Pero, a través de los milenios, la humanidad se dio cuenta de la necesidad de establecer instituciones descentralizadas para mantener la naturaleza humana bajo control. Únicamente distribuyendo el poder ampliamente se pueden limitar la corrupción y el abuso del poder a largo plazo. Si consideramos a la historia como un vago indicador del futuro, se puede predecir con gran certeza que cada sistema que se pueda corromper, se corromperá eventualmente.

CADA SISTEMA QUE SE PUEDE CORROMPER, SE CORROMPERÁ.

Afortunadamente, hace tres siglos, las monarquías centralizadas de occidente comenzaron a ser remplazadas, una por una, por instituciones democráticas basadas en contrapesos. A pesar de que ningún medio es perfecto, en muchos casos estas instituciones democráticas han funcionado bien para mantener la naturaleza humana bajo control, permitir la coexistencia pacífica y la transferencia periódica del poder.

¿QUÉ PASA CON EL DINERO?

Mientras que en la esfera política hemos aprendido a lidiar con la naturaleza corrupta del ser humano, a través de la descentralización, en el frente monetario, esta pregunta parecía ser menos relevante. Estudiando la historia, encontramos que durante la mayoría de los periodos, la gente prefería la forma más sólida de dinero disponible para ellos. Una de las razones es que estos bienes monetarios —en cada contexto sociocultural— tenían una alta inmunidad contra la corrupción humana.

A lo largo del tiempo, la mayoría de las civilizaciones escogieron los metales preciosos como su forma preferida de almacenar valor. No sorprende que los metales preciosos estén regidos por la ley de la siembra y la cosecha. Fueron elegidos como una forma de dinero debido a su limitada disponibilidad (escasez) y resistencia a la falsificación. Los metales preciosos no se pueden reproducir y se necesita una cantidad significativa de trabajo para extraerlos.

El metal monetario más popular es el oro. Este metal está profundamente relacionado con la ley de la siembra y la cosecha. Una persona, ya sea virtuosa o corrupta, que quiera extraer oro de la tierra, debe gastar energía y capital para lograrlo. El esfuerzo requerido es similar para todos y las ganancias son limitadas. Mientras esto siga siendo cierto, está garantizado que la inflación del oro se mantendrá a un nivel bajo.

EL ORO ESTÁ MUERTO

Con el oro y la plata, la humanidad creía que había encontrado el dinero que podía resistir la corrupción humana. Sin embargo, durante el siglo pasado esto resultó ser una ilusión. Los Estados y los bancos, después de numerosos intentos, finalmente descubrieron la clave para sacudirse las cadenas doradas del dinero. A pesar de que los gobiernos nunca pudieron corromper la física del oro y la plata, se las ingeniaron para debilitar el dinero basado en estos metales y más adelante el patrón oro, mediante un proceso de varios pasos. Finalmente, en 1971, el gobierno de Estados Unidos logró cortar las ataduras entre el dinero y el oro para siempre. El oro no pudo controlar al Estado hambriento de dinero. Al final, fue el Estado el que pudo tomar el poder del dinero, eliminando al oro.

Al cerrarse la ventana del oro, en 1971, el dólar de estadounidense ya no pudo ser intercambiado mediante una cantidad fija de oro. El ancla de oro, que había atado el papel moneda a la ley de la siembra y la cosecha, se cortó de manera irreversible. Difícilmente se puede exagerar la importancia de este acontecimiento.

CORTAR EL ANCLA DE ORO FUE EL ASESINATO ECONÓMICO DE DIOS.

Lo llamamos "el asesinato económico de Dios". La verdad absoluta, o el valor verdadero, fue reemplazado por el valor relativo. Las divisas respaldadas por metales se declararon muertas y nacieron las divisas fiat verdaderas, controladas por nosotros los humanos en lugar de las leyes de la física. Desde el asesinato económico de Dios, cada país puede crear su propia moneda y definir su propia realidad monetaria. Los humanos, en lugar de la física, se han convertido en dioses por encima del dinero.

EL ASCENSO DEL FIAT

Nuestras divisas nacionales, comúnmente denominadas como divisas fiat, contrastan radicalmente con la ley de la siembra y la cosecha. Fiat en latín significa *que haya*. En la historia bíblica del génesis, Dios creó los cielos y la tierra al proclamar: "Que haya luz", o en latín *Fiat Lux*. Las divisas de hoy en día se denominan divisas fiat porque ellas también han existido y existen por proclamación.

Las divisas fiat no están respaldadas por metales preciosos y, por lo tanto, ya no están atadas a la ley de la siembra y la cosecha. En cambio, existen por voluntad, a través del acto de la creación de deuda. Los sumos sacerdotes del dinero fiat son un triunvirato que consiste en el Estado, el banco central y los bancos privados. Como resultado de esto, todo el sistema fiat depende de los bancos centrales como acreedores de último recurso, mientras que los bancos privados prestan el dinero en existencia y los gobiernos emiten deuda "libre de riesgo". Estas instituciones tienen el poder de incrementar o disminuir la oferta de divisas fiat con parámetros de amplio rango, lo que representa un gran potencial de abuso. Satoshi Nakamoto, el inventor de Bitcoin, describió el problema fundamental de la confianza en las divisas fiat en una publicación en febrero de 2009, de la siguiente manera:

> *"La raíz del problema con la divisa convencional [fiat] es toda la confianza que se requiere para que funcione. Se debe confiar en que el banco central no devalúe la moneda, pero la historia de las divisas Fiat está llena de violaciones a esa confianza. Debemos confiar en que los bancos mantendrán nuestro dinero y lo transferirán electrónicamente, pero lo prestan en olas de burbujas de crédito con tan sólo una fracción en reserva".*

Hoy en día, nuestra confianza en los metales preciosos ha sido reemplazada por la fe en los banqueros centrales, en el sistema bancario y en el Estado. El reto es que, por necesidad, todos somos parte de este sistema de dinero fiat. Recibimos nuestros sueldos en dinero fiat, pagamos impuestos en dinero fiat, ahorramos en dinero fiat y vivimos en economías que funcionan con dinero fiat.

El sistema fiat está tan profundamente arraigado en nuestras vidas, que la mayoría de la gente nunca se ha puesto a pensar en alternativas. Después de todo, a pesar de algunos contratiempos por aquí y por allá, el sistema en general parece funcionar perfectamente. ¿O no?

LA MENTALIDAD DEL FIAT NOS HA LAVADO EL CEREBRO

El sistema actual de divisas fiat ha sido el *modus operandi* desde que se cerró la ventana del oro en 1971. Pero, cuando examinamos el sistema fiat más de cerca, descubrimos numerosas deficiencias, siendo la principal de ellas la inflación. En su forma básica, la inflación es el aumento del dinero en circulación. La inflación no es exclusiva de las divisas fiat. El oro y otros metales preciosos sufren también de inflación, debido a que cada año se extraen cantidades adicionales y se incorporan a la circulación.

Pero la inflación en el sistema fiat difiere, debido a que ocurre en múltiples niveles simultáneamente, volviéndola compleja y en gran medida invisible. Además, los datos oficiales de inflación son engañosos y lo que es más importante, la inflación en el sistema fiat viola la ley de la siembra y la cosecha. Crear divisas fiat adicionales no requiere de ningún esfuerzo, simplemente de una decisión. La incómoda verdad es que las divisas fiat no son escasas, a pesar de que nos han enseñado lo contrario toda la vida.

CREEMOS QUE NUESTRO DINERO ES ESCASO. EN REALIDAD NO LO ES.

Algunos sostienen que las divisas fiat están respaldadas "tan sólo por aire". Técnicamente, eso no es verdad, debido a que el dinero fiat está respaldado en gran parte por la deuda del gobierno y la promesa de pagar esa deuda. Pero, en el sistema financiero actual, parece tonto confiar de alguna manera en esta promesa. Por el contrario, la probabilidad de que la deuda del gobierno se pague en algún momento —cuando menos en términos reales— es poco probable. En lugar de eso, la estrategia inevitable es erosionar la deuda acelerando la inflación.

La inflación es la base inestable sobre la cual está construido el sistema fiat, la maldición generacional que impregna todo nuestro sistema financiero. En esencia, es la creencia de que se puede crear algo de la nada, que puede haber una recompensa sin trabajo. Las víctimas son la gente cuyo dinero pierde valor continuamente. El legendario economista y filósofo inglés, John Maynard Keynes (1883-1946), resume perfectamente la naturaleza destructiva de la inflación en su libro escrito hace cien años, *Las consecuencias económicas de la paz:*

> *"Mediante un proceso continuo de inflación, los gobiernos pueden confiscar, secreta y silenciosamente, una parte importante de la riqueza de sus ciudadanos. Mediante este método no sólo confiscan, sino que confiscan arbitrariamente y, mientras que el proceso empobrece a muchos, en realidad enriquece a algunos".*

LA INFLACIÓN ES UNA MALDICIÓN.

En su libro *El estándar fiat*, Saifedean Ammous ha hecho un excelente trabajo describiendo la maldición que la inflación ha traído a nuestra vida cotidiana, de la nutrición a la academia, hasta llegar a la producción de energía, la arquitectura y la vida familiar. Y esto es únicamente la punta del iceberg. En el capítulo cuatro discutiremos las consecuencias de segundo y tercer orden de la inflación, incluyendo las enfermedades mentales, la depresión y la mentalidad apostadora, entre otras.

Keynes mismo vio claramente las peligrosas consecuencias del dinero fiat al continuar con su ensayo:

"Aquellos a quienes el sistema les trae ganancias inesperadas, más allá de sus méritos e incluso más allá de sus expectativas o deseos, se convierten en 'especuladores', objeto del odio de la burguesía, a quien la inflación ha empobrecido, no menos que el proletariado. A medida que la inflación avanza y el valor real de la moneda fluctúa drásticamente de un mes a otro, todas las relaciones permanentes entre deudores y acreedores, que constituyen el fundamento último del capitalismo, se desordenan hasta tal punto que casi pierden su significado; y el proceso de generación de riqueza degenera en una apuesta y una lotería".

Los especuladores a los que se refiere Keynes son personas que han invertido en activos tales como acciones, bonos y bienes raíces, debido a que el dinero recién impreso fluye a estos activos primero. Se benefician de manera desproporcionada y se vuelven los chivos expiatorios para quienes están más abajo en la cadena alimenticia del dinero fiat. Envidiosos y en busca de ganancias similares, los inversionistas tanto de cuello azul como de cuello blanco, también acuden en masa a estos activos. Los fundamentos quedan en segundo plano. Su lugar es ocupado por una mentalidad apostadora, que espera emparejarse y ganar el premio mayor con una apuesta mínima. Inspirados por las palabras del economista y filósofo francés, Frédéric Bastiat (1801-1850), reconocemos que *"el sistema fiat es la gran ficción a través de la cual todo mundo busca vivir a expensas de todos los demás".*

Esto tiene consecuencias de gran alcance para todos los miembros de una sociedad basada en el fiat. En lugar de buscar los proyectos más productivos, la gente ajusta su comportamiento y simplemente sigue al dinero. Como desarrollador de

Bitcoin y educador, Jimmy Song explica en su libro *El Fiat lo arruina todo*, que las personas se vuelven buscadoras de rentas, en vez de proveedores de valor, dando al dinero un significado que no debería tener. Esto es lo que llamamos la mentalidad fiat: buscar ganancias sin proporcionar valor.

LA MENTALIDAD FIAT: OBTENER ALGO A CAMBIO DE NADA.

El sistema fiat tiene una fuerte tendencia a distorsionar los incentivos y debilitar las fuerzas del mercado. Como resultado, se pierde la confianza en el sistema, se suprimen las virtudes morales, el trabajo duro se devalúa y se promueve el apostar con dudosas inversiones. O, como dice Hugo Salinas Price: *"Cuando la moneda es mala, el camino más fácil hacia el éxito consiste en ser tan fraudulento como la moneda. Una mala moneda promueve la falta de honestidad porque en sí misma es deshonesta"*. Porque, después de todo, cuando el Estado muestra un comportamiento financiero irresponsable ¿acaso no es natural que sus ciudadanos lo sigan?

EL PODER SOBRE EL DINERO

En los últimos siglos, hubo una tendencia que se alejaba del *hard money* (oro y plata) hacia el *soft money* (divisas fiat). Hoy en día, el mundo está operando firmemente con *soft money*. A pesar de que el respaldo de los metales preciosos no es una estricta necesidad para el *hard money*, el respaldo del oro y la plata mantenía la inflación bajo control y restringía el poder de las instituciones que emitían dinero. Para quienes tenían dinero, ésta era una protección poderosa en contra de la dilución de sus activos. Hoy en día, se han eliminado estas limitaciones. Las únicas limitaciones que quedan son las fuerzas del mercado, que determinan el tipo de cambio y por lo tanto, el valor de una divisa contra otras divisas fiat y productos básicos. Estas limitaciones son bastante ineficaces, debido a que las fuerzas del mercado están distorsionadas. La cruda realidad es que todas las divisas fiat pierden valor con el tiempo.

Desde que se cortó el ancla de oro, las instituciones de dinero fiat se han vuelto cada vez más poderosas, mientras los tenedores de divisas fiat han perdido mucha de su protección. Al desvincular las divisas del oro y la plata, los gobiernos, los bancos centrales y los bancos privados han tomado el poder sobre el dinero. Ahora tienen el control total sobre todos los aspectos de una divisa nacional. Ese poder conlleva una gran influencia sobre la sociedad. Una cita que se atribuye a Mayer Amschel Rothschild (1744-1812) lo resume maravillosamente: *"Dame el control del dinero de una nación y no me importa quién haga sus leyes"*.

El cambio de poder de los tenedores de divisas a los emisores de divisas tiene consecuencias de largo alcance. Las monedas fiat tienen un historial devastador, todas las que se han creado han fracasado o perdido la mayor parte de su poder adquisitivo en tan solo unas cuantas décadas. Para dar sólo dos ejemplos: 1 dólar de 1960 es equivalente en poder adquisitivo a alrededor de 11 dólares en 2025. Para el peso mexicano el panorama es aún más sombrío, ya que 1 peso de 1960 equivale a 14 pesos de hoy. Parker Lewis lo expresó de la siguiente manera: *"La única forma en que el sistema fiat podrá subsistir en el futuro es [...] imprimir más y más dinero"*.

LAS MONEDAS FIAT SE PARECEN A LOS BARCOS CON FUGAS: TODOS SE HUNDEN, ES CUESTIÓN DE TIEMPO QUÉ TAN RÁPIDO LO HAGAN.

Además, los mecanismos defectuosos de la creación de dinero fiat a menudo están bien ocultos, pero sus efectos se pueden sentir en toda la sociedad. Se vuelven dolorosamente obvios en tiempos de grandes crisis, cuando ya es demasiado tarde para reaccionar y proteger nuestros bienes. Keynes continúa en su ensayo citado anteriormente y da en el clavo:

"No existe un medio más sutil ni más seguro de derrocar la base existente de la sociedad que corromper la moneda. El proceso involucra todas las fuerzas ocultas de la ley económica del lado de la destrucción y lo hace de tal manera que ni uno en un millón es capaz de diagnosticarlo".

Keynes no fue el único en advertir sobre las consecuencias negativas que un sistema financiero corrupto tiene sobre las personas y la sociedad. Anteriormente, quien fuera Secretario de Estado, John Sherman (1823-1900), vio los peligros cuando explicó:

"Los pocos que entienden el sistema [financiero], estarán tan interesados en sus ganancias, o serán tan dependientes de sus favores, que no habrá oposición por parte de esa clase, mientras que, por otro lado, la gran mayoría de la gente, mentalmente incapaz de comprender las enormes ventajas que el capital obtiene del sistema, llevará su carga sin quejarse y quizás, sin siquiera sospechar que el sistema es perjudicial para sus intereses (atribuidos)".

UNA MALDICIÓN GENERACIONAL

El dinero fiat está bajo la maldición de la inflación. Entender esta revelación es el punto de partida para cualquiera que quiera escapar de la carrera fiat sin fin. Vivir bajo esta maldición nos enferma del corazón, ya que el esfuerzo y sudor representa para la mayoría una recompensa apenas suficiente para ganarse la vida. Es como si "construyeras una casa, pero alguien más viviera en ella. Como si plantaras una viña, pero no pudieras disfrutar de sus frutos. Como si sembraras muchas semillas en el campo, pero cosecharas poco y gente que no conoces se comiera lo que producen tu tierra y tu trabajo" (Deuteronomio 28:30-38).

Para entender completamente los efectos negativos, echemos un vistazo más de cerca a algunas de las graves consecuencias de la maldición del dinero fiat.

LA MALDICIÓN DEL FIAT: LOS AHORRADORES SON LOS PERDEDORES

Fue Robert Kiyosaki quien lo dijo de una manera más clara en su libro *Padre rico, padre pobre*:

> *"Los ahorradores [fiat] son los mayores perdedores hoy en día".*

Nos han enseñado que la capacidad para ahorrar dinero es una parte importante de la vida adulta. Muestra la capacidad de renunciar al placer ahora a favor de los beneficios y la estabilidad futuros. Mientras que los ahorros son en verdad esenciales, ahorrar en monedas fiat es una terrible idea. Durante las últimas dos décadas, en promedio, la inflación fue consistentemente mayor que las tasas de interés pagadas sobre nuestras cuentas de ahorros.

El resultado es que nuestras cuentas de ahorros son como bolsas con agujeros, que pierden valor constantemente. La persona inteligente ya no es el ahorrador prudente, que ahorra dinero para tiempos difíciles, sino la persona que toma la máxima cantidad de deuda productiva y busca que el valor absoluto de su deuda disminuya cada año, gracias a la inflación.

LA MALDICIÓN FIAT: GRAVADOS A TRAVÉS DE LA INFLACIÓN

La inflación es la tasa a la cual los precios de los bienes y servicios aumentan cada año. Aun cuando la inflación tiene muchas causas, el principal detonante es un aumento en la oferta monetaria.

Oficialmente, la inflación se mide mediante el Índice de Precios al Consumidor (IPC). En Estados Unidos, la meta es mantener la inflación alrededor del 2%. Como lo han mostrado los datos, este número fue significativamente mayor durante los últimos años.

> ## LA INFLACIÓN ES EL PRECIO QUE PAGAMOS POR LOS BENEFICIOS DEL GOBIERNO QUE TODO MUNDO CREÍA QUE ERAN GRATIS.
>
> RONALD REAGAN

Quienes se benefician de la inflación son los deudores, entre los cuales las grandes corporaciones y el Estado son los mayores. Por lo tanto, la inflación es un impuesto que saca el dinero de los bolsillos de las personas y lo pone en las tesorerías de estas instituciones. Es la forma más unilateral de tributación que existe. La tasa de inflación real no se determina a través de procesos democráticos, ni se publica en ningún lado. La inflación está escondida, es sutil y la población no tiene voz en ella. Por esta razón, también se le llama a la inflación el robo legal o el pillaje legal.

Lo que hace aún peor al impuesto de la inflación es que se cobra principalmente a las clases media y baja. Las grandes corporaciones y las personas adineradas están muy conscientes de la inflación y tienen estrategias para evitar sus efectos. Los perdedores son los iletrados financieros, que no saben cómo invertir sus ahorros en activos tangibles y los pobres que no se benefician del incremento en los precios de los activos.

LA MALDICIÓN DEL FIAT: EXCLUIDOS POR EL PRECIO

El Índice de Precios al Consumidor (IPC) en sí mismo es únicamente un vago indicador de la inflación real, ya que excluye artículos tales como bienes raíces, acciones y seguros de vida, entre otros. La tasa real de inflación se puede adivinar viendo indicadores tales como el balance general del banco central, la oferta monetaria total en una economía (M2), la tasa de crecimiento anual de los índices accionarios o los precios de los bienes raíces. Todos estos indicadores han crecido de manera exponencial en los últimos años. Las estimaciones indican que la tasa real de inflación durante las últimas dos décadas fue más bien de 8-14% al año.

EN LA ECONOMÍA FIAT, NECESITAS GANAR TU DINERO DOS VECES: UNA PARA GANARLO Y OTRA PARA CONSERVARLO.

JIMMY SONG

Esta inflación es absorbida en su mayoría por los activos tangibles escasos y explica el alza desmedida de los precios de los bienes raíces, las acciones, los bonos y otros instrumentos de inversión. La otra cara de esa misma moneda es que nuestras participaciones en moneda fiat se diluyen continuamente y pierden poder adquisitivo cada año. Se le roba a la gente de tal forma que no se da cuenta. A pesar de que el saldo en sus cuentas de ahorro crece debido a los intereses, el poder adquisitivo de estos ahorros está disminuyendo debido a la inflación visible. Con la devaluación de la moneda y el aumento de los precios de los activos, muchas personas quedan excluidas de bienes esenciales, como los bienes raíces, y están condenadas a ser inquilinos toda su vida. La predicción "no poseerás nada" para 2030 del Foro Económico Mundial (FEM) ya se hizo realidad para las generaciones más jóvenes. El resultado es toda una vida de esclavización a los cantillonistas, dueños de los activos.

LA MALDICIÓN DEL FIAT: ROBO DE TIEMPO

El dinero representa el trabajo, el sudor y eventualmente, el tiempo de la gente. Sirve como medio para almacenar tiempo "libre de trabajo", el cual se podrá usar más adelante. El dinero ahorrado permite a la gente dedicarse a actividades que no están directamente relacionadas con necesidades básicas como alimentos y vivienda. Esto es especialmente importante cuando se realizan actividades que tienen una recompensa retrasada, como iniciar un negocio, trabajar en nuevas tecnologías o aprender una nueva habilidad. Gracias al dinero, el tiempo se puede almacenar y utilizarlo conforme se necesite, permitiendo una mayor flexibilidad.

EL DINERO FIAT TE ROBA TU TIEMPO.

Pero el dinero fiat, con su inflación continua, les roba a las personas su tiempo guardado. Con la pérdida de poder adquisitivo del dinero fiat, la cantidad de tiempo libre almacenado en esta forma de divisa disminuye constantemente. Por lo tanto, el dinero fiat es un ladrón de tiempo, un ladrón de vida.

¿QUÉ NOS SALVARÁ DE ESTE GRAN MAL?

El sistema fiat se encuentra en la base de todas estas maldiciones. Un sistema que está quebrado debido a que su núcleo viola la ley de la siembra y la cosecha. Alejarse del *hard money* ha abierto la puerta para que el elemento humano entre en el terreno monetario. En lugar de dinero justo y sano, ahora tenemos dinero propenso al error y a la corrupción. Al igual que un barco que se sale de rumbo sólo un grado y termina en un lugar totalmente equivocado después de haber recorrido una larga distancia, así el sistema monetario, con el corte del ancla del oro, se desvió al terreno del caos monetario durante los últimos cinco siglos . Hoy en día, el dinero fiat se ha vuelto dinero falso, un fraude.

EL DINERO FIAT ES UN FRAUDE.

Bitcoin, mientras tanto, se encuentra en un marcado contraste con el sistema fiat. Con Bitcoin, el poder sobre el dinero se ha descentralizado totalmente. Ninguna institución goza de ningún privilegio especial sobre el protocolo y ninguna persona puede eludir o tomar un atajo en la creación de Bitcoin. Se tiene ya sea comprando a valor de mercado o minando a costo de energía y capacidad computacional. No existe ningún grupo privilegiado de banqueros centrales que puedan crear Bitcoin adicional a un costo menor o sin costo, está estrictamente sujeto a la ley de la siembra y la cosecha. Esto convierte a Bitcoin en el antídoto perfecto, un referente que revela la verdadera naturaleza del fraudulento dinero fiat.

¿QUÉ SIGUE?

Para proporcionar a los lectores el panorama completo del caos financiero que estamos sufriendo hoy en día y ayudarles a entender por qué Bitcoin es el antídoto contra las maldiciones fiat, en los siguientes capítulos profundizaremos en cómo el mundo cayó bajo el hechizo del fiat. Exploraremos la historia monetaria, examinaremos los efectos del *soft money* sobre las personas, la sociedad y el sistema financiero y comentaremos hacia dónde irá el dinero fiat en el futuro.

Afortunadamente, conforme leemos sobre este tema, nos alejamos de los que no tienen esperanza. Todo esto nos preparará para comprender plenamente por qué Bitcoin es una forma maravillosa para salir del desastre del fiat en el que estamos. Nos encontramos entre los privilegiados en adoptar primero este nuevo dinero sano, llamado Bitcoin, que nos llena de esperanza y nos da una oportunidad para el futuro.

LOS PECADOS MONETARIOS DE LA HUMANIDAD

La pregunta urgente que cada vez más personas se atreven a hacer hoy en día es: ¿cómo llegamos a este nefasto sistema monetario? ¿En qué momento tomó la humanidad un rumbo equivocado? Consideramos que existen dos pecados en la historia monetaria que precipitaron nuestra caída en desgracia. El primer pecado ocurrió a fines del siglo XVII, con el establecimiento del primer banco central: el Banco de Inglaterra. Viéndolo en retrospectiva, lo que parecía el golpe monetario perfecto, dio inicio a una "revolución" monetaria que transformó de manera irreversible el panorama financiero, habilitando un camino hacia el dinero fiat en su máxima expresión.

La mayoría de los libros de historia destacan la gloriosa revolución, que sucedió aproximadamente al mismo tiempo. Esto llevó a la creación de la Carta de Derechos, estableciendo las bases para lo que sería la monarquía constitucional de Gran Bretaña, la democracia parlamentaria y, en última instancia, el triunfo global de la democracia. El establecimiento del Banco de Inglaterra, junto con la revolución monetaria que siguió en la misma era, se reducen a meras notas al pie. Sin embargo, y ésta es la gran paradoja, el establecimiento del Banco de Inglaterra marcó el inicio de una alianza nefasta entre el Estado y la banca privada. Esta alianza, con el paso del tiempo, erosionaría sutilmente los fundamentos del Estado democrático, junto con sus estructuras legales, institucionales y políticas.

EL BANCO DE INGLATERRA MARCÓ EL PRINCIPIO DE UNA ALIANZA NEFASTA ENTRE EL ESTADO Y LA BANCA PRIVADA, QUE MÁS TARDE EROSIONARÍA LAS BASES DEL ESTADO DEMOCRÁTICO.

De manera aún más trágica, la creación del Banco de Inglaterra preparó el camino para un segundo paso en falso, aún mayor. Esto sucedió cuando Estados Unidos abandonó el patrón oro en 1971. El asesinato económico de Dios marcó el inicio del irreversible dinero fiat. Este cambio precipitó al mundo a un estado de relativismo monetario y nihilismo financiero. Este capítulo explica cómo el derecho del Estado sobre el dinero trajo como resultado, en última instancia, el establecimiento del Banco de Inglaterra y cómo éste albergó la centralización del oro que permitió a las élites monetarias librarse de las ataduras del valioso metal, cortando el ancla de la verdad monetaria.

LAS MONEDAS COMO INSTRUMENTOS DE PODER

A lo largo de la historia, el Estado ha penetrado cada vez más en el mundo del dinero. Hoy en día, esta incursión es tan profunda, universal y fundamental que se ha vuelto difícil pensar en el dinero y el Estado nación por separado.

Para poder entender cómo sucedió esta fusión del dinero y el Estado, necesitamos retrasar el reloj a la época antigua. La influencia del Estado —entonces encarnado por los emperadores o reyes— sobre el dinero, se puede rastrear hasta el origen de las monedas. Las primeras monedas, que se atribuyen al Rey Creso de Lidia, fueron revolucionarias porque estaban estandarizadas en peso y pureza. Gracias a esta estandarización, los usuarios ya no tenían que pesar cada pieza de metal para evaluar su pureza. A pesar de que ya había existido cierto grado de estandarización anteriormente, lo que realmente otorgó a las monedas su valor y credibilidad fue el sello real de aprobación, combinado con el monopolio del monarca sobre la violencia.

LA ACUÑACIÓN DE MONEDAS SIEMPRE HA SIDO UN PRIVILEGIO REAL, UN INSTRUMENTO PARA FORTALECER EL DOMINIO DEL GOBERNANTE.

Desde su introducción, la acuñación de monedas siempre ha estado bajo el firme control del gobernante, como lo demuestran las representaciones de reyes y emperadores en numerosas monedas antiguas. La producción era responsabilidad de la casa de moneda real, aunque algunas veces se subcontrataba con autoridades privadas, como iglesias y ciudades. Esta práctica se conocía como "arrendamiento de moneda".

De este modo, las personas físicas se involucraron en la producción de dinero desde la Edad Antigua hasta la Edad Media. Sin embargo, su participación siempre fue bajo los auspicios de los poderes gobernantes. En aquel entonces, el concepto de dinero privado prácticamente no existía debido a que en muchas jurisdicciones el derecho de acuñar monedas se reservaba a los monarcas.

Esto cambió cuando surgieron los instrumentos monetarios de crédito basados en papel, en la Europa medieval. La creciente complejidad de la economía y el comercio, acompañada de las innovaciones tecnológicas, cuestionaron por primera vez el privilegio del gobernante sobre el dinero. En aquel tiempo, era prácticamente imposible que los particulares emitieran su propio papel moneda, distinto a las divisas físicas. El tipo más común de dinero privado eran las letras de cambio que, en su forma más básica, era una carta de crédito que prometía pagar la deuda en oro en una fecha específica. A diferencia de la acuñación, el gobernante no tenía control directo sobre este papel moneda privado. En algunos casos, las autoridades ignoraban totalmente su existencia, ya que únicamente circulaba dentro de las redes privadas de comercio.

En su obra *Una historia del dinero: de los tiempos antiguos a la actualidad*, el economista Glyn Davies describe cómo la emisión de dinero privado se fue volviendo cada vez más común en el periodo moderno temprano, del siglo XV en adelante:

> *"Con el advenimiento de los instrumentos semejantes al dinero, como las letras de cambio y los billetes, los gobernantes soberanos ya no eran los emisores más importantes de dinero. El dinero perdió su magia real, debido a que emitirlo ya no era un privilegio de reyes. La gente común, los vendedores ambulantes convertidos en comerciantes, los pastores, los mesoneros, los fundidores de hierro, los lavanderos, los tenderos, de hecho, cualquier persona común y corriente podía compartir esta prerrogativa real".*

Esto fue un verdadero punto de quiebre. Como el dinero privado tenía ventajas claras sobre el dinero del Estado, se volvió cada vez más popular. Pronto, la mayor parte del comercio se realizaba con dinero privado, en vez de dinero soberano. Las grandes casas comerciales descubrieron una forma de crear dinero internacional que ya no estaba sujeto a un gobernante único. Conforme la emisión de dinero privado, a través de instrumentos monetarios de crédito, se fue volviendo más evidente, el monopolio del Estado sobre la emisión de dinero se vio cada vez más amenazada.

LOS GOBERNANTES RECURRIERON A LA DEVALUACIÓN DE LA MONEDA

Más concretamente, los reyes vieron cómo sus ganancias por señoreaje disminuían. Al controlar la acuñación desde la antigüedad, los gobernantes habían tenido un flujo constante de ingresos. El valor de las monedas acuñadas estaba determinado por su peso y la pureza del metal. A menudo, los gobernantes cobraban una cuota por acuñar y distribuir monedas. Esta cuota fue una forma temprana de señoreaje, que representaba la utilidad del gobernante por sus derechos de acuñar.

De hecho, el uso del señoreaje fue uno de los métodos más confiables para recaudar fondos para los reyes y príncipes. Después de todo, los gobernantes medievales sólo tenían posibilidades limitadas para generar ganancias. La más obvia era el gravamen directo o los impuestos indirectos. Sin embargo, los impuestos no eran populares y su cobro era una pesadilla logística que iba más allá de las capacidades de la administración feudal y era subcontratada regularmente a particulares. Estas entidades pagaban un monto fijo por este privilegio y se quedaban con una parte de los impuestos cobrados, como utilidad. Típicamente, se quedaban con fondos extra, volviendo al sistema ineficiente (ver gráfica de la página 70).

Contra estos antecedentes, el señoreaje era una fuente especialmente atractiva y altamente eficiente de ingreso para los gobernantes medievales. Cada vez un número mayor de gobernantes empezó a acuñar sus propias monedas para obtener cuotas de acuñación. Sin embargo, las utilidades se gastaban rápidamente y los déficits financieros eran comunes, especialmente debido a los costos de las guerras en curso. No es una coincidencia que la frase "el dinero es la fuerza que impulsa la guerra" haya surgido en la Edad Media. Cuando le preguntaron a Alex Oxenstierna, el canciller sueco durante la Guerra de los Treinta Años en Europa, qué se necesitaba para librar un conflicto bélico, contestó: "Dinero, dinero y más dinero".

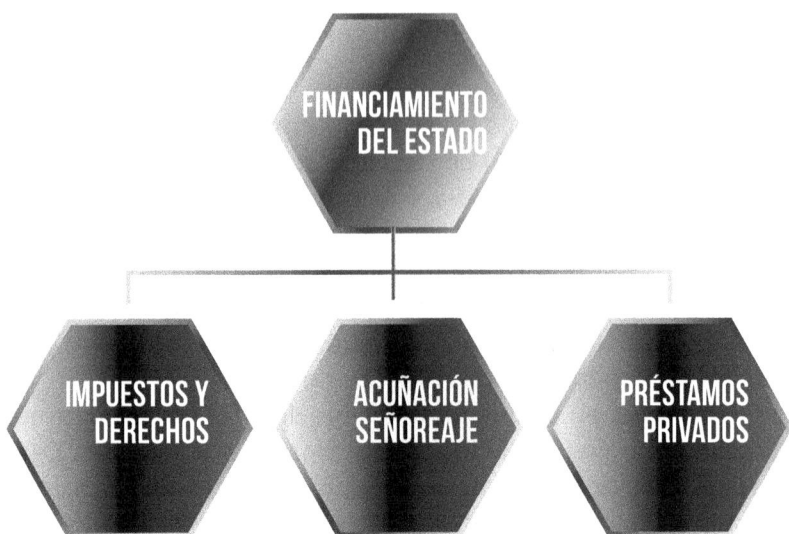

Financiamiento tradicional del Estado a través de la recaudación de dinero.

EL DINERO ES LA FUERZA QUE IMPULSA LA GUERRA.

En consecuencia, rara vez un monarca podía resistir la tentación de aumentar su señoreaje a través de métodos cuestionables. Inspirados en el recorte ilegal de monedas —un método en el que se recortaban o raspaban pequeñas cantidades de metal de los bordes de las monedas de oro—, los gobernantes recurrieron a lo que se conoce como el envilecimiento monetario. Este proceso data de la Edad Media, pero se intensificó a partir de finales del siglo XIV. En muchos países europeos, incluyendo Inglaterra y Francia, las monedas se devaluaron repetidamente, reduciendo el contenido de metal precioso y reemplazándolo con metales de menor valor. Este envilecimiento de la moneda se volvió la manera más atroz de crear inflación en esa época.

Financiamiento del Estado en la Edad Media a través de
la recaudación y creación de dinero.

El envilecimiento de la moneda era una fuente invaluable
de ingreso para los gobernantes de la época, que se volvieron
cada vez más adictos a este instrumento parecido a la piedra
filosofal. Entre finales del siglo XIII y la mitad del siglo XV, los
gobernantes europeos degradaron fuertemente sus monedas
—varias veces— generando ganancias considerables. Por ejemplo, la mitad de todo el ingreso de la corona francesa en 1299
provino de las ganancias por envilecimiento de las monedas.
Apenas 50 años después, la proporción se había incrementado de
nuevo, con casi tres cuartas partes del ingreso total del rey de
Francia provenientes del envilecimiento y la nueva acuñación.

De hecho, los gobernantes de varios países explotaron su derecho a acuñar monedas llevando el envilecimiento al extremo. Los que lo sufrieron fueron los tenedores y propietarios de las divisas degradadas, ya que cargaban con la pérdida financiera. Más de una vez, los mercenarios que peleaban en nombre de algún rey se quejaban de que su pago consistía en monedas devaluadas, cuyo contenido de metales preciosos era más de 90% menor que cuando se habían acuñado por primera vez.

En lugar de llevar a cabo reformas o implementar recortes de presupuesto, los gobernantes culpaban de sus problemas a los mineros deshonestos de oro y plata, quienes supuestamente diluían el contenido metálico de las monedas del imperio para beneficiarse del excedente. Sin sistemas monetarios alternativos, los reyes y gobernantes podían explotar libremente su privilegio de señoreaje degradando las monedas. A pesar de las quejas constantes, los poseedores de las monedas no tenían salida.

Esta tendencia llegó a su apogeo en Inglaterra, a mediados del siglo XVI, bajo el gobierno de Enrique VIII y sus sucesores inmediatos, Eduardo VI, María I e Isabel I. A punto de un colapso financiero, el rey Enrique VIII emitió un decreto secreto que ordenaba la reducción de los metales preciosos en las monedas de oro y plata. Su intención era aumentar los ingresos de la Corona a expensas de los poseedores de monedas, produciendo monedas de menor calidad, pero manteniendo su valor nominal. A partir de entonces, el contenido de plata de las monedas británicas se redujo sistemáticamente del 93% al 33% en el transcurso de unos cuantos años. Esto trajo como resultado ganancias de señoreaje para el rey, que alcanzaron 1.2 millones de libras.

Debido a su uso a lo largo del tiempo, el recubrimiento de plata de estas monedas se empezó a desgastar, revelando el cobre con el cual se había fabricado principalmente. La decepción se hizo evidente cuando la prominente nariz del rey, cuya figura adornaba las monedas, fue lo primero que reveló el color subyacente del cobre. Esto le dio a Enrique VIII el apodo de "viejo nariz de cobre".

EL DINERO PRIVADO GANA SEÑOREAJE REAL

Este periodo pasó a la historia como el "Gran Envilecimiento". En un movimiento desesperado para evitar que la gente cambiara las monedas por papel moneda privado, el ministro de finanzas de la Reina Isabel, Lord Burghley, prohibió las operaciones con letras de cambio y que los comerciantes desconocidos emitieran billetes. Sin embargo, incluso estas prohibiciones impuestas por el Estado no funcionaron, ya que el dinero privado se siguió extendiendo.

> LAS PROHIBICIONES IMPUESTAS POR EL ESTADO NO EVITARON QUE LA GENTE CAMBIARA LAS MONEDAS DEGRADADAS POR PAPEL MONEDA PRIVADO.

La acuñación explotadora en Europa y el constante envilecimiento de la moneda llevaron al uso cada vez mayor de dinero privado trasnacional en el comercio a larga distancia. El surgimiento del intercambio de dinero, los negocios de depósito y el uso de instrumentos de crédito en ese tiempo fue el resultado de las condiciones monetarias específicas de Europa en la Edad Media tardía. La circulación de dinero privado, emitido de manera descentralizada por mercaderes y comerciantes, demostró ser muy benéfica para el comercio internacional. Gracias a ello, la clase comerciante europea se volvió cada vez más independiente de la moneda real.

Los gobernantes rechazaban este dinero privado, respaldado por oro, diciendo que era de menor calidad monetaria en comparación con las monedas oficiales. Sin embargo, esto fue principalmente un pretexto para ocultar la verdadera razón de este rechazo, es decir, que el amplio uso de las letras de cambio llevó a la pérdida del control soberano sobre el dinero y, por lo tanto, la posibilidad de asegurar las ganancias de señoreaje y la manipulación de la acuñación.

La competencia entre las letras de cambio privadas y el monopolio soberano sobre el dinero fue más evidente en Inglaterra. El sistema privado de letras de cambio se encontraba en marcado contraste con la idea mercantilista de la época de un Estado poderoso, que controlaba la acuñación de monedas y que tenía el monopolio del dinero. Inspirados por los Países Bajos, donde en el siglo XV estaban prohibidos los pagos directos de una cuenta a otra con letras de cambio, los reyes de Inglaterra también tomaron en repetidas ocasiones medidas en contra del dinero privado. En un intento por impedir las letras de cambio, se prohibió importar monedas extranjeras y exportar lingotes de oro; en su lugar todos los lingotes debían ser proporcionados por la casa de moneda real. Al restringir el uso de los lingotes de oro y las monedas extranjeras, el rey buscaba disminuir la funcionalidad y el atractivo de las letras de cambio y otros instrumentos privados de crédito.

A pesar de los reglamentos y las prohibiciones, el dinero privado pudo socavar la acuñación real. Irónicamente, en países como Inglaterra donde la opresión era más agresiva, el papel moneda eventualmente funcionaría como un medio de pago ampliamente utilizado. Esto trajo como resultado la falta de ingresos para el Estado y el rey, lo que llevó a buscar dinero por préstamos de las familias de comerciantes adinerados. Ésta fue la forma más fácil de compensar la pérdida de ingresos causada por la competencia monetaria. Las sumas prestadas a los reyes eran considerables, variaban dependiendo de las circunstancias y les permitían a los monarcas financiar las guerras y otros proyectos.

Por ejemplo, la familia Medici le prestó grandes sumas de dinero a varios monarcas europeos, incluyendo al rey Carlos VIII de Francia y al rey Enrique VII de Inglaterra. Los Fugger le prestaron dinero al emperador Maximiliano I, al rey Carlos V y a Felipe II de España. A cambio del crédito, los reyes otorgaban a estas familias muchos beneficios, como privilegios comerciales y fiscales, mientras que la realeza obtenía los fondos que necesitaba para financiar sus guerras.

Sin embargo, la desventaja de financiar conflictos bélicos pronto se hizo evidente para los acreedores: la guerra era un esfuerzo improductivo que agravaba las finanzas de los reyes más de lo que les beneficiaba. Los comerciantes y banqueros, que financiaban estas guerras en la Edad Media también lo sintieron. El rey Eduardo III de Inglaterra dio un ejemplo negativo que repercutió en toda Europa. En 1339, incumplió en sus préstamos y arrastró a dos de los mayores conglomerados de banqueros, las familias Bardi y Peruzzi, a la quiebra. Este incumplimiento desató la depresión que hundió a Europa durante más de una generación. Los financieros italianos aprendieron una costosa lección en la escuela de la vida y la mayoría se retiró del crédito internacional durante algún tiempo.

La caída de un hombre es el surgimiento de otro, o mejor dicho, el surgimiento de otra familia. La familia de Germán Fugger siguió los pasos de los Bardi y los Peruzzi y se convirtió en uno de los agentes financieros más importantes de los reyes. Los Fugger también fueron conocidos como los príncipes comerciantes de Europa. A través del control de minas y otras concesiones, tuvieron acceso a grandes reservas de capital, lo cual les permitió financiar las guerras de los reyes durante más de una generación. Sin embargo, a pesar de su enorme fortuna, los Fugger cayeron en la ruina cuando los reyes españoles ya no pudieron hacer sus pagos de intereses e incumplieron repetidamente.

No es de sorprendernos que al final de la Edad Media, los prestamistas de los reyes desconfiaran de los gobernantes. A través de los siglos, los prestamistas aprendieron que prestarles a los reyes y gobernantes era un juego de suma negativa. Los "negocios" en los cuales estos gobernantes estaban involucrados —librar guerras, imponer impuestos y degradar sus monedas— incurrían en costos que generalmente superaban sus rendimientos a largo plazo.

Estos tres métodos de generación de ingresos trajeron como resultado la desaparición de la movilidad de las fortunas a través de las fronteras, mediante lagunas legales y en el consumo, impidiendo el crecimiento de la economía. Para proteger sus negocios, los comerciantes también se volvieron innovadores y buscaron alternativas como el sistema de letras de cambio privadas, haciendo que las fuentes de ingresos del Estado se secaran. Para compensar esto, las autoridades hicieron un uso aún peor de sus métodos draconianos de generación de ingresos, lo cual aceleró la desaparición de la riqueza. El resultado fue un círculo vicioso que llevó a graves déficits financieros para los Estados.

A LO LARGO DE LOS SIGLOS, LOS PRESTAMISTAS APRENDIERON QUE PRESTARLES A LOS REYES Y GOBERNANTES ERA UN JUEGO DE SUMA NEGATIVA.

EL BANCO DE INGLATERRA: UN GOLPE MONETARIO

Para el siglo XVII, se hizo evidente para los gobernantes que combatir el dinero privado era inútil y que sería mejor establecer algún tipo de cooperación mutua. Lo que sucedió al final de ese siglo fue la fusión de la creación de dinero privado y del Estado. 1694 fue un año histórico —cuando se fundó el Banco de Inglaterra— porque se estableció un esquema institucional que influiría en la sociedad pública-privada entre el Estado, los bancos centrales y los bancos privados durante los siglos por venir. En retrospectiva, el Banco de Inglaterra sentó las bases para una revolución monetaria que institucionalizó la creación de dinero.

Como ocurrió con la acuñación, el Banco de Inglaterra no fue creado para mejorar el desempeño del sistema monetario, sino para crear una fuente de ingresos para el Estado: le ofreció una salida a su dilema de tener dinero inferior. Con la creación de este "banco revolucionario", como se le llamó en esos primeros días, los banqueros y comerciantes (acreedores) unieron fuerzas con los reyes y gobernantes (deudores). El banco marcó el inicio de una alianza entre los intereses privados y del Estado, entre los acreedores y el deudor público, o de manera más general, entre el mercado y el gobierno.

La idea de este nuevo tipo de banco surgió del empresario y economista escocés William Paterson. Él pertenecía a un grupo prominente de comerciantes, un conglomerado conocido como la Honorable Compañía de las Indias Orientales. Paterson le sugirió al rey Guillermo III que se debería establecer un "banco nacional" para proporcionar al gobierno una fuente estable y segura de crédito.

El banco se llamaría Banco de Inglaterra y su principal preocupación serían los intereses del Estado. Paterson no ocultó que esta nueva institución se fundaría con el objetivo principal de ayudar al gobierno inglés a financiar sus guerras. Como anécdota, la seriedad del compromiso del banco fue subestimada nada más y nada menos que por el primer vicegobernador del mismo, Michael Godfrey. De acuerdo con los registros históricos, Godfrey acompañó al rey Guillermo de Orange al sitio de Namur (Bélgica), donde lo mató una bala de mosquete.

Después de haber presentado la propuesta al rey, en 1691, se estableció como un banco de acciones, tan sólo tres años después. Los inversionistas adinerados podrían adquirir acciones que pagaran dividendos a cambio de monedas de oro o lingotes de oro. De acuerdo con los registros históricos, 1,509 inversionistas adquirieron acciones con un valor total de 1.2 millones de libras y la mayoría de las acciones quedaron en manos de 170 accionistas.

Dos años después de su creación, el Banco de Inglaterra había recibido depósitos por un valor de 1.75 millones de libras. A cambio, los depositantes obtuvieron notas bancarias que les garantizaban el pago en oro. El Banco de Inglaterra tenía una reserva de oro de tan sólo 2%, o 36,000 libras (alrededor de 16 toneladas). El resto de los depósitos se los prestó al gobierno inglés. En esencia, los billetes no estaban respaldados por oro, sino por la promesa de las autoridades de pagar los préstamos y se podían utilizar como una forma de dinero.

LOS BILLETES ESTABAN RESPALDADOS POR LA PROMESA DEL GOBIERNO DE PAGAR LOS PRÉSTAMOS.

LOS INTERESES PRIVADOS Y DEL ESTADO BAJO UN MISMO TECHO

Pero, ¿qué fue exactamente lo que cambió cuando se estableció el Banco de Inglaterra? Después de todo, constituir un banco para recaudar dinero para la tesorería del gobierno no era una novedad. Las ciudades-Estado del norte de Italia ya habían sido sede de los bancos públicos desde principios de la Edad Media. La República Holandesa había poseído un banco nacional, el Amsterdamsche Wisselbank (Banco de Cambio de Ámsterdam) desde 1609, y en Suecia se fundó el Banco de Estocolmo en 1656.

La innovación clave introducida en Inglaterra fue la fusión de los intereses privados y estatales. Esto dio lugar a una simbiosis mutuamente beneficiosa, un intercambio de ventajas cuidadosamente equilibradas. Mientras que el Estado otorgaba su autoridad para emitir dinero a una entidad privada, los banqueros de buena reputación y solventes del sector privado le proporcionaban acceso al crédito.

EL ESTADO PRESTABA SU SELLO DE APROBACIÓN A LOS BILLETES PRIVADOS, MIENTRAS QUE EL BANCO LE PROPORCIONABA APOYO CREDITICIO AL ESTADO.

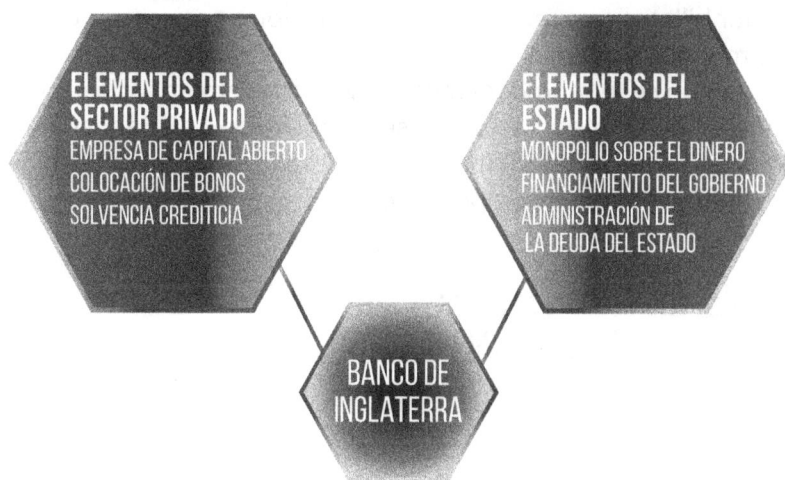

ELEMENTOS DEL
SECTOR PRIVADO
EMPRESA DE CAPITAL ABIERTO
COLOCACIÓN DE BONOS
SOLVENCIA CREDITICIA

ELEMENTOS DEL
ESTADO
MONOPOLIO SOBRE EL DINERO
FINANCIAMIENTO DEL GOBIERNO
ADMINISTRACIÓN DE
LA DEUDA DEL ESTADO

BANCO DE
INGLATERRA

Banco de Inglaterra: la fusión de los intereses del Estado y del sector privado.

Los comerciantes respetados y los banqueros experimentados aprovecharon su experiencia financiera y su reputación para inyectar dinero al Estado de una manera "capitalista". El gobierno recibía recursos de una clase alta adinerada, los cuales eran manejados y administrados por una institución recién creada. La estructura legal del organismo permitía a los acreedores privados tener una participación en el Banco de Inglaterra. Les garantizaba a los comerciantes, banqueros e industriales una voz autorizada en las finanzas del gobierno a través de sus derechos de voto. Estas acciones pronto se volvieron comerciables en la Bolsa de Valores de Londres. Operar como una sociedad cotizada públicamente beneficiaba a los tenedores privados y le permitía al banco recaudar capital adicional mediante la venta de más acciones, financiando así a las autoridades, según se necesitara.

Además de dar voz a los acreedores, el gobierno permitió que los accionistas privados participaran en su privilegio más antiguo y mejor cuidado: la creación de dinero y el manejo del estándar monetario. Se le otorgó al Banco de Inglaterra el derecho de emitir billetes que representaran sus propios pasivos, así como un monopolio parcial para circular dichos billetes en Londres. Si bien no se le otorgó el monopolio completo en todo el país para emitir billetes, hasta que se promulgó la Ley Bancaria de Peel de 1844 —150 años más tarde— gozaba de varios privilegios comparado con sus competidores.

EL GOBIERNO PERMITIÓ QUE LOS ACCIONISTAS PRIVADOS PARTICIPARAN EN SU PRIVILEGIO MÁS ANTIGUO Y MEJOR CUIDADO: LA CREACIÓN DE DINERO.

La forma en que se otorgaban estos privilegios era a través de decretos reales (actos legislativos) que se mantenían en vigor durante un periodo de tiempo específico y se tenían que renovar periódicamente. Cabe destacar que el otorgamiento de concesiones siempre coincidía con la falta de recursos financieros por parte del gobierno. Después de que se promulgó el primer decreto y se fundó el Banco de Inglaterra en 1694, las autoridades volvieron a necesitar dinero tres años más tarde. En su afán por asegurar financiamiento, el gobierno renovó y amplió los privilegios del banco, permitiéndole aumentar su capital y, con ello, la emisión de billetes. Además, se le otorgó el derecho de ser el único banco en manejar los activos del Estado, lo cual significaba administrar toda la deuda pública. A partir de 1709, se les prohibió a otros bancos con más de seis socios que emitieran letras de cambio o billetes —de nuevo, por supuesto, a cambio de un nuevo préstamo del Banco de Inglaterra al Estado.

En 1742, otra renovación del decreto le otorgó un monopolio parcial nacional para emitir billetes. Para 1751, se encomendó al banco la administración de la deuda nacional. Hasta principios del siglo XIX, se realizaron tres renovaciones más de la concesión y cada vez, el gobierno aseguraba nuevos fondos y "pagaba" por ellos consolidando el monopolio del Banco de Inglaterra.

Dado el desarrollo de los acontecimientos, no era sorprendente que la competencia privada estuviera luchando por prevalecer frente a esta institución privilegiada. El resultado fue una continua concentración de todos los asuntos monetarios y bancarios en el Banco de Inglaterra. Más de un siglo después, en el debate sobre la Ley Bancaria de Peel (1844), algunos argumentaron que las fuerzas del libre mercado habían llevado a la posición dominante de la institución. Propusieron este argumento para promover la centralización total de la emisión de billetes en el Banco de Inglaterra, ignorando todas las ventajas competitivas que los decretos le habían otorgado.

La historia de estos decretos subraya que el establecimiento y desarrollo del Banco de Inglaterra fueron facilitados por el poder del Estado, que dictaba lo que algunas instituciones privadas tenían autorizado, mientras que todas las demás no. La posición privilegiada del Banco de Inglaterra, garantizada por el Estado, dio lugar al siguiente privilegio: se concedió a una entidad privada la facultad de emitir billetes que sirvieron como cuasimoneda del país. Estos billetes los podían obtener las personas comunes depositando dinero en el banco, principalmente en forma de metales preciosos. Alternativamente, en vez de recibir billetes, se podía tener el dinero en cuentas de depósito que pagaban intereses.

Parte del capital del banco prestado al gobierno británico también se recaudó a través de acciones. Estas acciones privadas se negociaban en el mercado de valores y podían aumentar su valor en función del éxito del banco. Además, prestar capital a través del Banco de Inglaterra al gobierno producía altos rendimientos. Al prestarle dinero al Estado, los suscriptores originales de las acciones de la institución recibían un dividendo del 8%. Ellos mismos pasaban el 4% a los depositantes. Esta tasa superior a la del mercado hacía muy fácil atraer depositantes y los accionistas anticiparon correctamente que las futuras ganancias monopólicas del banco estarían aseguradas mediante la capitalización del poder del Estado y la capacidad de cobrar impuestos mediante la coerción.

En retrospectiva, este ingenioso mecanismo del Banco de Inglaterra ofreció a los inversionistas privados perspectivas rentables con un riesgo limitado. En efecto, el establecimiento del banco no fue tanto el resultado de una conspiración oculta sino de incentivos aunque distorsionados. Estos incentivos funcionaban en ambos lados: el Estado aseguraba fondos continuos, mientras que el sector privado disfrutaba de rendimientos lucrativos a través de privilegios monetarios.

EL BANCO DE INGLATERRA NO FUE EL RESULTADO DE UNA CONSPIRACIÓN, SINO DE INCENTIVOS CUIDADOSAMENTE PONDERADOS.

Desde la perspectiva actual, es innegable que el Banco de Inglaterra ha sido siempre una institución privilegiada y protegida y que era de interés no sólo para los accionistas, sino también para el gobierno, mantenerlo así. Inclusive ahora, esta simbiosis sigue dando frutos, ya que el Estado, a través del banco central, estimula al sector privado de varias maneras, mientras que la creación de riqueza financia al Estado.

En la historia monetaria, la fundación del Banco de Inglaterra y la institucionalización de los intereses monetarios privados y estatales bajo un mismo techo, no puede ser mera coincidencia. Esto no significa que su creación fuera planeada por una fuerza siniestra, sino que fue una secuencia de acontecimientos que llevaron unos a otros y se reforzaron mutuamente.

Sin embargo, la fundación del banco fue en última instancia una medida ingeniosa de quienes estaban en el poder y se puede ver como el pecado original de la historia monetaria. No sólo el primer banco central de la historia se convirtió en el modelo para todos los demás bancos centrales en el mundo, sino que también fue fundamental para establecer un mercado para los bonos del gobierno, así como para la creación de una divisa pública, respaldada por una cartera de bonos gubernamentales en poder del banco central.

Durante el periodo de la fundación del Banco de Inglaterra, pocos hubieran imaginado que los bancos centrales moldeados como éste, se convertirían en las instituciones más influyentes para dar forma a la modernidad. El economista clásico David Ricardo, fue uno de los pocos que reconocieron su verdadera naturaleza al hacer el comentario incisivo:

> *"Éste [el Banco de Inglaterra] tiene el poder de incrementar o disminuir la cantidad existente de dinero a placer y sin ningún control: un poder que no se le debería otorgar al Estado mismo ni a nadie dentro de él. [...] Cuando pienso en las malvadas consecuencias que podrían surgir de una reducción drástica, o incluso de un incremento considerable, de la oferta de dinero, sólo puedo condenar la imprudencia con la que el Estado ha dotado al banco de una prerrogativa tan asombrosa".*

EL ASCENSO DE LOS INSTRUMENTOS FIAT

A lo largo de la historia, las teorías conspiratorias han debatido si el Banco de Inglaterra fue, desde su creación, una institución privada o pública. En realidad era ambas. Combinaba elementos del mercado y del Estado. La genialidad de esta revolución monetaria consistía en la integración del dinero privado, que amenazaba el derecho del Estado sobre el dinero, en una sociedad privada-pública. Inconscientemente se hizo el siguiente pacto: al fusionar la emisión del dinero público y privado, "el sistema" podría dominar clandestinamente la creación de dinero.

La fusión tuvo consecuencias de gran alcance. Hasta este punto, la principal forma que tenía el gobierno para obtener dinero eran los impuestos, el señoreaje o mediante préstamos de instituciones privadas, comerciantes y familias adineradas. Con la introducción del Banco de Inglaterra, el foco cambió a tomar prestado del público. La institución desempeñó el papel protagonista en el desarrollo de un mercado público para los bonos del gobierno. El historiador de economía austriaco, Adolf Beer, resaltó esto en su obra *Allgemeine Geschichte des Welthandels* (*Historia general del comercio mundial*).

> *"La madre patria del crédito gubernamental es propiamente Inglaterra, [...] El Banco de Inglaterra, fundado en 1694, le dio un anticipo de 1.2 millones de libras al gobierno. Este capítulo se puede considerar como el inicio del sistema de préstamos del gobierno de Inglaterra".*

Financiamiento del Estado después del establecimiento del Banco de Inglaterra

En el siglo XVII, la República Holandesa presumía tener el sistema más sofisticado para administrar la deuda nacional. Esto cambió a finales del siglo, cuando el príncipe holandés Guillermo III se volvió rey de Inglaterra durante la Revolución Gloriosa en 1688.

Bajo su reinado, se fundó el Banco de Inglaterra, que demostró ser un gran catalizador para el desarrollo de los mercados de deuda pública. Posteriormente, la deuda del gobierno se empezó a emitir como bonos perpetuos. Los llamados bonos consolidados (*consols*) fueron una forma "innovadora" de instrumentos financieros del gobierno, que marcaron el inicio de la deuda gubernamental moderna.

Antes de 1720, los valores de deuda pública generalmente no eran líquidos y tenían vencimientos limitados. En contraste, los *consols* permitían tomar préstamos de duración ilimitada y eran negociables en un mercado secundario, lo cual incrementaba su liquidez. El instrumento de deuda perpetua liberaba al gobierno británico de tener que pagar su deuda constantemente. En su lugar, únicamente se tenían que financiar los intereses anuales. Esto le dio al Estado un margen de maniobra en tiempos de incertidumbre. Los historiadores económicos Ann Carlos y Larry Neal describen los *consols* como la innovación financiera más decisiva de la era moderna.

LOS INSTRUMENTOS DE DEUDA PERPETUA, COMO LOS *CONSOLS*, HAN DEMOSTRADO SER DE LAS INNOVACIONES FINANCIERAS MÁS DECISIVAS DE LA ERA MODERNA.

Los británicos mejoraron aún más el sistema para administrar la deuda nacional, que Felix Martin llamó las "Finanzas Holandesas" en su libro *Dinero: la biografía no autorizada*. Además de reestructurar la deuda gubernamental con los *consols*, los británicos involucraron al Parlamento y le otorgaron una voz en la deuda y en los asuntos financieros. Esto fortaleció la reputación del Estado como un acreedor digno de confianza.

Gracias al Banco de Inglaterra, la deuda del Estado se transformó en deuda pública, lo cual en última instancia permitió el ascenso de una divisa pública. Con la creciente concentración de la autoridad monetaria en el banco central, éste gradualmente obtuvo un monopolio para operar con letras de cambio. El arreglo fusionó el dinero privado y el público. Al comprar letras de cambio nacionales con un descuento antes de su madurez, el banco ganó una fuente esencial de ingresos monopólicos. La oferta de letras de cambio y billetes se volvió dependiente de la tasa de descuento ofrecida por el organismo y el sistema bancario como un todo se integró al banco nacional, pero también quedó subordinado a él.

Con la constante sustitución de las letras de cambio privadas por billetes emitidos por el Banco de Inglaterra, los comerciantes y las familias de banqueros vieron cómo disminuía el uso de sus instrumentos financieros. Los billetes del banco central, que estaban respaldados por el poder (financiero) del Estado, se ubicaron en la cima de la jerarquía monetaria y se convirtieron en una herramienta ampliamente utilizada en toda la economía. Al ofrecer intercambiar estas letras de cambio por sus propios billetes, a un precio menor, el Banco de Inglaterra ganó supremacía de facto y por lo tanto, el control del sistema de pago.

Durante ese tiempo, los componentes primarios del sistema fiat empezaron a tomar forma. Se estableció un modelo exitoso para un banco central, la deuda pública estaba a punto de ser convertida en una mercancía y el papel moneda, tecnológicamente superior, quedó bajo los auspicios del gobierno. Durante los siglos XVIII y XIX, la importancia de los billetes del banco central, respaldados por la deuda del gobierno, se incrementó de manera significativa en la economía. Junto con ello, se desarrolló un mercado de bonos en el cual se negociaba esta deuda. Este crecimiento finalmente dio lugar al coctel perfecto para un sistema que nos sigue afectando hoy en día: el sistema fiat mismo.

EL SEGUNDO PECADO

Como accionistas del Banco de Inglaterra, los comerciantes privados y las familias de banqueros recibieron una forma de beneficiarse a puertas cerradas. Por lo tanto, estaban relativamente despreocupados por la caída de su propio dinero privado. A pesar de que durante los siguientes siglos el banco central cambió para servir al público, los accionistas privados mantuvieron muchos de sus privilegios. Esto incluía la capacidad de crear dinero bajo la supervisión del gobierno, así como ser un beneficiario directo de una deuda gubernamental en constante crecimiento.

Sin embargo, un impedimento persistió: el patrón oro. Los nuevos instrumentos monetarios, como los billetes, estaban garantizados para redimirse en oro a una tasa fija. Aun cuando la obligación gravosa de mantener la convertibilidad en oro se suspendió en repetidas ocasiones, el consenso de mantener la divisa pública anclada al metal precioso se mantuvo. Para que el sistema fiat tomara su forma final y liberara la impresión institucionalizada de dinero totalmente, era necesario primero cortar con esa atadura.

Desde luego que la caída del dinero sólido, puesta en marcha mediante el establecimiento del Banco de Inglaterra, no se desarrolló en línea recta. Pero los mercados recién creados para los bonos del gobierno, con sus posibilidades financieras lucrativas, desataron los viejos deseos de poder y expansión. La capacidad de financiar guerras con mayor facilidad fomentó su realización. A fines del siglo XIX, Inglaterra, involucrada en las Guerras Napoleónicas, enfrentó una enorme presión sobre sus finanzas. La demanda de bonos del gobierno británico resultó insuficiente durante este periodo. Incapaz de asegurar más préstamos, las autoridades británicas recurrieron a algunos trucos: uno de ellos fue introducir un impuesto sobre la renta por primera vez en la historia.

LA POSIBILIDAD DE RECAUDAR FONDOS A TRAVÉS DE BONOS GUBERNAMENTALES REANIMÓ LOS VIEJOS DESEOS DE PODER Y EXPANSIÓN.

Un impuesto sobre la renta era la única forma de cumplir con los pagos de intereses sobre los bonos consolidados pendientes. Que este gravamen fuera aceptado por el público se debió en gran medida a la presencia del ejército francés y a la posibilidad del colapso de las finanzas públicas. Poco después de la victoria sobre Napoleón en Waterloo, se volvió a abolir el impuesto sobre la renta y no se reintrodujo sino hasta 1842. Aún más importante fue que sin esa guerra contra los franceses, tal vez el Banco de Inglaterra no se hubiera convertido en el arquetipo para otros bancos centrales en todo el mundo.

Mientras que las Guerras Napoleónicas arruinaron a los bancos públicos en toda Europa, el de Inglaterra fue uno de los pocos sobrevivientes. No sólo eso, sino que incitó a muchos imitadores, ahora convencidos de la necesidad de desarrollar una institución similar. Además, también imitaron al Banco de Inglaterra al comprometerse con un patrón oro y la mayoría de las monedas se anclaron oficialmente a él, a través de la convertibilidad formal, lo cual permitió el intercambio de divisas de metales preciosos.

LA CENTRALIZACIÓN DEL ORO

Sin embargo, el oro eventualmente sucumbió al abrumador dominio de la moneda fiduciaria y fue abandonado. La macroeconomista e inversionista Lyn Alden ve este alejamiento como resultado de una inevitable centralización en espiral que lo llevó a manos de los tomadores de decisiones, proporcionándoles argumentos contundentes para abandonar el ancla del oro.

En su libro, *Broken Money*, Alden se refiere al conocido economista William Stanley Jevons, quien ya había subrayado las tendencias centralizadoras del oro en su libro *El dinero y el mecanismo de intercambio en el siglo XIX*. En ese tiempo, los depósitos en oro de la gente, en bancos comerciales, llevaron a su centralización. Más tarde, los bancos centrales evolucionaron hasta convertirse en instituciones de liquidación entre diferentes bancos. Para simplificar la liquidación, los bancos comerciales depositaban parte de sus reservas de oro en los bancos centrales. Esto intensificó aún más la centralización. En su forma más sofisticada, pero también más concentradora, este desarrollo dio lugar a una red de compensación a nivel mundial, operada por los bancos centrales, la cual sigue funcionando como la capa más baja del sistema financiero global en la actualidad.

Como lo muestra la historia monetaria, la centralización fue de la mano con una continua dilución del patrón oro. A pesar de que la gente común todavía tenía voz en los asuntos monetarios bajo el patrón oro clásico, este derecho fue eliminado gradualmente con la reintroducción de versiones inferiores de este modelo después de cada guerra mundial. Esta dilución acabó por convertir el patrón oro en una amenaza vacía, despojándolo de toda efectividad y, por ende, de su posibilidad de supervivencia.

LA CENTRALIZACIÓN DEL ORO PERMITIÓ LA REINTRODUCCIÓN DE ESTÁNDARES INFERIORES DESPUÉS DE CADA GUERRA MUNDIAL.

El desmantelamiento ocurrió gradualmente a lo largo de muchas décadas. Hacia fines del siglo XIX, muchos países empezaron a seguir el sistema monetario británico y adoptaron el patrón oro. Guiada por el Banco de Inglaterra, Londres se convirtió en la casa de compensación más importante del mundo para el comercio internacional. Hoy en día, los economistas aún se preguntan cómo una pequeña cantidad de lingotes y monedas de oro relativamente estable pudo financiar un comercio mundial tan extenso. El sistema internacional de letras de cambio jugó un papel decisivo en el establecimiento del patrón oro durante un siglo, desde las Guerras Napoleónicas hasta la Primera Guerra Mundial, con reservas y flujos mínimos del metal.

El mercado de letras de cambio de Londres minimizaba la necesidad de mover el oro físicamente. Bajo el patrón oro, los movimientos de capital de un país a otro se liquidaban mediante flujos de compensación comercial. Los exportadores, independientemente de su país, emitían facturas a los importadores con términos estándar. "91 días neto, pagadero en Londres". Al recibirlos, el importador confirmaba la factura, adjuntaba los documentos de embarque y de seguros y los devolvía al exportador. Por lo tanto, esas letras de cambio circulaban alrededor del mundo, en vez del oro, hasta su vencimiento. Las modestas reservas del metal en el Banco de Inglaterra no eran obstáculo para el enorme aumento en el comercio mundial, ya que únicamente las diferencias se liquidaban finalmente mediante movimientos de oro. Técnicamente, el oro se transfería entre los depósitos que tenían otros bancos centrales al Banco de Inglaterra.

Este sistema, que en su mayor parte funcionaba bien, llegó a un final abrupto con el estallido de la Primera Guerra Mundial. Los Estados beligerantes suspendieron la obligación de canjear los billetes por oro al comienzo de la guerra. Con la movilización militar, las reservas del metal de cada país disminuyeron, poniéndolos bajo una presión cada vez mayor para financiar los costos de la guerra mediante métodos alternativos. A pesar de que los bonos de guerra fueron proclamados inicialmente como la fuente principal de financiamiento, investigaciones posteriores revelaron que la demanda de estos instrumentos entre inversionistas privados fue insuficiente.

De esta manera, a pesar de los informes iniciales de 1914, que reportaban una masiva suscripción de bonos de guerra, se demostró posteriormente que se trataba únicamente de propaganda vacía. En Gran Bretaña, menos de una tercera parte de la meta de 350 millones de libras fue financiada por inversionistas privados. El Banco de Inglaterra tuvo que intervenir para llenar el vacío y proporcionar fondos en secreto mediante la creación de dinero. El público no notó esta manipulación en su momento, principalmente debido a la suspensión de la redención en oro.

No fue sino hasta el final de la guerra que este rezago de inflación se hizo visible.

Muchos autores, hoy en día, todavía consideran que el hecho de que el patrón oro se hubiera suspendido al principio de la guerra, en 1914, fue la activación necesaria de una "cláusula de seguridad" en caso de un conflicto bélico. El incumplimiento de la convertibilidad del oro ya había ocurrido en varias ocasiones antes de la Primera Guerra Mundial. Sin embargo, una suspensión temporal no se veía como una abolición definitiva, mientras que hubiera disposición para volver al modelo después de la confrontación. Y aún durante las hostilidades, las reservas de oro no perdieron su importancia, ya que los Estados tuvieron que usarlas para pagar importaciones críticas.

DURANTE LA PRIMERA GUERRA MUNDIAL, LAS RESERVAS DE ORO FUERON DE GRAN IMPORTANCIA PARA PAGAR IMPORTACIONES CRÍTICAS.

En consecuencia, después del final de la Primera Guerra Mundial, en Gran Bretaña, las potencias vencedoras trataron de restaurar el patrón oro. Sin embargo, una mayor oferta de dinero significaba que resumir las redenciones del metal a los precios anteriores a la guerra era insostenible. Pero, mientras que las divisas nacionales de las potencias vencedoras se vieron fortalecidas por los pagos de reparación en oro, los flujos salientes del metal causaron estragos en el Reichsbank alemán. Estos flujos erosionaron rápidamente la confianza en el banco, sumiéndolo aún más en una crisis y preparando el escenario para la caída de Alemania en la hiperinflación de 1923.

El patrón oro tardó alrededor de seis años después de la guerra en ser restaurado. En 1925, el ex Ministro de Hacienda, Winston Churchill, decretó el regreso al modelo en forma de un estándar de oro en lingotes. Este nuevo sistema ya no establecía la circulación de monedas de oro. En su lugar, la ley requería que el Banco de Inglaterra vendiera el metal precioso en forma de barras a cambio de libras, equivalentes aproximadamente a 400 onzas troy (11.34 kg).

Esta reintroducción del patrón oro después de la Primera Guerra Mundial se basó en un concepto adelantado por el economista David Ricardo, quien propuso que el Banco de Inglaterra debería reemplazar totalmente la circulación de monedas de oro por sus propios billetes y éstos sólo podrían intercambiarse por barras de oro más grandes. Según Ricardo, esto mejoraría la eficiencia de la convertibilidad del oro desde el punto de vista del banco central. Mientras que éste podría haber sido el caso, también concentraba aún más el metal en manos de los banqueros centrales, debido a que la gente común generalmente no tenía los medios para comprar barras de oro completas.

Este estándar del lingote de oro del periodo entre las guerras no duró mucho. La recesión económica global a fines de la década de 1920 y principios de 1930, que finalmente culminó en la conocida Gran Depresión, lo debilitó. Muchos países sufrieron fracasos bancarios, alto desempleo y deflación. Como resultado de esto, el Reino Unido abandonó el patrón oro en 1931 y muchos otros países lo siguieron a principios de la década de 1930. Estados Unidos, por su parte, dejó el modelo en 1933.

Mientras que muchos economistas hoy en día creen que un patrón oro defectuoso llevó a la Gran Depresión, otro tipo de explicación parece más adecuada. El uso extendido de las monedas de oro se acabó con la introducción del estándar del lingote de oro. A falta de la circulación general de monedas de oro, el estándar del lingote no podía ejercer la verdadera función del patrón oro —que era mantener la impresión de dinero bajo control—. Solamente si las monedas de oro hubieran estado en circulación y los billetes del banco central hubieran sido canjeables por ellas, las personas comunes habrían tenido una forma de defenderse de la inflación.

PARA QUE LAS PERSONAS TUVIERAN UNA FORMA EFECTIVA DE DEFENDERSE DE LA INFLACIÓN, SE NECESITABA QUE LAS MONEDAS DE ORO ESTUVIERAN EN CIRCULACIÓN Y QUE LOS BILLETES DE LOS BANCOS CENTRALES FUERAN CANJEABLES POR ELLAS.

El derecho de exigir monedas de oro a cambio de billetes del banco y depósitos bancarios, va mucho más allá de una simple formalidad. Durante el tiempo del patrón oro clásico, ésta era la única forma de mantener un control sobre la impresión de dinero, ya fuera por parte de los bancos centrales o los bancos comerciales. Cuando los individuos no estaban de acuerdo con la política monetaria del banco central, o la política de crédito de los bancos, podían redimir sus billetes y redimir sus depósitos bancarios por oro, dejando así de darle crédito a los bancos. Tomar posesión de las monedas de oro era una forma indispensable para que los ahorradores expresaran su desacuerdo con las tasas de interés del banco. Pero, la convertibilidad del metal precioso se fue haciendo cada vez más difícil con cada nueva versión del patrón oro. Cuando la convertibilidad ya no fue posible en la práctica, el patrón oro se convirtió en una promesa vacía.

Éste fue también el destino del estándar del lingote entre las guerras. Con el tipo de patrón oro diluido y el mecanismo de defensa de los ahorradores perdido, no es de sorprender que el sistema "basado en el oro" no haya vuelto a su antigua gloria. Para echarle leña al fuego, la reintroducción fue precedida por la destrucción económica y cultural y una expansión de la oferta de dinero sin precedentes, todo causado por la guerra. Algunos gobiernos también trataron de proteger las reservas de oro que les quedaban de la exportación, a través de altas tasas de interés. Otros países hicieron lo contrario, bajando sus tasas de interés para simular crecimiento nacional. Esto trajo como resultado un flujo de capital hacia los países con altos intereses, donde este dinero provocaba un sobrecalentamiento de la actividad económica.

Esto ocurrió en Estados Unidos, que adoptó una política deflacionaria rígida y proteccionista bajo el mandato del presidente Herbert Hoover. Su sucesor, el presidente Franklin D. Roosevelt, se apartó del patrón oro e hizo ilegal la acumulación privada de monedas, lingotes o certificados de este metal. El oro se tenía que canjear a 20.67 dólares la onza y después se revaluaba a 35 dólares la onza por ley.

LA CONVERTIBILIDAD DEL ORO SE FUE HACIENDO CADA VEZ MÁS DIFÍCIL CON CADA NUEVA VERSIÓN DEL PATRÓN ORO.

Mientras que este decreto presidencial también aplicaba al oro en manos privadas, los inversionistas inteligentes trataron de mantener su oro lejos de los cofres del gobierno (el principal objetivo eran los bancos, donde se podría confiscar el oro de miles de depositantes de un solo golpe). Esta acción concentró el metal precioso significativamente en las arcas del gobierno de Estados Unidos, permitiéndole al país tanto aumentar su oferta de dinero, como sus reservas de oro hasta el principio de la Segunda Guerra Mundial.

FINANCIAR LA GUERRA A TRAVÉS DEL BANCO CENTRAL

Durante la Segunda Guerra Mundial, los gobiernos hicieron pocos esfuerzos para mantener la convertibilidad del oro. Como resultado, se disparó una nueva ola de expansión monetaria, sólo que esta vez a mucho mayor escala. Como en la Primera Guerra Mundial, la mayor parte del gasto de la guerra parecía estar financiado con dinero de bolsillos privados. Por ejemplo, en diciembre de 1942, la Reserva Federal de Estados Unidos (Fed) declaró que el 75% de los gastos de guerra del gobierno durante el primer año había sido financiado mediante la emisión de bonos gubernamentales y que el 25% restante a través de impuestos.

Sin embargo, no fue así como se financió la guerra. Es posible que el gobierno haya emitido valores de deuda, pero éstos no fueron comprados por particulares, sino por el sistema de la Reserva Federal. El banco central fue el que compró de nuevo los bonos gubernamentales a los bancos en el mercado de capital, y así ayudó al gobierno a financiar una parte considerable de sus gastos financieros, creando dinero. En la primavera de 1942, el banco central de Estados Unidos impulsó de manera importante, como nunca antes, su suministro de liquidez, recurriendo a las llamadas operaciones de mercado abierto (OMA). Las OMA, que se introdujeron por primera vez en 1922, se convirtieron en una herramienta de política monetaria, permitiéndole a la Reserva Federal comprar o vender bonos del gobierno en el mercado abierto. En retrospectiva, estas acciones se deberían llamar opulentas originaciones de dinero.

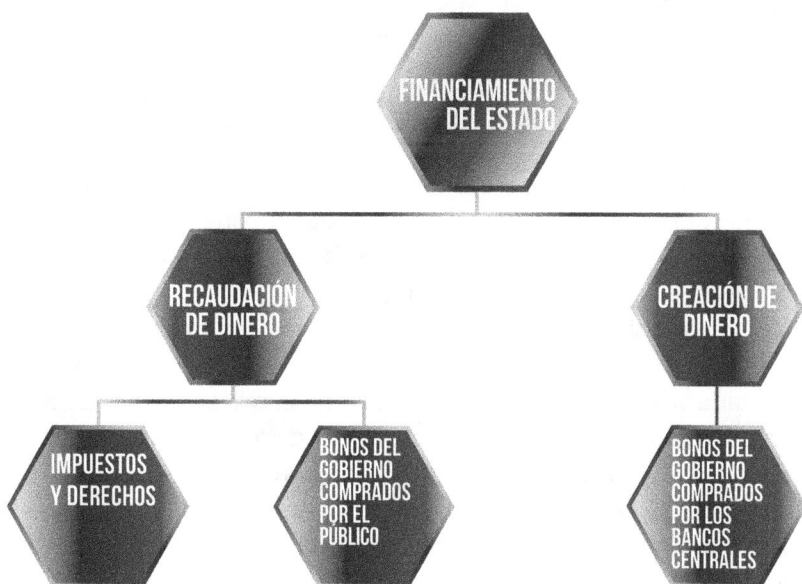

Creación de dinero: los bancos centrales compran bonos del gobierno.

El principal objetivo de estas operaciones en el mercado abierto por parte del banco central, debía animar a los bancos a comprar cualquier cantidad de bonos gubernamentales y otros valores. Gracias a las OMA comprar bonos del gobierno estaba libre de riesgo. La tasa fija de compra de los bonos del gobierno, por parte del banco central, eliminaba cualquier preocupación de tener problemas para cumplir con los requisitos mínimos de las reservas. Durante periodos de tensión financiera, los bancos podían intercambiar sus bonos gubernamentales a un precio garantizado en la Reserva Federal.

Debido a esta artimaña financiera, se calcula que hasta el 42% de los gastos de guerra del gobierno en 1942 se financió a través de la monetización de deuda de la Reserva Federal. En contraste, la venta de bonos no monetizada por parte del banco central representaba sólo el 34 por ciento, mientras que el 24 por ciento restante del gasto militar se financió mediante ingresos fiscales. Como consecuencia, la monetización de la deuda del gobierno para financiar gastos del Estado a través del banco central, inevitablemente requería la suspensión del patrón oro.

PSEUDOPATRÓN ORO BAJO EL SISTEMA BRETTON WOODS

Después del final de la Segunda Guerra Mundial, los jefes de gobierno y los economistas ignoraron el destino inevitable y se castigaron a sí mismos volviendo a la subordinación del oro. Así se introdujo el sistema Bretton Woods.

En este sistema, las monedas de numerosas naciones estaban vinculadas al dólar estadounidense que, a su vez, era la única moneda atada al valor del oro. Había una tasa de cambio fija entre las monedas nacionales de otros gobiernos y el dólar de Estados Unidos: una onza troy de oro se podía cambiar por la cantidad invariable de 35 dólares. Sin embargo, esta opción únicamente estaba disponible para otros bancos centrales. Para entonces, el oro se había deslindado significativamente del uso diario de la población como forma de divisa. A pesar de que se dijo que el sistema Bretton Woods tenía un patrón oro, fue un falso modelo basado en el metal precioso.

Además del hecho de que éste ya no era un sistema para la población, sino únicamente para los bancos centrales, los creadores del modelo Bretton Woods también cometieron un serio error cuando lo implementaron. El fuerte desempeño de la economía de Estados Unidos, combinado con que el dólar era la única moneda vinculada directamente con el oro, llevó al dólar a convertirse, de facto, en la moneda de reserva del mundo. Un número cada vez mayor de naciones tenía grandes sumas de sus reservas monetarias extranjeras en dólares estadounidenses y cada vez más agentes económicos realizaban sus operaciones globales en esta moneda. Mientras que las reservas oficiales de oro de Estados Unidos aumentaron de cuatro mil a 20 mil toneladas entre 1920 y mediados de los años 50, cayeron constantemente de 1957 en adelante.

Al final de la era Bretton Woods, Estados Unidos tenía nueve mil toneladas de oro. El problema fue que su gobierno tenía más pasivos que oro. Por ejemplo, la guerra de Vietnam impulsó la expansión de la oferta monetaria. Al mismo tiempo, los programas sociales aprobados durante la administración del presidente Lyndon B. Johnson también tuvieron que ser financiados, en parte, con dinero de reciente creación. De ahí que la confianza de que Estados Unidos sería capaz de intercambiar todos los pasivos pendientes en dólares por el metal precioso, fue declinando cada vez más. El gobierno estadounidense empezó a adquirir deudas a expensas del resto del mundo y las demás naciones se fueron dando cuenta de ello lentamente.

Después de que el presidente Charles de Gaulle anunció, en febrero de 1965, que exigiría convertir las reservas monetarias de Francia en oro, otros países lo imitaron. El presidente Richard Nixon, colapsó bajo la presión de las solicitudes de conversión y finalmente, el 15 de agosto de 1971, anunció en televisión el fin "temporal" de la paridad oro. No fue temporal. El fin del sistema Bretton Woods había sido sellado y con ello el final del capítulo del oro. El mundo perdió su vínculo con el metal precioso y pasó a un sistema de dinero fiat, que continúa hasta hoy.

EL ASESINATO ECONÓMICO DE DIOS

La historia monetaria explicada en el capítulo 3 se desarrolló como un declive continuo. Únicamente debido al pecado original —la creación de un banco central "perfecto"— se podía cometer el segundo pecado: la abolición del patrón oro. Ambos incidentes fueron decisivos para la caída en desgracia monetaria de la humanidad. El surgimiento de los bancos centrales está ligado, de manera inseparable, a la centralización del oro. Sólo a través de la centralización pudo surgir la idea de abandonar el oro.

Hasta el siglo XVII, durante la era del primer pecado monetario, el oro seguía siendo la base del dinero. De acuerdo con economistas clásicos, como John Stuart Mill, o filósofos como John Locke, esta creencia era ampliamente sostenida con devoción inquebrantable. La famosa Ley Bancaria de Peel de 1844 consolidó el llamado bullionismo en Gran Bretaña y estableció una rígida relación entre los billetes del banco central y sus reservas de oro.

Incluso a principios del siglo XIX, el exgobernador del Banco de Inglaterra, Montagu Norman, llamó al patrón oro el mejor "gobernador" que se puede encontrar en un mundo que aún es humano y no divino. Otro director del Banco de Inglaterra y exfuncionario de alto nivel de la Tesorería, Sir Otto Ernst Niemeyer, declaró durante los años entre las guerras que *todo el mundo sostiene el patrón oro debido a que creen que se ha comprobado por experiencia que es lo mejor para el comercio".* Incluso John Maynard Keynes, a principios de la década de 1920, todavía abogaba por el regreso al oro.

EL PATRÓN ORO ES EL MEJOR GOBERNADOR PARA UN MUNDO QUE ES HUMANO EN LUGAR DE DIVINO.

En la segunda mitad del siglo XX, ocurrió un cambio monumental en el sentimiento en contra del oro. Catalizado por las dos guerras mundiales, que no solamente devastaron enormes cantidades de recursos económicos, sino también las estructuras sociales y el capital, el apoyo al dinero respaldado por el oro se desmoronó. Este cambio fue documentado por el economista Melchior Palyi en su publicación de 1972, *El ocaso del oro, 1914-1936: mitos y realidades.* La frase inicial de su libro dice:

"La actitud pública hacia el dinero ha cambiado de manera tan fundamental durante los últimos cincuenta años, que es difícil para nosotros apreciar que apenas hace una o dos generaciones, la política pública se veía influenciada, si no es que determinada, por las restricciones monetarias".

En la postguerra, se volvió no sólo oportuno, sino una necesidad económica, argumentar en contra del oro. Debido a una expansión monetaria sin precedentes durante las guerras, la política monetaria sufrió cambios drásticos. Los suministros de dinero, altamente inflados en numerosas economías, invirtieron por completo las realidades monetarias, hasta el punto en que los economistas, los expertos financieros y los banqueros (centrales) aceptaron, de manera inconsciente pero casi unánime, un mundo sin oro. Las élites monetarias, creyendo que se alineaban con el curso normal de la vida económica y que se ajustaban a una nueva "realidad", no estaban conscientes de las consecuencias catastróficas que este cambio de paradigma tendría en el futuro.

UN NUEVO DIOS

En 1882, el filósofo alemán Friedrich Nietzsche, escribió sus famosas palabras: *"¡Dios está muerto!"*. Esta declaración fue una descripción profética para el espíritu de la época, que regiría del siglo XX en adelante. Dios, quien representaba la verdad y la estabilidad, la base de todos nuestros valores humanos, ya no existía. El Dios de la Biblia, que se proclamaba como "yo soy el Señor y no cambio", fue declarado muerto por su creación. En *La gaya ciencia,* Nietzsche expresó:

> *"¿Dónde está Dios? [...] ¡Se los diré!*
> *¡Lo hemos matado —tú y yo!*
> *¡Todos nosotros somos sus asesinos!".*

El auge de la ciencia había llevado a un ambiente en el que todo se ponía en duda. Las creencias que se habían mantenido como ciertas durante siglos estaban siendo cuestionadas. La sociedad occidental, construida sobre los principios judeocristianos, fue sacudida hasta lo más profundo. Conforme los científicos empezaron a desarrollar sus propias teorías sobre la vida, la existencia de Dios mismo pronto empezó a ser cuestionada también. Esto tuvo un profundo impacto en la sociedad. Si Dios ya no existía, la verdad absoluta había muerto con él.

Viendo lo que les ocurrió a las monedas nacionales en 1971, a través del lente de Nietzsche, nos damos cuenta de que abandonar el patrón oro fue una consecuencia lógica del espíritu prevaleciente de la época (*Zeitgeist*). Nietzsche reconoció que sin Dios, la humanidad carece de un referente absoluto y, desde entonces, vaga de un lado a otro sin brújula. Desorientado, el mundo está condenado a la deriva hacia una lógica monstruosa de terror, que Nietzsche describió con bastante precisión:

> *"Pero, ¿cómo hicimos esto? ¿Cómo pudimos bebernos los mares? ¿Quién nos dio la esponja para borrar todo*

el horizonte? ¿Qué hicimos cuando desencadenamos la tierra de su sol? ¿Hacia dónde se mueve ahora? ¿Hacia dónde nos movemos ahora? ¿Lejos de todos los soles? ¿No estamos fallando perpetuamente? ¿Hacia atrás, hacia los lados, hacia el frente, en todas direcciones? ¿Todavía existen un arriba y un abajo? ¿No estamos desviándonos como si pasáramos a través de una nada infinita?".

Cortar las ataduras con el oro fue el equivalente económico al asesinato filosófico de Dios descrito por Nietzsche. Incluso podríamos ir tan lejos como para declarar: dado que el concepto de Dios murió primero en la filosofía, era sólo cuestión de tiempo para que esto se desbordara al terreno económico. Si ya no existía ninguna fuente de verdad espiritual, entonces ¿por qué debería haber una sola fuente de valor monetario? Si cada persona pudiera crear su propia realidad, ¿por qué deberíamos aceptar que un metal restringiera nuestra libertad monetaria? ¿No sería más práctico crear nuestro propio dinero, sobre el cual tuviéramos control, en lugar de depender del oro incorruptible e incontrolable? Volvamos de nuevo a Nietzsche, quien profetizó lo que estaba a punto de sucedernos:

"¿Cómo nos consolaremos, los asesinos de asesinos? [...] ¿Qué festivales de expiación, qué juegos sagrados tendremos que inventar? ¿No es la grandeza de este acto demasiado grande para nosotros? ¿No debemos convertirnos en dioses nosotros mismos, simplemente para parecer dignos de él?".

CON DIOS COMO LA ÚNICA FUENTE DE VERDAD AUSENTE, ¿POR QUÉ RESTRINGIRNOS A UNA SOLA FUENTE DE VERDAD MONETARIA?

Cuando el oro dejó de ser la base inquebrantable del dinero, el sistema perdió su ancla en la verdad monetaria. El valor del dinero, ahora desencadenado del oro, va para atrás, hacia los lados, hacia delante, en todas direcciones y ahora no sabemos siquiera si se está moviendo. Como resumió adecuadamente Mark C. Taylor, profesor de religión, en su libro *Después de Dios*, el oro funcionó como la verdad monetaria elegida por la humanidad y, de este modo, fue fundamento del valor de todos los demás activos e instrumentos monetarios.

El fin del patrón oro marcó el inicio de un cambio de valores referenciales a valores relacionales. Después de que se detuvo la convertibilidad del oro en 1971, las monedas fiat nacionales se transformaron técnicamente en monedas fiat. En lugar de determinarse por referencia al oro, el valor de todas las monedas nacionales se determinó por su relación con otras monedas. Esto marcó el inicio del sistema fiat en el que vivimos hoy en día.

Al mismo tiempo, un nuevo tipo de dios monetario tomó el lugar del oro: el dólar de estadounidense. Conforme el billete verde reemplazó al oro al inicio del sistema de dinero fiat, el mundo se encontró en uno de los momentos más precarios en la historia monetaria. Como el oro ya no servía de base monetaria, la pregunta era: ¿es capaz el dólar no respaldado de servir como la divisa de reserva del mundo?

Durante el periodo del llamado "Acuerdo Smithsoniano", en diciembre de 1971, el dólar se devaluó 8.5% contra el oro. Menos de dos años después, hubo una devaluación adicional del 10%. Como numerosas naciones habían acumulado dólares como reservas en divisas extranjeras bajo el sistema Bretton Woods, vieron sus tesoros seriamente afectados por la depreciación de este. Los estados árabes buscaron venganza por sus pérdidas, reduciendo el suministro de petróleo para ejercer presión sobre el mercado global. Esto causó una escasez mundial del hidrocarburo. Como resultado, los precios se dispararon y, en 1973, el mundo se sumió en la primera crisis del precio del petróleo.

La situación del sistema económico mundial se volvió cada vez más tensa. Además de la devaluación de los bonos del gobierno de Estados Unidos —causada por las crecientes tasas de interés— la inflación de precios estaba ejerciendo una mayor presión devaluatoria sobre el dólar. Como resultado, los políticos se enfrentaron con el reto de cómo evitar la pérdida total de confianza en el dólar estadounidense.

En retrospectiva, sabemos que eventualmente se encontraron respuestas. Por ejemplo, a principios de los 1980, al entonces presidente de la Reserva Federal, Paul Volcker, se le atribuye haber controlado la inflación galopante con una política monetaria hábil. Al mismo tiempo, no debemos olvidar los esfuerzos del Secretario de Estado, Henry Kissinger que, con base en su consejo y esfuerzos estratégicos, el gobierno estadounidense llegó a un acuerdo con Arabia Saudita —el mayor productor de petróleo en aquel entonces—. Washington se comprometió a comprar petróleo a los saudíes y a proporcionarles ayuda y equipo militar. Por su parte, a los saudíes se les encomendó la "tarea" de reciclar continuamente los miles de millones de petrodólares que obtuvieron de la venta del petróleo, de vuelta a la deuda del gobierno de Estados Unidos. Esto creó una continua demanda de los bonos de ese gobierno y contribuyó a poner en marcha el nuevo sistema monetario basado en el dólar estadounidense.

A lo largo del tiempo, este arreglo solidificó el dominio del dólar en la economía global y estableció el estándar dólar fiat de facto. El ascenso de Estados Unidos como la nueva superpotencia global fue posible, cuando menos en parte, gracias a este estándar del dólar fiat.

Valéry Giscard d'Estaing, el ministro de finanzas francés, describió como un "privilegio exorbitante" a las ventajas de las que gozaba Estados Unidos debido al estatus del dólar como divisa de reserva global. Este privilegio se hizo especialmente evidente en la capacidad de Washington para financiar su déficit mediante la venta de bonos del tesoro a otros países.

EL DÓLAR DE ESTADOUNIDENSE ES EL ORO (DIOS) DEL SISTEMA MONETARIO FIAT.

Debido a que gran parte del comercio mundial se denomina en dólares estadounidenses, la mayoría de los países siguen teniendo grandes sumas de esta divisa en sus tesorerías, incluso después del fin del sistema Bretton Woods en 1971. Tener dólares es visto como cobertura contra fluctuaciones de divisas, de la misma manera que lo era antes el oro. Con esto, un nuevo dios había entrado en escena: el dólar de Estados Unidos se había convertido en la moneda refugio del mundo, una divisa universalmente aceptada: el reemplazo del oro.

LA ERA DEL RELATIVISMO MONETARIO

Durante los últimos 50 años, el dólar estadounidense ha sido el nuevo fundamento del sistema fiat. Sin embargo, cada vez está quedando más claro que, a diferencia del oro, el dólar es únicamente una verdad monetaria relativa y no absoluta. Es un instrumento incapaz de cimentar todos los valores monetarios y financieros debido a que en sí mismo no está atado a la ley de la siembra y la cosecha y, por lo tanto, no puede ser una verdad monetaria absoluta. Como resultado, el sistema de dinero fiat está embrujado por el relativismo monetario.

Retomando al asesinato económico de Dios, podemos citar al gran escritor ruso, Fyodor Dostoyevsky, quien en su novela *Los hermanos Karamazov*, puso en boca del personaje Iván Karamazov: "Cuando Dios está muerto, todo está permitido".

Dado que el dinero ya no está vinculado a una base monetaria sólida, el precio de todos los artículos denominados en monedas fiat se ha desatado. En esta era de relativismo monetario, los precios de muchos bienes y activos ya no están ligados a su utilidad, sino que fluctúan con base en diversos factores, tales como las condiciones económicas, las políticas del gobierno y las percepciones públicas.

Los precios de los activos se han vuelto como embarcaciones sacudidas en los mares embravecidos por las implacables olas de la inflación continua y la política monetaria en constante cambio. Debido a que el dinero fiat es evidentemente incapaz de mantener su valor a largo plazo, no puede servir como un denominador confiable del valor de los activos. En consecuencia, comparar los precios de los activos a lo largo del tiempo tiene un uso limitado debido a que los precios están distorsionados. Cuando no existe ni un punto de anclaje, ni un punto de referencia confiable, es difícil medir el cambio verdadero en valor. El economista estadounidense, Keith Weiner, lo resume cuando escribe:

"La longitud de una barra de acero de un metro no se puede medir utilizando una liga. Ni tampoco se puede medir la altura de un faro desde el bote de remos que se sacude en alta mar".

Al hacer esta analogía, Weiner se refiere implícitamente a la imagen de la regla de Wittgenstein dibujada por Nassim Nicholas Taleb en su libro *Engañados por el azar*. En él, Taleb escribió:

"A menos que confíes en la fiabilidad de la regla, si usas una regla para medir una mesa, también podrás estar usando la mesa para medir la regla. Entre menos confíes en la fiabilidad de la regla, más información estás recibiendo sobre la regla y menos sobre la mesa".

Por lo tanto, el dinero fiat es engañoso. En la mente de la mayoría de la gente, el dinero fiat, especialmente el dólar de Estados Unidos, es una regla confiable y digna de confianza. Es visto como un faro sobre roca sólida, que representa con precisión el verdadero valor de los activos. En realidad, el dinero fiat es como un portaaviones. Su tamaño lo hace parecer inmóvil, sin embargo, lo mueven el flujo y el reflujo de la inflación. En consecuencia, es incapaz de reflejar el valor justo de los activos durante períodos prolongados de tiempo.

¿BITCOIN ESTÁ SUBIENDO O EL DINERO FIAT ESTÁ BAJANDO?

Para subrayar la naturaleza relativa del dinero fiat, a los *bitcoiners* les gusta hacer la pregunta: ¿está subiendo el precio del bitcoin, o en realidad está bajando el valor del dinero fiat? Esta perspectiva plantea la interesante pregunta de por qué los precios denominados en fiat están subiendo. ¿Están subiendo debido a un incremento en la demanda de utilidad, a las presiones inflacionarias o porque son vistos como un almacén de valor con una prima monetaria? Los mecanismos de la errática oferta del fiat, hacen difícil decirlo.

La naturaleza engañosa del relativismo monetario del dinero fiat queda al descubierto de manera más impactante al estudiar a Alemania durante la hiperinflación de Weimar. En su excelente libro *Cuando muere el dinero*, el historiador Adam Fergusson explica cómo la clase media se vio llevada al hábito de apostar en el mercado de valores. Se dice que más de un millón de alemanes participaron en la especulación en el mercado de valores a principios de 1923, cuando vieron que sus fortunas financieras crecían enormemente en términos nominales.

Sin embargo, la historia probó más adelante que la gente sólo se sentía rica, pero no llegó a serlo. Al contrario, sus ahorros fueron destruidos completamente cuando sus "utilidades" en fiat (marco alemán) finalmente resultaron no tener valor a finales de 1923. Un ejemplo más reciente de ese mismo fenómeno es el mercado de valores de Venezuela. Subió más de 120,000% de 2017 a 2018, antes de que la hiperinflación rampante promoviera las re-denominaciones que devaluaron en forma masiva los ahorros de todos los venezolanos.

Aunque hace tiempo se desacreditó el experimento del siglo XIX —y la metáfora moderna— de la rana que no percibe su lenta muerte al ser hervida, no puede decirse lo mismo de la inflación. Hoy en día, la inflación del dinero fiat erosiona lentamente nuestra riqueza, sin que siquiera lo notemos. La forma más importante en que los incentivos y, por lo tanto, las fuerzas sociales cambian, es a través de la inflación. Esto puede parecer una exageración, pero una vez que se entiende la dinámica subyacente de la devaluación constante que viene con la inflación, es difícil dejar de pensarlo.

La inflación monetaria es un impuesto oculto, que pesa sobre nosotros, como individuos, así como sobre la sociedad en conjunto. Lo peor de todo es que es un impuesto sin representación, legislación o legitimidad. El resultado es que la inflación pasa desapercibida para la mayoría de las personas, desde la gente común, hasta los economistas y los funcionarios del gobierno. Si bien síntomas como la inflación de precios o la "reduflación" son tangibles y suelen atribuirse principalmente a las empresas, la inflación monetaria —que es la causa de fondo— se pasa por alto con facilidad. Incluso el presidente de Estados Unidos, Joe Biden, perdió la visión del bosque por ver los árboles en su aparición en un anuncio del Super Bowl 2024, cuando acusó a las compañías de robar a la gente.

Pero, en lo que deberíamos centrarnos es precisamente en su causa fundamental. La expansión monetaria de la moneda fiat dominante en el mundo, el dólar estadounidense, ha sido tan asombrosa como consistente. La oferta monetaria M2 —coloquialmente llamada la oferta monetaria amplia de la economía— se disparó de 286 mil millones de dólares en 1959, a más de 21 billones a finales de 2024. Anualizada, es una expansión (léase devaluación monetaria) de aproximadamente un 7% cada año. La oferta monetaria M2 ni siquiera toma en cuenta todas las diferentes y complejas formas en que se puede crear el dinero fiat hoy en día. Al incluir al sistema bancario paralelo y a las instituciones financieras, que actúan como bancos, pero que no lo son, la verdadera tasa de expansión del fiat (inflación) resulta significativamente mayor al 7%.

Suponiendo un incremento anual real en la oferta de dinero del 10% durante un periodo de 30 años, la proporción entre el ahorro y la oferta de dinero habrá disminuido en un 95%. La parte significativa de esta devaluación no es aparente en la disminución del valor adquisitivo para los bienes de consumo. Sin embargo, al examinar los precios de los activos, esta estimación refleja la realidad con precisión, ya que la inflación se manifiesta a través de la inflación de los precios de los activos. La gente ahorra para tener activos, tales como acciones (para el retiro), una casa o departamento (para vivir) y no para tener jabón (para la higiene personal) o una bolsa de arroz (para comer).

INFLACIÓN DEL PRECIO DE LOS ACTIVOS EN LA VIVIENDA

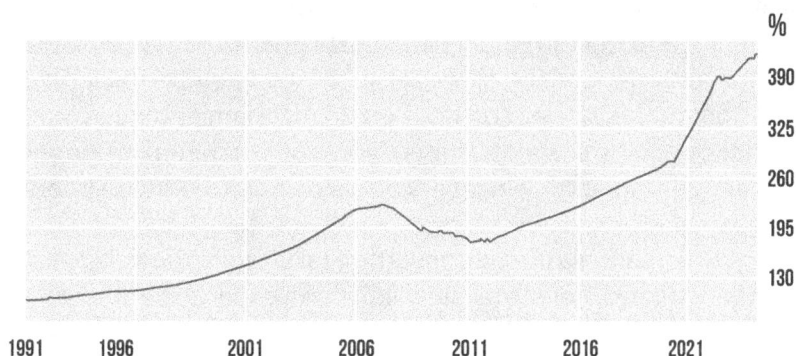

Inflación del precio de los activos: Índice de precios de la vivienda (1991-2024). Los precios de la vivienda se han incrementado más del 400%. El ingreso promedio por hogar únicamente ha aumentado en un 250% durante el mismo periodo de tiempo. Fuente: FRED.

Mantener el ritmo de la inflación galopante de los precios de los activos, depositando dinero en una cuenta de ahorros a largo plazo, se ha vuelto inviable. Mientras la inflación real es alta, las tasas de interés están en un mínimo histórico. Por lo tanto, en un intento por conservar su riqueza, la gente se ve forzada a recurrir al mercado de valores. Es así que en un ambiente donde el valor del dinero se está erosionando continuamente, todos nos hemos vuelto inversionistas financieros. Al igual que una cohorte de nuevos cantillonistas del dinero fiat, nos vemos impulsados a invertir nuestro dinero y a entender la jerarquía de la liquidez de los activos a través de la continua especulación financiera.

DEBIDO A LA INFLACIÓN DEL DINERO FIAT, TODOS NOS HEMOS VUELTO ESPECULADORES, QUERAMOS O NO.

En la superficie, esto se puede confundir con un aumento en la alfabetización financiera y, por lo tanto, considerarlo un desarrollo positivo. Sin embargo, en la era del relativismo monetario, el significado del término inversionista financiero ha cambiado. La mayoría de los inversionistas ya no son actores racionales, que toman decisiones con base en un razonamiento lógico matemático. En esta era de la inversión postmoderna, los hechos se han desvanecido y la inversión se ha vuelto principalmente relacional y relativa.

Cualquier cosa puede convertirse en un activo codiciado para generar dinero, mientras que suficientes participantes en el mercado se agrupen para colocar órdenes de compra. Esto nos convierte en especuladores en lugar de inversionistas. En este paradigma, incluso una compañía que ha entrado en concurso mercantil puede ver que sus acciones se disparan. Un plátano pegado a la pared con un pedazo de cinta adhesiva, que se valuó inicialmente en 120 mil dólares como obra de arte, se vendió en 6.2 millones de dólares. Una criptomoneda inspirada en una broma puede eludir la capitalización de mercado de las empresas consolidadas de primera línea, como eBay, Deutsche Bank y American International Group, en medio de la euforia del mercado. Una nueva "mememoneda" (*memecoin*) puede alcanzar una capitalización de mercado de mil millones de dólares.

Debido a que el dinero fiat virtualmente no tiene costo de oportunidad y se puede crear *ad infinitum*, las valuaciones del mercado de valores ya no importan tanto como antes. La notoria burbuja general actual es producto de la creciente expansión monetaria. Mientras que algunos inversionistas todavía se preocupan por la relación precio-beneficio (P/E) de las acciones sobrevaloradas, otros se han adaptado a la nueva normalidad. Los gestores de fondos de cobertura perspicaces, como Stanley Drucken-Miller, creen que han descubierto el secreto para navegar exitosamente en los mercados inducidos por inflación. Como él mismo dice:

> "Las ganancias no mueven al mercado en general, lo hace el Consejo de la Reserva Federal. [...] Enfoquémonos en los bancos centrales y en el movimiento de la liquidez. [...] La mayoría de la gente en el mercado está buscando ganancias y medidas convencionales. La liquidez es la que mueve al mercado".

El objetivo principal se ha vuelto evaluar correctamente los flujos y reflujos monetarios, así como anticipar hacia dónde es probable que fluya la liquidez después. Los inversionistas, en la era del relativismo monetario, tienen que comprar antes de que todos los demás lo hagan. La persecución de rendimientos nominales se ha convertido en el eje del juego, ya que solo quienes logran generar retornos nominales constantes obtienen una parte del reajuste continuo en la valuación de los activos. Para lograrlo, es necesario adoptar un enfoque peculiar de inversión: los esfuerzos no se concentran en prever el rendimiento de una inversión a lo largo de su vida, sino en anticipar los cambios en su valuación en los próximos tres meses o un año.

Este cambio en el comportamiento de las inversiones ya había sido detectado por el economista británico John Maynard Keynes en 1936. En su libro *Teoría general de la ocupación, el interés y el dinero*, describió lo que posteriormente se llamó el "Concurso de belleza keynesiano". En este experimento de pensamiento, se les muestran a los concursantes fotografías de 100 personas y se les pide que elijan la que consideren la más atractiva. Si eliges al candidato más popular, ganas.

Como lo identificó Keynes correctamente: invertir en términos de relativismo monetario ha adquirido los rasgos de este concurso de belleza. No se trata de elegir las caras que, según la opinión de cada quien, sean las más bonitas. Tampoco se trata de seleccionar aquellas que la opinión promedio considere las más bonitas. Se trata de anticipar lo que la opinión promedio espera que sea la opinión promedio. Para mantenerse un paso adelante, hay que averiguar antes que los demás cuál es la opción promedio de esta opinión promedio.

Keynes comparó este enfoque de la inversión con el juego de las sillas. Cuando pare la música, algunos jugadores inevitablemente se quedarán sin silla. Y aunque no pudo identificar la inflación monetaria como la fuerza subyacente, debido al punto ciego que comparte con la gran mayoría de los economistas contemporáneos, dio en el clavo cuando escribió:

"La inversión basada en expectativas genuinas a largo plazo es tan difícil hoy en día que apenas es practicable. Quien la intente seguramente tendrá días mucho más laboriosos y correrá mayores riesgos que quien trate de adivinar mejor que la multitud, cómo se comportará ésta".

LA FINANCIARIZACIÓN DE LA SOCIEDAD

Una consecuencia importante del relativismo monetario es la disrupción del tejido social, la cual está ocurriendo a través de su "financiarización". Debido a que el dinero fiat pierde valor constantemente, hay un fuerte incentivo para tener otros activos más escasos que el dinero fiat. Se ha vuelto algo común —que casi todo mundo sabe— que guardar dinero debajo del colchón, en una caja fuerte o en una cuenta bancaria, tiene altos costos de oportunidad.

Aun cuando es posible que los ahorradores todavía tengan la misma cantidad nominal de dinero fiat, en uno, cinco o diez años, el poder adquisitivo de esa misma cantidad habrá disminuido considerablemente. Para mantenerse a la par de la devaluación, las ganancias en dinero fiat deben invertirse en casas, acciones, coleccionables u otros activos. Sin embargo, esta necesidad urgente de mantener la mayor cantidad posible de dinero siempre invertido da lugar a que un número creciente de activos con cierto grado de escasez se moneticen.

La monetización de activos de uso cotidiano conlleva consecuencias no deseadas. El mejor ejemplo de un activo de utilidad diaria que está siendo monetizado es la vivienda. En Alemania, los bienes raíces a veces se denominan *Betongold* (oro de concreto), y hay una buena razón para ello. Cuanto más se retienen las viviendas como almacenes de valor, más adquieren una prima monetaria por encima de su valor de uso como refugio. La consecuencia inevitable es que la persona promedio, que necesita un lugar donde vivir, queda excluida del mercado inmobiliario por los altos precios, y la vivienda se vuelve inalcanzable para una parte cada vez mayor de la sociedad.

El alza continua de los precios de la vivienda anima a aquellos que pueden a invertir en bienes raíces como una forma de ahorrar para el retiro. Otros que no están tan bien capitalizados, pero que quieren encajar en el estereotipo de un ciudadano exitoso, asumen deudas. Tomar una hipoteca para construir o comprar una casa, es algo que el sistema de dinero fiat ha vuelto inevitable para la mayoría de la gente. Y mientras que tomar un préstamo para una casa era ya conocido para las generaciones anteriores, hoy en día la gente se ve forzada a ganar cuando menos un sueldo de clase media para pagar la hipoteca consistentemente durante un periodo de 30 años. En muchos casos, esto no es suficiente para pagar totalmente la casa y el valor residual de la hipoteca se pasa a la siguiente generación.

El dinero débil anima a las personas a mantener deudas en diversas formas. Después de todo, utilizar deudas para adquirir activos que se aprecian con el tiempo puede resultar en un crecimiento del patrimonio. Al volverse un deudor en el sistema fiat

—no para consumo, sino con fines de inversión— los deudores básicamente están vendiendo en corto a todos los ahorradores que tienen efectivo y toman el lado opuesto de la operación. Mientras que muchos lo hacen sin saber, las mentes brillantes entendieron este mecanismo hace mucho tiempo y utilizan el financiamiento de deuda para apalancar sus inversiones y aumentar las ganancias con poco riesgo.

En este contexto, los *bitcoiners* utilizan el término "ataque especulativo a las monedas fiat" para el proceso de tomar deuda en dinero fiat para invertir en Bitcoin. La creencia subyacente es que a largo plazo, el dinero fiat perderá valor, mientras que el precio de Bitcoin aumentará aún más. Como resultado de ello, el valor de la deuda disminuye, mientras que las inversiones en Bitcoin se vuelven más valiosas. El pionero de esta estrategia es el Director General de Microstrategy, Michael Saylor, quien recauda grandes cantidades de dinero a través de aumentos de capital y préstamos fiat para comprar Bitcoin.

UN ATAQUE ESPECULATIVO AL DINERO FIAT: TOMAR DEUDA FIAT PARA COMPRAR BITCOIN.

La tendencia de tener cada vez más deuda no se detiene a nivel individual, sino que afecta también a las empresas. Al igual que las personas, las empresas operativas se enfrentan a la continua depreciación de la moneda fiat. Y, más que las personas, las empresas operativas están sujetas a una feroz competencia: existen para obtener utilidades. Para justificar su existencia, se espera que las empresas generen cuando menos la tasa de retorno libre de riesgos, la cual son los intereses que se pagan sobre un bono del gobierno, más una prima de riesgo sobre el capital invertido. Esto se debe a que las acciones de la compañía no pueden mantener su valor real, a menos que puedan hacer crecer sus flujos de efectivo por acción más rápido que la tasa de inflación prevaleciente.

Hoy en día, sólo unas cuantas empresas logran crecer orgánicamente a ese ritmo cada año. Para poner en uso productivo el efectivo generado y elevar el precio de sus acciones, las recompras de títulos y las adquisiciones se han convertido en estrategias populares. El sistema de dinero fiat obliga a las compañías a deshacerse de su efectivo. En el mundo actual, la estrategia de tesorería típica de una empresa consiste en descapitalizarse mediante recompras continuas de acciones o adquisiciones, algunas de las cuales incluso se financian con deuda.

Asumir deuda tiene un efecto positivo en un entorno de alta inflación y bajos intereses, porque la deuda se devalúa gradualmente mientras que es muy barata de mantener. El resultado es que cada vez más empresas se endeudan en gran medida, ya que si no asumen deuda, la estrategia financiera corporativa de la compañía tendría un impacto negativo sobre sus utilidades por acción. Por lo tanto, incluso las empresas con mucho efectivo, como Apple, tienen una deuda creciente que eleva constantemente su proporción contra capital a lo largo del tiempo. Pero, como lo demostraron eventos como la pandemia por COVID-19, esta descapitalización vuelve frágiles a las empresas en tiempos de crisis: aún sin caída económica, una deuda alta puede llevar a una compañía fácilmente a la insolvencia —o incluso a la quiebra— si sus ingresos se colapsan inesperadamente.

La monetización de todo a través de deuda también anima a las empresas a utilizar todos los medios de financiamiento disponibles. A través de emisiones de bonos, adquisiciones apalancadas, recompras de acciones y otras maniobras, muchas empresas han sido tan profundamente financiadas que los bienes nominales que producen han pasado a un segundo plano. Al día de hoy, casi todos los activos se pueden apalancar, las empresas pueden incluso financiar sus principales productos. Tan es así, que cada vez más generan una menor porción de sus utilidades a partir de la venta de bienes y servicios, los cuales constituyen la base de su negocio, mientras que la mayoría de sus ingresos provienen de las operaciones financieras.

Parece ilógico pero, hoy en día, muchas empresas generan la mayor parte de sus utilidades ofreciendo crédito al consumidor. Los fabricantes de automóviles, al igual que los distribuidores, apenas ganan dinero de la venta de autos. Lo mismo aplica para las aerolíneas, las tiendas departamentales y los mayoristas de ropa, apenas ganan dinero al ofrecer vuelos o vender bienes y ropa. Generan ingresos principalmente a través de la venta rentable de crédito a sus clientes. Existen muchos ejemplos de esto. El popular fabricante de autos, General Motors (GM), estableció su rama financiera, General Motors Acceptance Corporation (GMAC) en 1919. Apenas en la década de 1980, la subsidiaria empezó a ampliar su cartera y en 1985 entró al préstamo hipotecario. En la década de 1990, GMAC y Ford Motor Credit ampliaron sus servicios para incluir seguros, banca y financiamiento comercial. En 2004, GM reportó que el 66% de sus utilidades trimestrales de 1.3 mil millones de dólares, provenían de GMAC. En 2006, General Motors vendió el 51% de sus acciones de GMAC y la compañía fue renombrada Ally tres años después, para convertirse en una de las compañías más grandes de financiamiento de autos en Estados Unidos. Hoy en día, GM aún tiene una rama financiera llamada GM Financial que, aunque no es el mayor contribuyente a las ganancias de la empresa, sigue siendo la subsidiaria más rentable.

Otro ejemplo sorprendente es el de United Airlines. La aerolínea, que necesitó miles de millones de dólares en apoyo durante la pandemia, hoy genera la mayor parte de sus utilidades a través de la venta de millas. Esta línea de negocio resulta mucho más rentable que vender boletos de avión. De hecho, el programa de millas de United Airlines, MilesPlus, estaba valuado en 22 mil millones de dólares en 2020. En comparación, la capitalización bursátil de la aerolínea en ese momento era de 15 mil millones.

VENDER CRÉDITO SE HA VUELTO EL NEGOCIO MÁS RENTABLE PARA MUCHAS GRANDES EMPRESAS.

Macys, una de las tiendas departamentales de mayor prestigio en Estados Unidos, es otro ejemplo. El precio de sus acciones ha bajado más de 65% desde su máximo en 2015. Desde entonces, la compañía ha cerrado cerca de 300 tiendas (una tercera parte de ellas) y ha perdido 3 mil millones de dólares en ventas anuales. Pero lo que realmente mantiene a esta tienda departamental física viva en la era digital es su financiamiento, o mejor dicho, su negocio de tarjetas de crédito. En 2022, esta línea de negocios representaba el 49% de las utilidades operativas y, antes de la pandemia, incluso representó el 58% de las utilidades operativas totales de Macys.

La deuda, tanto en forma de deuda productiva como de deuda del consumidor, se ha vuelto una fuerza económica para la productividad en el sistema de dinero fiat. Los billones de dólares en hipotecas, crédito automotriz, préstamos de tarjetas de crédito, préstamos estudiantiles, bonos corporativos, bonos del Tesoro y otros tipos de instrumentos de deuda son evidencia de esto. Hoy en día, el *slogan* para definir a nuestra sociedad parece ser: *"Pido prestado, luego existo"*.

SOCAVAR EL TEJIDO SOCIAL

Centrándonos nuevamente en el plano individual, vemos que el sistema monetario fiat actual está afectando especialmente a las generaciones más jóvenes, que cada vez se ven excluidas del acceso a muchas necesidades y comodidades sociales. Esto termina provocando el colapso de lo que se conoce como "el contrato intergeneracional": un acuerdo implícito que parte de la idea de que las generaciones futuras seguirán respetando ese pacto y cumplirán con sus deberes hacia quienes los antecedieron, tal como estas lo hicieron con la generación anterior.

El sistema fiat ha convertido ese contrato intergeneracional en un esquema piramidal de problemas que se transfieren a las siguientes generaciones, hasta que finalmente colapse. Una vez que ese contrato se disuelve, las disrupciones sociales no sólo comienzan a manifestarse en el presente, sino que lo harán con mayor fuerza en el futuro. Porque si las generaciones actuales ya no están dispuestas a honrar el contrato hoy, tampoco pueden —ni podrán— esperar que las generaciones futuras lo respeten de forma desinteresada.

El mejor indicador para ilustrar las frustraciones —justificadas— de los jóvenes respecto al sistema actual es la proporción entre la mediana de los precios de la vivienda y la mediana del ingreso de los hogares en Estados Unidos. La generación *boomer*, así como la generación X, pudieron comprar casas en aproximadamente 4.5 veces su ingreso anual. Cuando los *millennials* promedio tenían 25 años, los precios de la vivienda eran de alrededor 5.5 veces su ingreso anual. Menos de 10 años después, comprar una casa ahora se lleva 7.5 veces el ingreso de un hogar, una proporción mucho más alta que en el máximo de la burbuja de vivienda en 2008.

EL SISTEMA FIAT HA CONVERTIDO EL CONTRATO INTERGENERACIONAL EN UN ESQUEMA PIRAMIDAL DE PROBLEMAS QUE SE PASAN A LAS SIGUIENTES GENERACIONES.

Hoy en día, el valor de los bienes raíces está firmemente concentrado en manos de las generaciones mayores. Si volvemos a observar el caso de Estados Unidos, el valor total de los bienes raíces en manos de los hogares pasó de 7 billones a 45 billones de dólares entre 1989 y 2023, lo que representa un incremento de casi siete veces. En 2020, cuando el *millennial* más joven cumplió 25 años, esa generación poseía apenas el 13% del valor total de los bienes raíces. En comparación, cuando el miembro más joven de la generación X cumplió 25 años, su participación en la riqueza inmobiliaria era del 17%. Y en 1989, cuando los *baby boomers* más jóvenes alcanzaron esa misma edad, ya controlaban el 33% del total.

Lo mismo ocurre con la distribución de la riqueza de los hogares. Mientras que los *baby boomers* poseían el 20% de la riqueza total a los 25 años, la generación X apenas alcanzaba el 8%, y los *millennials,* un modesto 5%. Los datos muestran que las tres últimas generaciones han comprado vivienda a un ritmo menor que la generación que los antecedió. Los *millennials* han tenido la transición más lenta de inquilinos a propietarios, y todo apunta a que las generaciones posteriores, como la Z, lo tendrán aún más difícil para incorporarse a la propiedad inmobiliaria.

Las generaciones más jóvenes no sólo han sido excluidas del mercado inmobiliario, sino que también se ha afectado su capacidad para participar en el mercado de valores. La gráfica de la evolución de la mediana del ingreso de los hogares en comparación con el S&P 500 muestra una perspectiva igualmente desalentadora. Esta proporción ha empeorado significativamente para los *millennials* (y es muy probable que empeore aún más para la generación Z).

A principios de la década de los 60, una persona podía obtener 94 acciones de S&P 500 con la mediana del ingreso familiar. Este número alcanzó su punto más alto en la crisis de 1982, al llegar a 219 y desde entonces se ha colapsado. En el colapso del mercado de valores durante la crisis financiera de 2008, el número llegó temporalmente a 82. Hoy en día ese número se ha desplomado y se encuentra en 14. La capacidad de comprar acciones de empresas con el valor de la mediana de un año de ingreso se ha debilitado enormemente, lo que significa que ser propietario de parte de la economía es cada vez menos posible para la persona promedio (ver gráfica de la página 122).

Construir capital se está volviendo cada vez más difícil y los jóvenes, que aún no tienen activos, se ven afectados de manera desproporcionada. La disminución en las tasas de interés está contribuyendo a esto también debido a que los ahorros (y las inversiones) generan cada vez menos rendimientos. Para las generaciones anteriores, las tasas de interés comparativamente altas que pagaban los bancos eran lo usual pero hoy en día, una cuenta de ahorros difícilmente paga algo de intereses.

MEDIANA DE INGRESOS EN EUA VS. S&P 500

MEDIANA DE INGRESOS EN EUA +1,111%

S&P500 +7,798%

MEDIANA DE INGRESOS EN EUA / S&P500 -85%

EN LOS ÚLTIMOS 50 AÑOS

LOGARÍTMICA

EMPEZANDO EN CERO

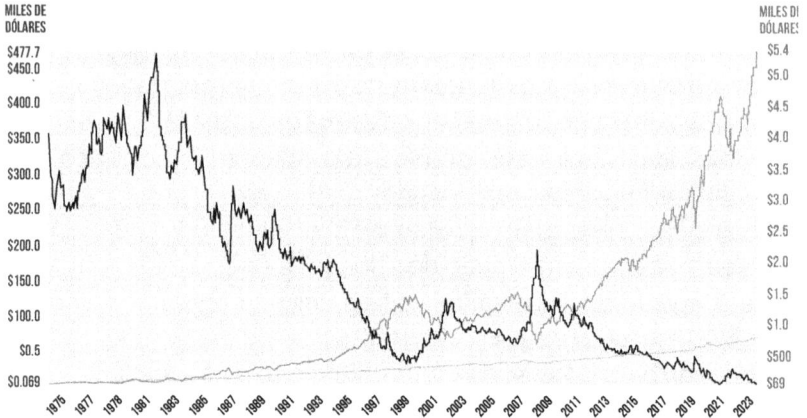

Ingreso familiar vs. S&P 500. Línea negra: cuánto puede comprar el ingreso familiar promedio de S&P 500. Fuente: inflationchart.com

Para describir este fenómeno, el economista estadounidense Keith Weiner acuñó el término "rendimiento del poder adquisitivo". El siguiente ejemplo ilustra qué tan pernicioso es el rendimiento del poder adquisitivo: supongamos que una persona necesita 30,000 dólares al año para cubrir sus gastos y los intereses sobre sus ahorros pagan el 5%. Para cubrir sus gastos únicamente con el ingreso por intereses, esta persona necesitaría ahorros de 600,000 dólares (600,000 x 0.05 = 30,000). Si la tasa de interés baja al 0.5%, pero el nivel general de precios se mantiene igual, los ahorros necesarios para generar los mismos 30,000 serían de 6 millones de dólares. A una tasa de intereses del 0.1%, se necesitarían ahorros de 30 millones. Esta disminución en el rendimiento del poder adquisitivo convierte el panorama de las generaciones más jóvenes en algo bastante sombrío y desalienta el ahorro, ya que vivir de él es prácticamente imposible.

La lucha para mantenerse a flote, desde el punto de vista financiero, es real. Las generaciones anteriores tienen la mayor parte del dinero. En general, los ricos se están haciendo más ricos, mientras que los pobres se están volviendo más pobres. La aspiración humana de movilidad social ascendente está escapando del alcance de un número creciente de personas, especialmente entre las generaciones más jóvenes. Reportan sentirse emocionalmente más angustiados (25%), lo cual es casi el doble de los niveles reportados por los *millennials* o la generación X (13%). Además, les preocupa estar preparados para el futuro desde el punto de vista financiero y de otras formas.

De acuerdo con el último informe sobre la Felicidad Mundial, la felicidad ha caído de manera tan abrupta entre los jóvenes, que ahora son menos felices que los viejos en América del Norte, mientras que para los países en transición en Europa central y del este sucede lo contrario. La generación Z también es la generación más pesimista de la historia: son escépticos sobre el futuro, mucho más que cualquier generación viva anterior a ellos.

LA GENERACIÓN Z ES LA GENERACIÓN MÁS PESIMISTA DE LA HISTORIA.

No sorprende que los estudios hayan encontrado que los problemas de salud mental entre las generaciones más jóvenes han aumentado dramáticamente y la generación Z es la que se considera la más deprimida de todas. Parece que prevalece una sensación de abatimiento, duda existencial y comportamiento autodestructivo. Las tasas de suicidio y muerte debido a sobredosis de drogas están aumentando y la mayoría de las personas depende de medicamentos para sobrellevar el día a día. También es más probable que las personas de veintitantos años no tengan trabajo por problemas de salud (entre los cuales la salud mental es un factor que contribuye de manera relevante) que las personas en la cuarta década de la vida.

Es interesante que el consenso de que los problemas de salud mental van en aumento es muy amplio entre los diferentes grupos de edad. Más de dos terceras partes de los *baby boomers* (65%), de la generación X (70%), de los *millennials* (73%) y de la generación Z (74%), piensan que la salud mental entre los jóvenes está peor hoy en día que con los de las generaciones previas. Sin embargo, no están de acuerdo sobre las causas de la crisis de salud mental y son precisamente estos desacuerdos los que están creando una brecha entre las generaciones.

Mientras que es más probable que las generaciones mayores culpen a las redes sociales y a la falta de perseverancia, los jóvenes sí ven en estas plataformas una causa potencial, pero también argumentan que son los problemas económicos —como el costo de la vida y las dificultades para conseguir trabajo o vivienda— los factores principales. A pesar de que ambos grupos pueden tener razón, de igual forma ambos ignoran al elefante en la habitación: el dinero fiat y su devaluación, que actúa como una corriente oculta que hace la vida aún más difícil para la gente con pocos activos.

ESCLAVIZADOS POR LA DEUDA

Conforme los jóvenes intentan mantener el estilo de vida convencional de las generaciones anteriores, recurrir a la deuda se ha convertido en su principal recurso. Aunque la deuda en dinero fiat se diluye gradualmente con la inflación, endeudarse solo resulta beneficioso cuando esa deuda genera ingresos o capital. Endeudarse para sobrevivir un día más es como tomar veneno dulce.

Y la dosis de ese veneno dulce no para de aumentar. La deuda por tarjetas de crédito ha alcanzado niveles históricos. El mayor incremento se observa en la generación Z, mientras que la generación X acumula el mayor saldo total. Un signo revelador del creciente estrés en el crédito al consumo es la popularidad en aumento de los planes "compre ahora, pague después".

Otra carga que pesa sobre las generaciones jóvenes es la deuda estudiantil. Incluso ajustadas por inflación, las colegiaturas universitarias han subido más de un 150% desde 1980. Hoy en día, la deuda estudiantil total supera los 1.7 billones de dólares y el préstamo promedio para una licenciatura de cuatro años asciende a 34,100 dólares por estudiante.

Financiar la educación superior con deuda ha generado una inflación de títulos y certificados. Cuantos más hay, menor es su valor y utilidad marginal. Esto a su vez genera la necesidad de credenciales nuevas y más sofisticadas, lo que eleva aún más los costos educativos —y con ello, la deuda—. No es casualidad que la deuda federal por préstamos estudiantiles se haya triplicado desde 2007. Una vez más, la causa de fondo es la inflación. A medida que los trabajos técnicos o manuales dejan de ofrecer salarios sostenibles debido al entorno inflacionario, los jóvenes que buscan ingresos decentes son empujados hacia la educación superior... y hacia la deuda estudiantil.

De forma asombrosa, el gran escritor alemán Johann Wolfgang von Goethe ya había previsto con claridad la dinámica perniciosa que tendría la deuda en una era fiat, especialmente sobre los jóvenes. Se refería a la era fiat como "velociferina", un término que combina velocidad con luciferino. Lo que escribió en sus *Máximas y reflexiones* en 1893 podría haber sido escrito hoy mismo:

> *"Así como es casi imposible sofocar una máquina de vapor, lo mismo ocurre en el ámbito moral. La actividad comercial, la prisa y el crujir del papel moneda, el aumento de las deudas para pagar otras deudas, todos estos son los elementos monstruosos a los que hoy en día un joven está expuesto".*

Más de 130 años después, cada vez más sectores de la sociedad sienten las consecuencias de los crecientes niveles de deuda. ¿Cuáles son las implicaciones sociales de que las personas deban desenvolverse bajo una presión constante y cargas financieras cada vez mayores? Debido a que las personas están agobiadas por crecientes obligaciones financieras, la presión para pagar la deuda y mantener la calificación crediticia pende sobre sus cabezas como la espada de Damocles. En términos psicológicos, lo que podríamos llamar la "disciplina del deudor" empieza a apoderarse de un número cada vez mayor de personas. Para muchos, contar con un ingreso regular se vuelve un requisito indispensable, y la importancia de tener un empleo constante escala posiciones en su lista de prioridades. Esto genera nuevas formas de dependencia social, que a su vez dan paso —inevitablemente— a una presión generalizada por amoldarse.

Lamentablemente, esta tendencia contradice una de las aspiraciones humanas más universales: la búsqueda de la felicidad. De forma casi unánime, lo que más contribuye a que las personas se sientan felices es tener control sobre sus propias vidas, en lugar de depender de fuerzas externas. Y el reverso también es cierto: lo que genera mayor infelicidad es sentirse fuera de control. Si hay un común denominador en la felicidad humana, es el deseo de autodeterminación. Así lo señaló Angus Campbell en su influyente libro *El sentido del bienestar en América,* cuando escribió en 1981:

"Tener una fuerte sensación de control sobre su propia vida es un predictor más confiable de los sentimientos positivos de bienestar, que cualquiera de las condiciones objetivas de la vida que hemos considerado".

La autonomía personal parece ser el factor de estilo de vida más determinante para la felicidad. Sin embargo, precisamente esa autonomía e independencia son las que más se han erosionado en la sociedad actual, como resultado de la presión económica y la creciente dependencia del endeudamiento. Un ejemplo reciente son las vacunas de COVID-19, que algunas personas se pusieron en contra de sus convicciones personales, únicamente para conservar su empleo. O, para ser menos dramáticos, es más posible que los empleados se queden en un trabajo —y aguanten a un jefe gruñón— debido al miedo de perder su única fuente de ingresos. Para seguir ganándose la vida, cumplir con los pagos de intereses y mantener cierto estatus social, muchas personas optan por conformarse y seguir la corriente, incluso si están en desacuerdo o tienen objeciones morales.

LA CAUSA DE LA INFELICIDAD ES LA FALTA DE CONTROL SOBRE NUESTRA PROPIA VIDA.

Además de ser empujada por fuerzas externas para seguir en el juego, mucha gente sufre la sensación de que sus decisiones conscientes no tienen un efecto duradero —si es que tienen algún efecto—. Trátese de prácticas ecológicas, decisiones de carrera profesional, participación política o en la comunidad, todo parece inútil en el panorama general. Por lo tanto, el deseo creciente de liberarse de las estructuras tradicionales, es un reflejo de que sus preferencias se alejan cada vez más de lo que encuentran en la economía y en la sociedad, especialmente entre los jóvenes.

Lo que estamos viendo es la privación de derechos del individuo como consumidor y beneficiario último de una economía. Ludwig von Mises, el economista austriaco, lo vio venir. Y en su comprensión matizada del dinero, comparó su función social con la de un plebiscito, una votación que se repite constantemente. En lo que llamó "la democracia del dólar", cada unidad monetaria representa una boleta de papel, que influye en el resultado del voto. Cada vez que la gente gasta su dinero, es como si estuvieran "emitiendo un voto" sobre cómo quieren que sea la economía futura. Apoyan un negocio comprando sus productos mientras que ignoran a otro, e invierten en un sector mientras que retiran fondos de otro.

Para un sistema de dinero fiat como el nuestro, Von Mises identificó un problema urgente en esta democracia del dólar:

la expansión monetaria en forma de inflación continua distorsiona masivamente el proceso de votación, de manera similar a la forma en que las boletas de papel producidas en secreto llevan a elecciones fraudulentas. Si solamente se determinara la producción con el gasto de los consumidores, las ganancias presentes serían las que financiarían las actividades futuras de las empresas. Y si los ahorros fueran la única fuente de capital y deuda, en consecuencia los ahorradores serían quienes dirigirían la economía colocando su capital.

Con el acto de creación de dinero fiat, entra en la economía del dólar un poder adquisitivo adicional —piensa en poder de voto— que no habría existido de otra manera. Este dinero recién creado diluye el poder de voto de los actuales tenedores de dólares. Quien lo gasta primero puede influir en el "proceso de votación" a su favor. A través de un mecanismo conocido como el efecto Cantillon, el dinero recién creado llega primero a quienes están más cerca del grifo del dinero. Estas personas y organizaciones pueden gastar el dinero antes que los demás, convirtiéndose así en los principales beneficiarios de la creación de dinero fiat. Dado que estos actores suelen ser bancos, firmas de capital privado, fondos de cobertura y grandes corporaciones, la economía y la sociedad en general terminan moldeadas según sus intereses.

La inflación —es decir, la creación de dinero— equivale a un fraude electoral constante a gran escala. Consumidores y ahorradores ven diluido su voto sobre cómo debería ser la economía y la sociedad. En términos más técnicos, se les arrebata la posibilidad de decidir cómo se utiliza el capital dentro de la estructura productiva social. Esto se refleja en la brecha entre las preferencias de los consumidores y las prácticas de la industria. Muchos prefieren productos sustentables, éticos y amigables con el medio ambiente. Sin embargo, la economía dominante sigue sustentándose en prácticas como la moda rápida, la agricultura industrial y la explotación de personas y recursos naturales.

Otro ejemplo de esta brecha son los fideicomisos de inversión en bienes raíces (FIBRAs), que priorizan complejos de departamentos y propiedades industriales optimizadas para generar retornos, por encima de espacios residenciales accesibles que se integren con el entorno local. De forma similar, las multinacionales subcontratan su producción a talleres de explotación en países con salarios bajos, eligiendo lo rentable en lugar de lo socialmente responsable. Estas actividades se ven incentivadas por las guerras de divisas, una "carrera hacia el abismo" en la que los países devalúan sus monedas para suprimir artificialmente los costos laborales y mantener la competitividad global.

Esta desconexión está alimentada por la inflación del dinero fiat. El acceso a dinero barato alimenta las economías artificiales de escala, permitiendo a las empresas conseguir capital más fácilmente y lograr un crecimiento artificial rápido. Las empresas más grandes tienen una ventaja importante para acceder al financiamiento barato de deuda, mientras que las empresas más pequeñas se basan más en el financiamiento por capital. Además, el fácil acceso a capital barato proporciona a las empresas más grandes mayores recursos para cabildear con el objetivo de obtener subsidios y asegurar ventajas legales.

Conforme las grandes empresas se expanden a través de estos mecanismos, generalmente se van desconectando cada vez más de la retroalimentación directa de los clientes. La disponibilidad de dinero barato permite que persista este aislamiento durante periodos prolongados, promoviendo una sensación de que los mercados y las empresas están desvinculados de las necesidades y los valores de sus consumidores.

Otra razón tangible por la cual las preferencias de los consumidores se alejan de los estándares de la industria la expone el empresario de biotecnología y excandidato presidencial Vivek Ramaswamu, en su libro *Castigo capitalista: cómo está usando Wall Street tu dinero para crear un país por el cual no votaste*. En él, sostiene que unos cuantos grandes administradores de activos —como BlackRock, Vanguard y State Street— están utilizando más de 20 billones de dólares del dinero de gente común para votar en las juntas de prácticamente todas las grandes empresas: desde Microsoft y Apple hasta Disney, Paramount Pictures, Pepsi o Coca-Cola, entre muchas otras.

Esto ha creado incentivos perversos. Dado que tanto poder de decisión está concentrado en tan pocos actores, las oportunidades para influir políticamente en esas decisiones se vuelven altamente rentables. Como resultado, se están implementando mandatos sociales y políticas ASG (Ambientales, Sociales y de Gobernanza), como normas de divulgación climática, cuotas de contratación por diversidad o auditorías de equidad racial —políticas que no necesariamente responden a los intereses de la gente común.

Fundamentalmente, la explicación de la brecha entre la industria y el consumidor es que la creación de dinero, desligada de la ley de la siembra y la cosecha, fomenta un crecimiento corporativo excesivo que lleva a la formación de oligopolios en el mercado. El acceso fácil y barato al dinero hace que los grandes negocios se vuelvan todavía más grandes de lo que serían normalmente. El acceso a capital a tasas por debajo del verdadero valor del mercado permite, en última instancia, un crecimiento más allá de las preferencias de la gente. Para una sociedad funcional, esto es sumamente perjudicial ya que, después de todo, el dinero es el orquestador silencioso de nuestras vidas y la "gravedad" que conecta a cada persona en una economía y más allá. Retirar el dinero sano del mundo de la interacción humana y permitir que la inflación se desborde, es como eliminar la gravedad del mundo de la física: las cosas se rompen y dejan de funcionar y la verdad desaparece.

EL POPULISMO Y LOS SANTOS DE LA INFLACIÓN

Durante los periodos previos de inestabilidad monetaria, hemos sido testigos de cómo la devaluación fragmenta y disuelve a la sociedad. Ya se mencionó uno de esos periodos, anteriormente en este capítulo: la hiperinflación de la República de Weimar de 1921. Durante ese tiempo, se registró un evento especialmente raro que fue el surgimiento de los llamados *Wanderprediger* (predicadores viajeros), también conocidos como *Inflationsheilige* (santos de la inflación).

Ellos proclamaban la "redención del caos" y eligieron una forma de existencia modesta, que era claramente diferente del estilo de vida lujoso de los nuevos ricos, beneficiados por la guerra y la inflación. Los predicadores viajeros confiaban en sí mismos y en su identidad, no por posesiones externas, sino por un retiro hacia su ser interno, lo cual en algunos casos podía tener rasgos de egolatría patológica. No sólo predicaban renunciar a la sociedad burguesa, sino que se enfocaban en el uso de ropa ligera e incluso en el nudismo, el fetichismo de la salud, el vegetarianismo, en caminar descalzos, así como en cuestionar la moral sexual predominante.

La actual devaluación acelerada del dinero fiat está dando lugar al resurgimiento de varios grupos que imitan a aquellos "santos de la inflación". Uno de los ejemplos más representativos es un culto profundamente religioso disfrazado de movimiento tecnológico, llamado *Don't Die* ("No mueras"). Fundado por un exmormón convertido en cruzado contra la muerte, esta nueva filosofía ha cobrado notoriedad rápidamente. Su creador, Bryan Johnson —quien vendió su empresa Braintree a PayPal por 800 millones de dólares—, está decidido a hacer que la vida en la Tierra sea eterna. Si bien rechaza la pérdida paulatina de riqueza causada por la inflación, ha enfocado su lucha en contra del deterioro físico asociado al envejecimiento.

En su cruzada, Bryan se ve a sí mismo como una nueva figura mesiánica. Mientras que a Cristo se le atribuye haber alimentado a sus seguidores con pan y vino —que algunos aseguran aceleran el envejecimiento—, Bryan dedica su vida a desarrollar una dieta compuesta exclusivamente por nutrientes que prolongan y revitalizan la vida. Su objetivo: revertir el envejecimiento para que la humanidad ya no tenga que enfrentarse a la muerte.

Al rebelarse en contra de la actual "cultura de la muerte", Bryan Johnson y sus seguidores están decididos a fundar una nueva religión. Ya no es el punto de vista cristiano del mundo, en el cual la resurrección por la fe, junto con la vida después de la muerte, conducen a la vida eterna. La vida aquí en la Tierra es la que hará que la inmortalidad sea una posibilidad. Hablando de manera práctica, el objetivo principal es eliminar por completo la violencia contra uno mismo; mentalmente, se trata de superar la mayor barrera psicológica de nuestra cultura actual: la idea de que la muerte es inevitable. Este movimiento representa el transhumanismo en su máxima expresión, y no es casualidad que florezca precisamente en lo que muchos consideran la etapa final del libertinaje del dinero fiat.

Por el momento, el protocolo de este culto, llamado *Blueprint*, es más bien un asunto de élite. Aunque seguirlo no requiere los dos millones de dólares anuales que Johnson destina a su propia rutina, los múltiples suplementos y dispositivos tecnológicos recomendados no son accesibles para todos. Pero lo más llamativo —y aquí el paralelo con los santos de la inflación se hace evidente— es la devoción con la que se persigue una vida no vivida, a través de un estilo de vida extremadamente disciplinado y ascético. Por eso, no debería sorprender que un movimiento como *Don't Die* esté ganando cada vez más adeptos.

Quienes simpatizan con éste y otros movimientos similares muestran una dedicación notable. En general —y esto es característico de ideologías como *Don't Die*— las personas se agrupan en torno a estas comunidades para hallar propósito y sentido en la vida. En una época que se caracteriza por el relativismo monetario, demostrar un impulso personal para defender algo que parece loable suele ser aplaudido, independientemente de cuál sea la causa psicológica subyacente de tal comportamiento.

Sin embargo, esa gente es todavía una minoría. Lo que parece más común hoy en día es unirse a movimientos populistas. Ya sea Tomen Wall Street, el movimiento Brexit, el movimiento de los Chalecos Amarillos en Francia, el "Trumpismo" en Estados

Unidos, el movimiento Los Viernes para el Futuro, el movimiento *Black Lives Matter* o los populistas del COVID-19, existe un acuerdo casi universal de que el populismo va en ascenso.

EL RESURGIMIENTO DE MOVIMIENTOS PARECIDOS A *WANDERPREDIGER*, EL POPULISMO Y EL NIHILISMO FINANCIERO, TODOS SON SÍNTOMAS DE LA ETAPA TARDÍA DEL SISTEMA DEL DINERO FIAT.

Las personas que se suman a movimientos populistas suelen hacerlo impulsadas por una sensación de desamparo extremo y pérdida de representación. Creen que el camino hacia una vida plena ha sido gradualmente erosionado a lo largo del último medio siglo. Las culpas suelen dirigirse a banqueros codiciosos, élites corruptas e irresponsables, la globalización, la subcontratación y la inmigración descontrolada. Probablemente, el mejor indicador del auge del populismo sea que la confianza pública en el gobierno ha venido cayendo de forma sostenida durante décadas, y hoy se encuentra en niveles cercanos a mínimos históricos.

EL NIHILISMO FINANCIERO: EL FRUTO PODRIDO DEL FIAT

En años recientes hemos visto surgir otro fenómeno que está afectando a la humanidad: el nihilismo financiero. Éste es para los mercados financieros lo que el populismo para la política. Es la creencia de que el costo de vivir una vida decente rápidamente se está volviendo insostenible, que la posibilidad de movilidad social ascendente ya no funciona para un número cada vez mayor de personas; que el "Sueño americano" es algo predominantemente del pasado, que poseer activos significativos —como un hogar o una cantidad considerable de acciones para planear el retiro— se está volviendo cada vez más inalcanzable y que el dinero ha dejado de tener significado… así que termina por referirse a todo.

Juzgando con base en evidencia circunstancial, el número de personas que están adoptando este punto de vista está en aumento. Los jóvenes, que aún tienen la vida entera por delante y que, por lo tanto, necesitan averiguar cómo avanzar en la vida, son especialmente proclives a adoptar la filosofía perniciosa del nihilismo financiero.

Para adoptar esta idea, generalmente se empieza con un sentimiento de quedarse atrás. La gente trabaja arduamente para mantenerse al día pero trabajar duro no parece dar frutos, por lo que no ven una manera realista de salir adelante y avanzar en la vida. El resultado es la sensación de estar atorado y de carecer de oportunidades para tomar el control y moldear su existencia, que les lleva a la desesperanza y desesperación. Éste es un estado depresivo, que hace que la gente se gane la vida sin hacer un mínimo esfuerzo adicional, ya que les parece inútil.

El movimiento *Tang Ping* (estar acostado) en China, o el movimiento *Hikikomori* (retraerse hacia adentro) en Japón, son buenos ejemplos de movimientos de resistencia pasivo-agresivos por parte de los adultos jóvenes que rechazan las presiones sociales de la sobre carga de trabajo y superarse. Al contrario: adoptan una actitud de pocas aspiraciones e indiferencia hacia la vida debido a que parecen demasiado difíciles de lograr. Su equivalente occidental es la "renuncia silenciosa" en la cual la gente joven está haciendo lo mínimo en el trabajo y nada más. Después de todo, "¿qué más da?".

Las personas que no ven una oportunidad real de salir adelante en la vida a través del trabajo duro, pero que todavía no están dispuestas a rendirse ante la desesperanza, sienten la necesidad de apostarlo todo. Así como las empresas y los inversionistas profesionales se ven obligados a asumir cada vez más riesgos debido a la inflación y a la caída de los rendimientos financieros, la gente común también siente ese impulso. Cuando todo parece perdido, arriesgar más puede parecer la única alternativa sensata. Después de todo, podría ser la única forma viable de saltar desde su situación financiera actual hacia una posición más cómoda. Obtener un retorno de 10x, 20x o incluso 100x en los mercados financieros parece, para muchos, la única vía para escapar de una vida de miseria. En consecuencia, perseguir el "premio mayor" se convierte en el único objetivo que realmente importa.

APOSTARLO TODO CON INVERSIONES DE ALTO RIESGO ES LA ÚNICA OPCIÓN QUE MUCHOS JÓVENES VEN HOY EN DÍA.

Entonces, ¿qué es el nihilismo financiero en su esencia? Es una filosofía de inversión que trata a los objetos de la especulación como si fueran intrínsecamente carentes de valor. Descarta la idea de que debe existir algún fundamento real detrás. Cualquier cosa puede adquirir valor de forma repentina. Esto implica que algo sin ningún "valor fundamental" puede, aún así, alcanzar un precio considerable. El precio del *ticker* o del *token* en sí es lo que importa, y todo lo relacionado con el mundo real queda completamente descartado. No importa si no crees ni confías en aquello en lo que estás invirtiendo, mientras exista la posibilidad de que el precio suba.

La evidencia del auge del nihilismo financiero está por todas partes. Piensa en el movimiento cultural de *WallStreetBets*, *DeepF**kingValue* o el *short squeeze* de GameStop. O en la locura de las acciones meme, que llevó a compañías como Hertz o Blockbuster a repuntar fuertemente en bolsa, aun cuando ya se habían declarado en bancarrota. O en el caso de Bed Bath & Beyond, cuyas acciones se cuadruplicaron al mismo tiempo que la empresa reportaba pérdidas millonarias.

Entre los *baby boomers*, gente muy trabajadora, asesores financieros bien capacitados y administradores de dinero, este fenómeno evoca una sensación que va de la confusión social profunda al disgusto y la aversión absolutos. ¿Cómo puede tener sentido? No entienden que en un ambiente de nihilismo financiero, el inversionista racional necesita buscar el mejor esquema piramidal. Las bases ya no importan y todo se trata de los *pumpamentals* correctos de un proyecto.

Jugar el metajuego no se trata solamente de cambiar rápidamente junto con las narrativas antes que otros (el Concurso de Belleza de Keynes), sino que también se trata de hacer que la realidad sea lo que necesita ser y crear "memes" hasta que se vuelvan reales. Si no eres suficientemente influyente para hacerlo, cuando menos necesitas contribuir a la co-creación de esta realidad. Obviamente, esto encaja perfectamente con la filosofía fiat de crear algo de la nada.

Mientras los excesos del nihilismo financiero son de una realidad efímera, como lo comprueban las acciones de AMC Entertainment Holdings, Inc. y otras, esta filosofía en sí misma no lo es. El nihilismo financiero busca, cada vez más, ser el espíritu de nuestra época para los jóvenes y es el mayor impulsor de las *shitcoins* descontroladas de hoy, que siguen regresando de una forma u otra. En el mundo de los "criptoactivos", la gente ha empezado a reconocer —o mejor dicho a aceptar— el hecho de que la mayor parte de lo que hacen es jugar el videojuego global de las *shitcoins.*

¿Se les puede culpar? Bueno, si rastreamos este fenómeno del nihilismo financiero hasta sus causas de fondo, en realidad no. Las personas que actúan bajo esta filosofía —empujadas de forma casi inconsciente por las circunstancias— lo hacen como respuesta y reflejo de las políticas monetarias y fiscales de la Reserva Federal y del gobierno de Estados Unidos.

Dichas políticas han sido uno de los principales motores de la desigualdad en la distribución de la riqueza y del encarecimiento del costo de vida, afectando a distintas generaciones y niveles socioeconómicos. Los gobiernos han hecho caso omiso a cualquier límite de velocidad monetaria. Su solución para todo ha sido emitir cheques, financiados a través de la inflación y tomando prestado cada vez más dinero. Gobiernos y bancos centrales han actuado con una irresponsabilidad escandalosa.

EL GASTO IRRESPONSABLE DE LOS GOBIERNOS Y DE LOS BANCOS CENTRALES CONDUCE A UNA ESPECULACIÓN FINANCIERA IMPRUDENTE.

El nihilismo financiero es consecuencia directa del disfuncional sistema fiat. Cuando los gobiernos y los bancos centrales actúan de manera irresponsable, se necesita hacer algo irresponsable como respuesta. Para no verse aplastada por el sistema y volverse su esclava, la gente se aferra a cualquier red de seguridad que pueda encontrar, aun cuando sean acciones meme o *shitcoin*. Después de todo, es peor una vida sin esperanza que una vida en la miseria financiera. Para un número cada vez mayor de personas, esas acciones meme (también llamadas *stonks*) y monedas son pequeñas religiones que les proporcionan exactamente eso: esperanza. Invertir imprudentemente en activos irracionales es la única esperanza que conocen, un billete de lotería para un futuro mejor.

EL DESENLACE DEL FIAT

El colapso financiero de la sociedad no es una opción. Los gobiernos, la economía y el sistema de retiro dependen de ello. Lo que vemos como comportamiento irresponsable por parte de los gobiernos, los bancos centrales y las instituciones financieras, otros los ven como medidas necesarias para dirigir exitosamente el sistema fiat y mantenerlo en marcha. Por esta razón, los sumos sacerdotes calmarán cualquier tipo de disturbio, mimando a los mercados financieros mediante el continuo rescate de los actores que son "demasiado grandes para fracasar". Las utilidades se privatizan, mientras que las pérdidas se socializan, permitiendo que las heridas socioeconómicas se infecten.

No es de sorprender que exista entre el público un sentimiento generalizado de que muchas personas ricas no han hecho sus fortunas de manera honesta ni ofreciendo bienes o servicios realmente útiles en el mercado. El acceso a información privilegiada, el dinero barato, los contratos gubernamentales y los subsidios parecieran ser los factores más comunes detrás de la acumulación de riqueza. Además, si muchos de los acaudalados pueden aprovecharse del sistema sin pudor, la gente común no tiene muchos incentivos para mantener estándares morales a la hora de generar ingresos. La lógica les lleva a pensar: si los ricos no parecieran guiarse por ninguna brújula ética en lo financiero, ¿por qué habría uno de mantener principios éticos en sus propias inversiones?

EL FIAT FACILITA LA ACUMULACIÓN DE LA RIQUEZA A TRAVÉS DE INFORMACIÓN PRIVILEGIADA, DINERO BARATO, CONTRATOS DEL GOBIERNO Y SUBSIDIOS.

El menosprecio de los estándares éticos en las finanzas, el aumento de la creencia en un sistema manipulado y el creciente resentimiento hacia los ricos, se deben directamente al mal comportamiento del gobierno. Con el asesinato económico de Dios, los gobiernos han abandonado la verdad monetaria y desatado la era del relativismo. En esta nueva era, los gobiernos se han vuelto cada vez más irresponsables y desenfrenados que nunca.

LA SANGRE DEL SISTEMA FIAT

Algo que ilustra esta afirmación es el techo de la deuda de Estados Unidos, que se promulgó a través de la Ley de Bonos de la Segunda Libertad en 1917, con la intención de servir como límite legislativo sobre la cantidad de deuda en que puede incurrir el Tesoro para el gobierno federal. Sin embargo, lo que pretendía ser una restricción al presupuesto para mantener el gasto del gobierno bajo control, se ha violado continuamente.

En el siglo XX, la Cámara de Representantes de Estados Unidos votó para subir el techo de la deuda al menos 90 veces —tan sólo desde 1960, el límite se ha ajustado en 78 ocasiones—. Su total ineficacia ilustra la acelerada negligencia monetaria por parte del gobierno. Después de todo, este tope es una ley que se espera romper y ya no actúa como una barrera efectiva de gasto para el gobierno federal.

Para entender cómo esto es posible, tenemos que centrarnos en la infraestructura financiera del sistema fiat. El asesinato económico de Dios —que marcó el inicio de la erosión de la verdad monetaria— dio origen a una entidad cuasi divina, cuya capacidad creativa parece no tener límites y que sólo responde a sus propios estándares morales. Esta criatura se asemeja a una hidra de dos cabezas: una representa al banco central y la otra al gobierno federal. La sangre que corre por las venas y arterias de esta hidra está compuesta por los bonos del gobierno, mejor conocidos como bonos del Tesoro de Estados Unidos.

De hecho, los bonos del Tesoro son el torrente vital del sistema fiat. Tras el asesinato del oro, llenaron el vacío monetario y ocuparon su lugar como dinero base —la última instancia de verdad monetaria—. No sólo funcionan como "dólares con esteroides" al pagar intereses, sino que para las empresas multinacionales, los gobiernos y otras grandes instituciones, representan la única opción viable para almacenar grandes cantidades de dinero.

LOS BONOS DEL TESORO SON LA SANGRE DEL SISTEMA FIAT.

Los depósitos bancarios, en esencia, son préstamos que se le hacen a los bancos y conllevan un riesgo considerable. Retirar y almacenar físicamente grandes sumas de efectivo no sólo es impráctico, sino que también implica costos elevados. Por ello, la solución predominante para resguardar el dinero ha sido invertir en bonos del Tesoro de Estados Unidos. Es la estabilidad y la liquidez del mercado de estos instrumentos financieros lo que ha impulsado una era de financiarización global. Y su colapso provocaría estragos a nivel mundial. Los bonos del Tesoro se han convertido en el pilar del sistema fiat actual: el almacén de valor más confiable, el oro de esta era monetaria.

Por esta razón, existe una demanda constante de bonos del Tesoro. Entre los tenedores más destacados de esta deuda se encuentran inversionistas privados y el público en general.

Además, inversionistas extranjeros e internacionales —incluidos gobiernos como los de Japón, China y el Reino Unido, entre otros— también mantienen una parte significativa de sus reservas nacionales en estos instrumentos.

ROBO OCULTO EN PLENA LUZ DEL DÍA

Sin embargo, a menudo se olvida una dinámica. Se trata del hecho de que cada vez más deuda estadounidense se encuentra en manos de los 12 bancos de la Reserva Federal (Fed) que, en conjunto, forman el banco central de Estados Unidos. Así, la Fed y otras cuentas del gobierno son el mayor tenedor de bonos del tesoro en la actualidad. Esto equivale a una monetización de la deuda cada vez mayor. Vamos a explicarlo.

Mientras que países como Estados Unidos siguen financiándose en el mercado público, en las últimas décadas los bancos centrales han adquirido cada vez más bonos del gobierno en el mercado. En junio de 2024, alrededor del 14% de toda la deuda del gobierno estadounidense la tenía la Fed —casi el doble que en 2007 (8.66%)—. Especialmente durante tiempos difíciles, como la crisis financiera global de 2008 o el derrumbe del mercado por el COVID-19 en 2020, los bancos centrales a nivel mundial tuvieron que intervenir y comprar bonos del gobierno. De hecho, en 2022, después de los programas de ayuda que se dieron en la pandemia, el 21.28% de toda la deuda la tenía la Fed.

Como lo muestran estos números, en años recientes la monetización de la deuda del gobierno por parte de los bancos centrales se ha acelerado y los gobiernos han vuelto a recurrir a sus bancos centrales para obtener financiamiento, en vez de recurrir únicamente a los sectores público y privado para recaudar fondos. Este cambio es crucial, ya que significa que la deuda gubernamental se financia cada vez menos por actores del mercado —que renuncian al consumo— y más a través de los bancos centrales que crean dinero nuevo. Como sucede con el financiamiento en tiempos de guerra. La relación deuda-PIB a principios de 2024 alcanzó un nivel del 122%, un nuevo récord que eclipsó el máximo histórico del 113% que se tuvo a fines de la Segunda Guerra Mundial. Sin embargo, hay una diferencia importante: actualmente no estamos en un conflicto bélico global.

Las herramientas de la política monetaria, como la flexibilización cuantitativa y otros programas de financiamiento similares, son cómplices de la monetización de la deuda gubernamental. Los bancos centrales usan estos instrumentos para crear reservas, que cambian por bonos del gobierno y otros activos que se vuelven parte de su cartera. En el caso de Estados Unidos, la Reserva Federal lo hace comprando bonos del gobierno a los distribuidores primarios que reciben reservas (es decir, liquidez) a cambio.

Dado que el banco central no compra los bonos directamente al Tesoro, algunos argumentan que técnicamente no está financiando al gobierno. En los hechos, son los distribuidores primarios —es decir, bancos designados— quienes compran los bonos del Tesoro directamente al gobierno. Sólo en una segunda etapa, la Reserva Federal adquiere esos bonos a los distribuidores, entregándoles reservas a cambio.

En realidad, esta distinción es irrelevante. Si bien es cierto que los bancos financian la emisión inicial de bonos del gobierno y, en ese proceso, crean dinero fiat en forma de depósitos, el hecho de que esos bonos terminen en el balance del banco central indica con claridad que, sin su intervención, probablemente el gobierno no habría logrado colocar esos bonos en el mercado abierto desde un inicio. Es muy probable que desde el inicio los bancos supieran que podrían transferir sus bonos del Tesoro al banco central más adelante. Esto sugiere que, gracias al banco central como comprador de última instancia, el gobierno de Estados Unidos puede recaudar y gastar dinero al que, de otro modo, no tendría acceso.

Y aunque hayan sido los bancos quienes financiaron la emisión de bonos originalmente, es el banco central quien los monetiza al intercambiarlos por reservas que crea de la nada. Esta acción, en última instancia, consolida la inflación.

LA MONETIZACIÓN DE LA DEUDA OCURRE CUANDO LOS BONOS DEL GOBIERNO TERMINAN EN EL BALANCE GENERAL DEL BANCO CENTRAL.

Al día de hoy, la Fed no tiene legalmente permitido comprar bonos del Tesoro directamente al departamento del Tesoro. Aun así, la Fed tiene facilidades específicas que permiten a los distribuidores ir directamente a ellos para financiar las compras de estos bonos. A través de instrumentos de política cada vez más diversos —como operaciones de recompra (*Repo*), operaciones de recompra inversa (*Reverse Repo*), el Programa de Financiamiento a Plazo Bancario (BTFP), la Instalación Permanente de Préstamos, la Instalación de Subastas a Plazo y muchos más— la Reserva Federal respalda al mercado de bonos del Tesoro cuando éste no funciona adecuadamente.

Lo interesante es que no siempre se le permitió al banco central estadounidense tener bonos del gobierno en su balance general. Según la Ley de la Reserva Federal, promulgada en 1913 por el presidente Woodrow Wilson, los activos que respaldaban los billetes y los pasivos por depósitos de los bancos del sistema estaban limitados a letras de cambio —mencionadas en el capítulo 3— que surgieran de la producción y distribución doméstica de bienes. Los bonos del Tesoro no figuraban entre los activos elegibles.

Esta situación fue señalada por Felix Somary, un banquero austro-suizo y uno de los pensadores económicos más agudos de su tiempo, quien fue de los primeros en advertir el problema de la monetización de la deuda gubernamental a través de los bancos centrales. En su libro *El cuervo de Zúrich: las memorias de Felix Somary,* hace referencia a la Ley Glass-Steagall promulgada en 1932. Esta legislación otorgó a la Fed la capacidad de emitir billetes respaldados por valores gubernamentales. La ley fue, en gran parte, obra de Carter Glass —Secretario del Tesoro bajo la presidencia de Woodrow Wilson—, considerado el padre del sistema de banca central estadounidense. Las intenciones originales de Glass eran que el banco central utilizara exclusivamente letras de cambio para respaldar la moneda y así mantener su estabilidad, en lugar de recurrir a los bonos del gobierno. Sin embargo, como observó Somary con claridad, esto no funcionó:

> "[Carter Glass] promovió el establecimiento de unos cuantos bancos emisores, en lugar de innumerables bancos más pequeños y quería hacer fuerte a la moneda instituyendo la cobertura a través de un mercado de letras de cambio, en lugar del sistema anterior a través de bonos del Tesoro. Ahora se ha agotado el mercado de letras de cambio, los bonos han sido en su mayoría lanzados al mercado y la centralización ha hecho posible una vasta expansión inflacionaria. Logró precisamente lo contrario de lo que pretendía".

En respuesta al colapso del valor de los bonos del Tesoro estadounidense en 1921 —producto de lo que hoy se conoce como la "depresión olvidada" de ese año— la Fed compró por primera vez bonos del Tesoro de manera ilegal en 1922. Desde entonces, el dinero fiat del banco central ha sido creado sobre la deuda del gobierno, y los bonos del Tesoro fungen como garantía. La introducción de las compras de bonos en el mercado abierto por parte de la Fed fue presentada como un ajuste administrativo menor, supuestamente destinado a liberar o drenar liquidez del sistema bancario.

En realidad, esto marcó el inicio de la monetización ilegal de la deuda del gobierno, una práctica que ahora emplean los bancos centrales en todo el mundo. La Ley Glass-Steagall de 1932 legalizó esta práctica de manera retroactiva al agregar una enmienda a la Ley de la Reserva Federal. La monetización de la deuda es lo que provoca la inflación monetaria y, en consecuencia, confirma el robo silencioso del sistema fiat, llevado a cabo a plena luz del día.

TRANSFORMAR LA DEUDA DEL GOBIERNO EN CAPITAL

Pero, ¿cómo un instrumento de deuda, como los bonos del Tesoro, se volvió la base del sistema fiat y terminó en los activos del balance general? Para entender esto, necesitamos centrar nuestra atención en un olvidado economista alemán: Heinrich Rittershausen. En su obra *Teoría Monetaria* (*Geldtheorie*), el profesor describe el desarrollo de la deuda nacional y cómo ha cambiado de ser un pasivo a convertirse en un activo. Lo que significa que ya no se considera deuda, sino capital. Rittershausen no se anda con rodeos y habla de un truco de magia:

> *"Si bien es cierto que el dinero a tasa fija [dinero fiat] no tiene naturaleza de deuda, se hace un truco de magia cuando se emite: una deuda se convierte en dinero —en un activo— mediante un plumazo de un legislador. No hay movilización de reclamaciones como en el caso de una letra de cambio, sino la transformación de un pasivo en un activo en un balance general [...] Esto nos lleva al proceso real: el Estado convierte su déficit presupuestario en valores de activos —en notas a tasa fija— con las cuales paga en efectivo a todos aquellos que tienen que aceptar este activo creado artificialmente".*

Con una varita mágica la deuda del gobierno se transforma milagrosamente en capital. ¿No suena esto como la piedra filosofal que los alquimistas de las eras antiguas estuvieron buscando durante siglos? Una piedra que convierte todo lo que toca en oro instantáneamente. A pesar de que hoy en día se cree que la alquimia es una cosa del pasado, no hay nada más lejos de la realidad. Los experimentos de producir oro físico artificial no se abandonaron porque no funcionaban. Por el contrario, fueron tan exitosos en forma de alquimia financiera, que ya no era necesario ningún experimento complicado para hacer oro en el laboratorio.

De hecho, fue el erudito escritor alemán, Johann Wolfgang von Goethe, quien lo resume en su famosa obra *Fausto: segunda parte de la tragedia:*

> *EL EMPERADOR: Estoy cansado de los eternos 'si y cuando':*
> *no tenemos dinero, bien, entonces hagámoslo.*
>
> *MEFISTÓFELES: Puedo hacer lo que desees y más.*
> *Es cierto que es fácil, pero las cosas fáciles pesan más: ya*
> *está ahí, pero cómo lo lograremos. He ahí lo complicado,*
> *saber cómo tomarlo.*

Leyendo entre líneas, el mensaje de Goethe es claro: el dinero fiat es la verdadera realización de las promesas de la antigua alquimia. Todo lo que se necesita es que el soberano se dé cuenta de su poder. Es el poder del emperador sobre el dinero fiat lo que señala el personaje de la novela, Mefistófeles. A través de este poder, el soberano puede respaldar su dinero con lo que sea, incluso con los tesoros escondidos, supuestamente todavía enterrados desde la época de los romanos, como lo explica más adelante Mefistófeles al emperador. Ese poder es una piedra filosofal.

El dinero fiat es la forma en que el soberano transforma el plomo en oro, o más bien, su propia deuda soberana en capital. El hecho de que esta maquinación sea descrita por Mefistófeles, quien en esta obra actúa como el agente del diablo es, después de todo, muy revelador.

El moderno sistema fiat, con la deuda gubernamental que se ha convertido en capital por arte de magia, es en esencia la continuación de la alquimia, o más bien su verdadera materialización, por otros medios. De nuevo fue Rittershausen quien apoyó las percepciones de Goethe, al llamar a la deuda del gobierno *"Ersatz-Gold"* (oro sustituto), al afirmar que a través de la monetización de la deuda, se evita la quiebra del Estado y el empobrecimiento se traslada a los hombros de la población.

EL PODER DE GRAVAR

Lo que aún tenemos que aprender es cómo esta transmutación de deuda a capital es realmente posible. ¿Por qué aceptaría alguien certificados de deuda como dinero? pensemos en la moneda fiat y los bonos del gobierno. En última instancia se debe a que los gobiernos son los deudores más potentes que existen. Provistos del monopolio sobre la violencia, los gobiernos tienen la capacidad de hacer cumplir cualquier ley a punta de pistola. Esto se extiende a las leyes sobre la moneda de curso legal, que establecen el uso de su moneda fiat. El mejor ejemplo son los impuestos, que requieren de pago en la moneda de curso legal. Los contribuyentes están obligados, en todo momento, a convertir una parte de sus activos en moneda fiat privilegiada del gobierno. Esto crea una demanda artificial, pero sólida, de la moneda fiat.

EL PODER DE GRAVAR CONVIERTE AL ESTADO EN EL DEUDOR MÁS POTENTE.

Además, existen reglamentos legales que ordenan a los fondos de pensiones y otras instituciones financieras que asignen una parte determinada de los activos de sus clientes a bonos del gobierno. Varios países europeos han implementado los requerimientos mínimos en relación con la parte de los bonos del gobierno que deben mantener los fondos de pensiones en sus carteras. Otro ejemplo son los reglamentos del Comité de Basilea, que obligan a los bancos comerciales a tener un porcentaje determinado de sus reservas y activos líquidos en bonos y letras del tesoro.

Ya sean leyes sobre la moneda de curso legal u otros reglamentos, todos refuerzan la exigencia ya sea de la moneda o la deuda del gobierno. En este sentido, presionar a las instituciones para que tengan deuda del gobierno no es muy diferente de la famosa venta de indulgencias en la Edad Oscura.

Comenzando en el siglo XII y hasta finales del siglo XVI, la Iglesia Católica Romana usó su autoridad y poder para monetizar indulgencias. La gente común se vio presionada a comprarlas como forma de reducir el castigo del pecado en la vida después de la muerte. Lo único que se necesitaba era una hoja de papel impresa con un área en blanco para que el comprador firmara su nombre. En retrospectiva, la venta de indulgencias no era más que un instrumento de enriquecimiento para la Iglesia Católica. Creó un volante de inercia que mantendría esta anticuada práctica durante siglos. Lo que hoy parece una broma fue difundida como una máxima imperante en esa era: "Cuando suena un centavo en las arcas, salta un alma del purgatorio". En el siglo XXI, tenemos algo similar a las indulgencias del pasado en el sistema de "perdón" que es monetizar la deuda del gobierno.

Sin embargo, no sólo los reglamentos canalizan capital a los instrumentos de deuda del gobierno. Existe también la presión social. Pagar impuestos se considera un deber moral. La evasión fiscal se considera comúnmente como una práctica poco ética y se califica como un delito contra la justicia conmutativa en una sociedad cooperativa.

En los tiempos antiguos, lo que se consideraba negativo no era tanto evitar los impuestos, sino el cobro de impuestos. Por ejemplo, la Biblia agrupó a los recaudadores de impuestos con los pecadores y los marginados, reflejando los sentimientos prevalecientes de esa época y enfatizando su falta de honestidad, avaricia y la traición a su propia gente. Como establecimos en el capítulo 3, esto se debía principalmente a que los impuestos eran más explícitos.

En nuestros días, los impuestos se gravan de acuerdo con un concepto llamado "ilusión fiscal" inferido por el economista italiano Amilcare Puviani a fines del siglo XIX. En su obra, *Teoría de la ilusión financiera*, da algunas recomendaciones sobre cómo pueden los gobiernos exprimir la mayor cantidad de dinero posible de sus ciudadanos sin provocar una resistencia abierta. Sus consejos más populares son: 1_ los impuestos indirectos son mejores que los directos; 2_ financiar el gasto del gobierno con crédito para gravar a las futuras generaciones (y no a la actual) y 3_ utilizar la inflación para devaluar la deuda. La mezcla de estas tres enmascara muchos de los aspectos desagradables de la imposición.

LA ILUSIÓN FISCAL ES EL ARTE DE GRAVAR LOS IMPUESTOS MÁS ALTOS POSIBLES SIN CAUSAR UNA CONMOCIÓN.

Sin embargo, la alta integridad moral que tienen los impuestos hoy en día y el escándalo desatado por el incumplimiento del código fiscal son claras indicaciones de las bases del sistema fiat. Los gobiernos no escatiman esfuerzos para realizar actividades ilícitas para reforzar sus arcas de impuestos. En efecto, fue la evasión del impuesto sobre la renta lo que llevó a la aprehensión del famoso gángster estadounidense, Al Capone, ninguna de sus otras actividades criminales.

EL MOVIMIENTO PERPETUO DEL FIAT

Los instrumentos de deuda del gobierno, respaldados por los impuestos, son los cimientos sobre los cuales está construido el sistema fiat de hoy. Esto queda más claro cuando echamos un vistazo a los balances generales de los bancos centrales. Del lado de los activos, los bancos centrales generalmente tienen reservas de divisas y bonos del gobierno. Algunos bancos centrales también tienen papel comercial, bonos corporativos, valores respaldados por hipotecas, acciones o reservas de oro.

El rubro más importante y generalmente también el principal componente, son los bonos del gobierno. En 2024 más del 60% del balance general de la Fed consistía en estos instrumentos. Estos bonos respaldan los pasivos del banco central de Estados Unidos y fortalecen la confianza en el lado de los activos del balance general del banco central. Este lado de los activos bien garantizado, a su vez, fomenta la confianza en el banco central como un todo.

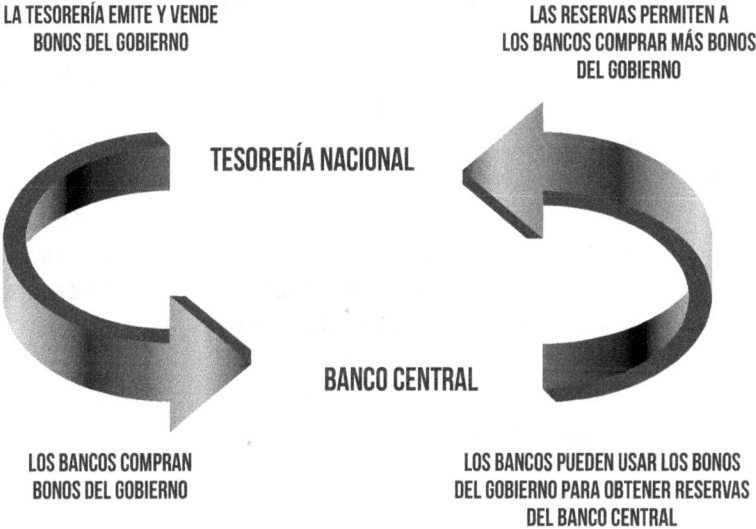

LA TESORERÍA EMITE Y VENDE
BONOS DEL GOBIERNO

LAS RESERVAS PERMITEN A
LOS BANCOS COMPRAR MÁS BONOS
DEL GOBIERNO

TESORERÍA NACIONAL

BANCO CENTRAL

LOS BANCOS COMPRAN
BONOS DEL GOBIERNO

LOS BANCOS PUEDEN USAR LOS BONOS
DEL GOBIERNO PARA OBTENER RESERVAS
DEL BANCO CENTRAL

Ciclo Ponzi de la monetización de la deuda: el movimiento perpetuo del fiat.

Sin embargo, al examinar más de cerca, nos damos cuenta cómo esta deuda del gobierno, semejante a capital, perpetúa un esquema que nos recuerda una máquina en eterno movimiento. Una rama del gobierno (el Tesoro) emite y vende una cantidad ilimitada de promesas de que algún día pagará con intereses (bonos gubernamentales). La otra rama (la Reserva Federal) emite y "vende" promesas irredimibles (dinero del banco central en forma de efectivo y reservas). Ninguna de las ramas se prepara para cumplir con la responsabilidad al vencimiento. Las dos ramas se limitan a intercambiar promesas indefinidamente: el Tesoro usa el dinero del banco central para liberar sus bonos, mientras que la Fed usa los bonos del Tesoro como reservas para emitir más dinero del banco central.

De hecho, esto parece un esquema piramidal funcional. ¿Cómo? La emisión perpetua de bonos del gobierno, con un plan para simplemente refinanciar los bonos a su vencimiento y el uso posterior de esos bonos como reservas para que el banco central emita más dinero fiat, crea un ciclo que parece un esquema piramidal.

Y esto no es sólo una teoría. Durante 49 de los últimos 53 años, el gobierno de Estados Unidos ha operado con un déficit presupuestario, y su último superávit ocurrió en 2021. Sin embargo, aún en lo que llamamos un año de "superávit", la deuda aumentó. ¿Por qué? Debido a que el monto considerable de deuda emitida previamente llegó a su vencimiento. El Tesoro de EE. UU. emite bonos con vencimientos que van de 4 semanas a 30 años, lo que significa que en 2021 la deuda emitida en 1971 venció, junto con los bonos de 1981, 1991 y de otros años. A pesar del superávit presupuestario, en 2021 el gobierno tuvo que emitir nueva deuda para pagar la vieja. Esto es debido a que la emisión de deuda no está incluida en el presupuesto —inclusive en el mejor de los años la deuda total se incrementa.

La definición del diccionario de un esquema Ponzi es "un fraude de inversiones que paga a los inversionistas existentes con los fondos cobrados a los nuevos inversionistas". Durante décadas, el gobierno estadounidense ha estado operando un esquema Ponzi, al ritmo de 35 billones de dólares, más lo que se acumule. En términos reales esta deuda no se puede pagar, únicamente en términos nominales a través de la inflación, lo cual drena la productividad humana generación tras generación. Y ese país no está solo: 182 de las 222 naciones en todo el mundo tienen déficits presupuestarios.

EN TÉRMINOS REALES, LA DEUDA NO SE PUEDE PAGAR ÚNICAMENTE EN TÉRMINOS NOMINALES, A TRAVÉS DE LA INFLACIÓN.

Al comprender la mecánica fundamental del sistema fiat, queda muy claro por qué sus instituciones centrales —el banco central, la Tesorería y los bancos— persiguen un único objetivo: asegurar la liquidez y el funcionamiento del mercado de bonos del gobierno. Y, junto con ello, garantizar también la estabilidad de los mercados que dependen de él, así como la seguridad y confianza de los depósitos en los principales bancos. Porque si alguno de estos elementos falla, todo el esquema piramidal quedaría expuesto y se colapsaría. Solo mientras el mercado de bonos del gobierno siga operando con normalidad, estos instrumentos —y con ellos, los activos que respaldan el balance del banco central— seguirán siendo dignos de confianza.

La prueba más reciente fue la creación del Programa de Financiamiento a Plazo Bancario (BTFP). Se creó para ayudar a asegurar que los bancos tuvieran la capacidad de cubrir las necesidades de todos sus depositantes. El programa les permitió a los bancos empeñar bonos como garantía y recibir a cambio el valor total de esos bonos en reservas. De esta forma, el banco central de Estados Unidos evitó la venta forzada de los bonos del gobierno en dificultades para tomar liquidez en préstamo, muy por encima del valor actual de esos bonos.

En los círculos financieros de *nerds,* los comentaristas del mercado y los expertos han discutido si los préstamos BTFP representan, de hecho, impresión de dinero. Algunos argumentan que estos préstamos se tienen que pagar, lo que significa que el dinero creado será destruido de nuevo. Y mientras, los actores del mercado que tomaron estos préstamos temporalmente obtuvieron más centavos por dólar de lo que valía ese dólar. En la práctica, esto llevó a que todo el mercado de bonos del gobierno se socializara temporalmente, ya que los bancos no tenían que vender sus bonos. En consecuencia, estos instrumentos estaban protegidos de cualquier presión potencial a la baja sobre los precios. Por lo tanto, el debate académico sobre la naturaleza de la impresión de dinero del BTFP es en gran medida teórico, porque, en la práctica, ha ingresado más dinero al sistema de lo que habría sido de otra manera.

¿TODO ESTÁ LIBRE DE RIESGO? SÍ Y NO

El gobierno de Estados Unidos es considerado el deudor más confiable, en gran parte debido a la dedicación de la Reserva Federal para respaldar siempre los mercados de bonos del gobierno. En los libros de texto, estos bonos se consideran libres de riesgo. El interés actual pagado por estos instrumentos sirve como la tasa de interés libre de riesgo utilizada como base en muchos modelos financieros: es la base para la valuación de todas las inversiones y los derivados financieros en el sistema fiat.

La suposición de que los bonos del gobierno estadounidense están libres de riesgo es únicamente cierta en un sentido nominal. Históricamente, el Tesoro de EE. UU. siempre ha pagado su deuda en términos de dólares de ese país. Hasta ahora, nunca ha habido un incumplimiento explícito. Y es muy probable que se mantenga así en el futuro próximo, ya que el banco central parece ser capaz de crear cualquier cantidad de dinero fiat necesaria para pagar continuamente la deuda gubernamental.

Sin embargo, lo que se ha omitido con mayor frecuencia es que los bonos del gobierno tienen riesgo de tasa de interés, y lo que es más importante: riesgo de poder adquisitivo. Es probable que pierdan poder adquisitivo durante su plazo, a veces de manera bastante dramática. Más aún, en una escala de tiempo lo suficientemente larga, la devaluación crónica del dinero fiat, a través de la monetización de la deuda del gobierno, es inevitable. Así que, a pesar de que el incumplimiento es poco probable, hacer que los bonos del gobierno estén "libres de riesgo", representa una amenaza inflacionaria inmensa. Sus pagos de intereses ni siquiera compensan a los tenedores por la pérdida del poder adquisitivo debido a una inflación consistentemente alta y mucho menos por prestar sus fondos.

LA TASA DE INTERÉS LIBRE DE RIESGO NO COMPENSA A LOS PRESTADORES POR LA PÉRDIDA DE PODER ADQUISITIVO.

Esto afecta negativamente a los tenedores de bonos del gobierno. La gente común es la que tiene estos bonos, a través de los bancos, fondos mutuos, fondos de pensiones, compañías de seguros, u otras instituciones. Mientras que le prestan fondos al gobierno y, probablemente, recuperan su dinero en términos nominales, el valor de ese dinero se devalúa en términos reales. Esta es una certeza matemática. No debería sorprendernos que el experto en divisas, el Dr. Franz Prick, haya llamado a la deuda del gobierno certificados de confiscación garantizada. Realmente no existe otra forma para que el banco central actúe continuamente como el brazo financiero del gobierno, excepto inflando la divisa.

BENDICIÓN Y MALDICIÓN

La deuda del gobierno transformada en capital es, en cierto modo, bendición y maldición. Nuestro sistema fiat —basado en deuda—, se puede mantener debido al hecho de que la deuda pública realmente se considera capital. Pero, lo que parece una bendición es también una maldición. El estatus de la deuda pública como capital les ha dado, tanto a los gobiernos como a los bancos centrales, la apariencia de omnipotencia. Esta percepción de una entidad omnipotente dentro del reino del dinero fomenta, cuando menos implícitamente, un peligro moral general entre los participantes sistemáticamente importantes de la economía.

La existencia de este peligro moral crea una tendencia dentro de los sistemas fiat para que la deuda privada entre en una espiral fuera de control. Los participantes del mercado saben que existe una entidad que siempre está lista para rescatarlos y compensar su deuda. Esto promueve un comportamiento irresponsable y hace que la intervención del gobierno continua y recurrente, en forma de capitalización, sea necesaria.

Además, la capacidad de los balances generales de los actores privados está destinada a disminuir gradualmente, debido a la caída de la productividad marginal de la deuda. El problema de incrementar el adeudo es que la deuda adicional genera cada vez menos crecimiento económico. Cada nuevo dólar creado hace que el producto nacional bruto crezca menos. La falta de crecimiento privado necesita ser sostenida por la deuda pública. Después de todo, emitir más deuda gubernamental y crear la impresión (léase ilusión) de que la economía está creciendo y de que todo está bien, ha sido la solución preferida constante en el sistema fiat. El gobierno estadounidense es verdaderamente el prestatario de último recurso, que está tratando de mantener a todos y cada uno a flote.

Tal como indicamos, parece que no hay intención de pagar este pasivo nunca. La deuda pública se paga con más deuda pública, creando un círculo vicioso. Y la situación se intensifica, ya que cada vez toma menos tiempo agregar 1 billón de dólares a la deuda nacional. Antes del inicio del milenio, tomaba seis años agregar 1 billón de dólares a la deuda nacional. Al ritmo actual, Estados Unidos está agregando este monto de deuda en 90 a 120 días.

Pero, ¿cómo pueden los actores privados ser los que financian al gobierno? Ellos también están endeudados. Esto no cuadra. El gobierno incrementa su deuda para respaldar continuamente el sistema y evitar el desapalancamiento. ¡Y es aquí donde tiene que entrar la monetización de la deuda a través del banco central! Únicamente mediante una oferta de financiamiento sin fin, a través del banco central, se puede sostener el sistema fiat.

LA ÚNICA MANERA DE AVANZAR: LA REPRESIÓN FINANCIERA

La pregunta del billón de dólares —literalmente— que se debe hacer en nombre de los ahorradores de dinero fiat y los tenedores de bonos del gobierno es: ¿cuál es el objetivo final de esto? ¿Se trata de un juego que nunca termina? ¿No tiene un final de horror, sino un horror sin final? ¿Seguirán los gobiernos pateando el bote monetario a lo largo del camino durante otro siglo?

Como deudores principales, los gobiernos tienen el mayor incentivo para favorecer la inflación sobre la deflación. Y aún más. Como el mayor *bully* del pueblo, ellos también cuentan con el poder para mantener la ley de hierro de la inflación del dinero fiat, a través de la represión financiera. Aun cuando hacen esto por su propio bien y el de los demás deudores, es en gran medida para desventaja de los ahorradores.

La represión financiera describe los intentos del gobierno por reducir el valor real de su deuda, manteniendo las tasas de interés por debajo de la tasa de inflación. Esto generalmente implica medidas como poner un tope a las tasas de interés de los bonos del gobierno, dirigir fondos a estos bonos, a través de la regulación o coerción e imponer restricciones sobre los movimientos de capital. La meta es reducir la carga de la deuda para los gobiernos.

LA REPRESIÓN FINANCIERA EN POCAS PALABRAS: MANTENER LAS TASAS DE INTERÉS POR DEBAJO DE LA TASA DE INFLACIÓN

Uno de los análisis más sinceros sobre la represión financiera fue escrito por quien fue la Economista en Jefe del Banco Mundial, Carmen M. Reinhart. Ella fue coautora de un documento de investigación titulado *La liquidación de la deuda del gobierno*, donde da una explicación detallada de cómo se puede utilizar la represión financiera para manejar los niveles excesivos de la deuda gubernamental hoy en día.

La represión financiera obliga a los participantes del mercado nacional de capital, como los fondos de pensiones, a comprar directamente los bonos del gobierno. Esto se hace principalmente para mantener la estabilidad, al requerir a las instituciones financieras que tengan una cantidad de deuda gubernamental significativamente mayor de lo necesario para el manejo de riesgos. Los perdedores son los inversionistas, directos e indirectos, en los bonos. Ellos pagan el precio de esta represión conforme se erosiona el poder adquisitivo de sus inversiones.

Sin embargo, es importante destacar que obligar a las instituciones de ahorro a comprar bonos del gobierno no es la única forma que tienen las autoridades para determinar la tasa de interés que quieren pagar por su deuda. El sometimiento financiero también incluye la reducción de los rendimientos de otros activos para hacerlos poco atractivos. Esto puede lograrse mediante la introducción de derechos de timbre, impuestos sobre las operaciones de renta variable o implementando controles de alquiler para mantener los rendimientos del sector inmobiliario bajo control. De cualquier forma, con estas herramientas, otros activos financieros se vuelven menos atractivos en comparación con la deuda del gobierno.

Para asegurar una demanda estable y consistente de la deuda del gobierno, incluso se les otorga un componente moral a las políticas de asignación de crédito. Al vincular la protección ambiental a los bonos, no sólo las empresas, sino también las organizaciones supranacionales, agencias gubernamentales, ciudades y estados, se ven cada vez más favorecidos para recaudar fondos a través de bonos verdes. Su naturaleza caritativa, combinada con la regulación climática ayudan a colocar estos instrumentos, incluso en un ambiente de bajos intereses. La represión financiera a través de las políticas de asignación de crédito se vuelve política y socialmente aceptable, al presentarla como un acto de bondad.

Para que funcione esta forma de sometimiento —y he aquí el meollo del asunto— se necesita mantener la inflación decentemente alta. Debido a que el gobierno de Estados Unidos lleva una trayectoria financiera insostenible, el Tesoro y la Fed tendrán que intentar diseñar la tasa de inflación correcta para erosionar el alto nivel de la deuda, evitando al mismo tiempo el malestar social debido al aumento de precios provocado por una alta inflación. No sorprende entonces que el Congreso de EE. UU. esté debatiendo sobre una meta más alta de inflación para el futuro.

La represión financiera es una broma traicionera que el sistema fiat nos está jugando clandestinamente a todos. Desde la perspectiva del sistema, esta práctica está especialmente en boga cuando el sistema fiat se encuentra bajo mayor presión, mostrando señales de tensión. Es precisamente durante los tiempos en que los niveles de la deuda gubernamental aumentan, el crecimiento económico se estanca y la confianza en la estabilidad en general disminuye —momentos en los que el esquema piramidal del fiat corre el riesgo de ser expuesto— cuando se aprieta el tornillo de la opresión. En tiempos como éste, el poder regulador de los señores del fiat, de otro modo oculto, sube a la superficie. Sin embargo, la forma en que funciona el sistema permite a un grupo acomodado de personas escapar del sometimiento financiero —ciertamente, esta represión significa una oportunidad financiera para una minoría privilegiada.

Por esta razón, creemos que un número cada vez mayor de los responsables de políticas y partes interesadas presionarán por un cambio. Es aquí donde la Teoría Monetaria Moderna (TMM) o el Dinero Positivo entrarán en juego y, tarde o temprano, serán respaldados oficialmente. De manera clara y sencilla, la TMM reconoce que el sistema fiat actual es injusto y propone una "solución" directa: colocar al banco central bajo el control directo del Estado, el cual concentrará la creación y flujos del dinero, todo respaldado por su poder. En virtud de su soberanía, el Estado usará su monopolio sobre el poder para nivelar de manera drástica el campo de juego para todos los actores económicos. Como tal, la TMM representa a la moneda fiat llevada a su conclusión lógica: la fusión final del dinero y el Estado.

LA INEVITABILIDAD DE LA TMM

A pesar de su nombre, la Teoría Monetaria Moderna es bastante vieja. Se basa en las ideas del postkeynesianismo y el chartalismo, escuela económica fundada por el economista alemán Georg Friedrich Knapp, quien publicó en 1905 su libro *El estado de la Teoría del Dinero*, en el cual explicó que ningún Estado soberano puede entrar en quiebra debido a que crea su propio dinero *ad infinitum*.

LA TMM ES LA UNIFICACIÓN PERFECTA DEL DINERO Y EL ESTADO.

Los seguidores de la TMM argumentan que el gobierno, gracias a su monopolio sobre la violencia, puede al fin y al cabo gravar a todos y todo. A través de la imposición, los gobiernos tienen un derecho garantizado sobre los recursos nacionales. A los ojos de sus defensores, esto les permite utilizar una línea de crédito soberano infinita, respaldada únicamente por el aumento de los impuestos en el futuro. Además, la TMM apoya la incorporación total del banco central al aparato del Estado. De esta forma, se puede abandonar el ciclo Ponzi de monetización de la deuda, ya que el banco central y el Tesoro se fusionan bajo un mismo techo. En consecuencia, los gobiernos soberanos nunca se pueden quedar sin dinero, debido a que pueden hacer que exista gastándolo ellos mismos.

Los seguidores de la TMM ven su teoría reflejada con precisión en la realidad actual. Por ejemplo, el economista austriaco Bill Mitchell, uno de los fundadores y principales defensores de la Teoría Monetaria Moderna, expresó su argumento en una entrevista sobre la deuda, los déficits y la Teoría Monetaria Moderna en 2011:

> *"La realidad es que la TMM describe justamente el sistema en el que viven la mayoría de los países del mundo*

y en el que han vivido desde 1971, cuando el presidente Richard Nixon suspendió la convertibilidad del dólar en oro".

La economía convencional no está de acuerdo. Argumentan que si los gobiernos quieren gastar dinero, tienen que cobrarlo ya sea a través de impuestos o tomarlo prestado en el mercado financiero. La realidad de que los impuestos son gravados continuamente y los bonos del gobierno son emitidos continuamente, es la prueba, para ellos, de que la economía convencional está alineada con los hechos.

Sin embargo, los defensores de la TMM afirman —con razón—, que estas dos actividades son sólo una farsa. Los ingresos provenientes de los impuestos y el endeudamiento en el mercado privado apenas marcan la diferencia a la hora de financiar a la mayoría de los gobiernos occidentales. Para explicar por qué los impuestos y los bonos del gobierno siguen siendo parte del sistema, la TMM sostiene que los impuestos no existen para que el gobierno recaude fondos para gastar. Más bien impulsan la demanda de la moneda del gobierno y son un medio para destruir los superávits. Al gravar a los actores económicos, el gobierno dirige la economía y retira dinero de la circulación —o eso es lo que sostiene el argumento.

Lo mismo es cierto para la emisión de bonos del gobierno: agota la liquidez del mercado y lo contrario aplica también. Cuando un banco central adquiere bonos y los saca de circulación, se entrega la liquidez al vendedor y entra en la economía.

De acuerdo con los seguidores de la TMM, ésta es exactamente la razón por la cual los gobiernos siguen emitiendo bonos, a pesar de que no los necesitan realmente para obtener fondos para gasto. La emisión de bonos es una política monetaria que ayuda a administrar la liquidez del banco central y a implementar su tasa de interés objetivo. De acuerdo a su argumento, el hecho de que los bancos centrales todavía tengan un balance general con columnas de activos y pasivos es una reliquia de la era del oro y ya no es necesario para cumplir con sus obligaciones.

No queremos juzgar si la descripción de la TMM de los mecanismos del dinero fiat es correcta o no. Sin embargo, algunos aspectos de ella parecen estar muy en línea con la realidad. A pesar de que los gobiernos técnicamente todavía tienen que pedir dinero prestado a los mercados privados, no parece haber ningún límite real sobre su capacidad para recaudar fondos y financiarse a sí mismos. Debido a su naturaleza similar a la de la renta variable, los bonos del gobierno son fácilmente aceptados en el mercado. En caso de que no se encontrara ningún comprador en un momento dado, el banco central rápidamente llenaría el vacío.

Así, mientras que en la superficie, la TMM no parece ser más que una teoría de libro de texto, un análisis más profundo del sistema fiat revela que el déficit del gobierno en realidad ya no importa —y éste es uno de sus principios clave. Como tal, el Estado no tiene ninguna necesidad de acreedores, debido a que puede crear su propio dinero en su propia moneda fiat. De ahí que los impuestos no existan para financiar las operaciones del gobierno, como pocos líderes políticos reconocen. Más bien, se imponen para manejar la inflación a detalle dentro de una economía nacional. Cuando la inflación empieza a aumentar, se necesita incrementar los impuestos también. De esta forma, el exceso de dinero fiat se puede desviar, lo cual en teoría debería estabilizar los precios.

Hasta ahora, los banqueros centrales han acusado con éxito a los defensores de la TMM, como charlatanes monetarios, evitando que el sistema fiat acepte oficialmente su destino inevitable. Sin embargo, la TMM es inevitable. Lo que inclinará la balanza a favor de la TMM no es un argumento económico, sino una reclamación basada en la justicia. Los representantes de la TMM critican con razón la posición privilegiada que ocupa una camarilla de entidades privadas afiliadas al Estado, que desde hace mucho tiempo han monopolizado la creación de dinero y los beneficios asociados. Los bancos, los fondos de cobertura y otros administradores del dinero fiat destacan como los beneficiarios más importantes de este arreglo. La forma en que se monetiza hoy en día la deuda del gobierno da lugar a una manifestación muy engañosa del efecto Cantillon. El mercado de bonos del gobierno —un mercado primario que está reservado únicamente a las entidades reguladas con gran capacidad financiera— les permite a los operadores adelantarse a la Reserva Federal de Estados Unidos y a sus compras de bonos.

LA TMM ES EL DESENLACE DEL SISTEMA FIAT

En su artículo seminal *Adelantarse a la Fed en el mercado de los bonos del Tesoro,* el matemático y economista monetario húngaro, Antal E. Fekete, describió este proceso con claridad. La especulación con estos instrumentos está lejos de ser un juego de suma cero, ya que la mayoría de los llamados "vigilantes de bonos" apuestan por el lado largo del mercado anticipándose a las compras del banco central. De hecho, las operaciones de mercado abierto del banco central eliminan efectivamente el riesgo de especular con bonos.

Los especuladores se adelantan a las compras de bonos del banco central y compran con anticipación para después venderlos al banco central con una ganancia considerable. Para colmo, este tipo de especulación interminable debilita la capacidad del banco central para controlar las tasas de interés, mientras los vigilantes de bonos aprovechan el sistema a la perfección.

En su afán político por implementar la TMM, sus representantes exigen que la creación de dinero deje de beneficiar a particulares y quede únicamente reservada para una institución políticamente legitimada, como el gobierno. Sostiene que los políticos pueden y deberían esforzarse por eliminar los pagos de intereses sobre los bonos del gobierno y arrebatar a los bancos el control de la creación de dinero. Implementar laTMM y desarticular los actuales mercados de bonos haría obsoleto uno de los principales mecanismos de ganancias del sistema fiat. La propuesta consiste en emitir directamente dinero del banco central, en lugar de emitir bonos del gobierno. Aunque esto implicaría la fusión total del gobierno y el banco central, en realidad sólo sería un cambio de fachada. Dado que el banco central ya tiene la capacidad de crear cualquier cantidad de dinero necesaria para comprar bonos del gobierno, el cambio propuesto sería más una formalidad que una transformación de fondo.

DISTRIBUCIONES GRATUITAS FIAT

La TMM no será el único retoque que reciba el sistema fiat bajo el argumento de promover la igualdad. En un esfuerzo similar, las monedas digitales del banco central (las CBDC) se introducirán en la conciencia del público como una herramienta poderosa para mejorar los mecanismos actuales de transmisión financiera, es decir, la forma en que se distribuye el dinero en tiempos de emergencia.

El desafío de proporcionar ayuda fiscal, así como estímulos fiscales y paquetes de rescate a sectores más amplios —y, en última instancia, a quienes se encuentran al final de la cadena monetaria— requiere una innovación adicional. Esto quedó especialmente claro durante los primeros meses del COVID, en 2020, cuando se distribuyeron apoyos económicos. En ese entonces, la Fed y el Tesoro establecieron diversos programas de crédito de emergencia para apoyar a los hogares, negocios y mercados financieros. Sin embargo, en lo que podría considerarse una manifestación perfecta del efecto Cantillon, el orden real en el que se otorgó la ayuda fue de arriba hacia abajo: primero, a las instituciones financieras vinculadas al banco central; luego, a las grandes empresas; después, a las medianas y pequeñas empresas y, por último, a los hogares.

La primera acción que realizó el banco central de Estados Unidos —y lo primero que hace la Fed usualmente— fue bajar las tasas de interés. En primer lugar, esto beneficia a los participantes que tienen acceso a los mercados financieros y que pueden tomar prestadas grandes cantidades de capital. Al mismo tiempo, bajar las tasas no garantiza que el dinero barato les llegue a los consumidores.

En consecuencia, en situaciones de emergencia, ahora se requiere que la Fed establezca diversos mecanismos de apoyo que también lleguen a la economía en general. En respuesta a los confinamientos por la pandemia, el banco central de EE. UU. creó el programa de crédito llamado *Main Street* (MSLP) y la Facilidad de Liquidez del Programa de Protección de Nóminas (PPPLF). Sin embargo, el primer programa únicamente se abrió después de que los programas para instituciones financieras y grandes empresas ya habían sido lanzados. El segundo programa sí abrió comparativamente pronto durante los esfuerzos de emergencia de la Fed, pero un estudio realizado por el banco central más adelante demostró que no estaba bien dirigido y que los beneficios fluyeron de manera desproporcionada hacia los hogares más adinerados —en lugar de hacerlo hacia los trabajadores de base, para quienes estos fondos habían sido destinados.

EL TESORO Y LA FED TRATARON DE AYUDAR AL PROGRAMA *MAIN STREET*, PERO TERMINARON ENRIQUECIENDO A WALL STREET.

No sólo se ha señalado al plan de ayuda COVID como el mayor fraude en una generación, sino que todos los esfuerzos de soporte por parte del Tesoro de Estados Unidos y la Fed han demostrado de manera impresionante el efecto Cantillon. Querían ayudar al Programa Avenida Principal, pero sirvieron a Wall Street.

Otra discrepancia notoria muestra qué tan disparejo es el terreno de juego: los dos titiriteros del desastre —el Tesoro y la

Fed—, seleccionaron a BlackRock (el administrador de dinero más grande de Estados Unidos), para supervisar sus programas de bonos corporativos durante la pandemia por COVID. Esta decisión, hecha sin tomar en cuenta otras opciones, desató la crítica. Notablemente, se evitó que se colapsara el mayor bono basura cotizado en bolsa, un producto de BlackRock, con dinero proporcionado por la Fed y el Tesoro. Al respaldar el mercado, protegieron un producto de la misma empresa a la que le estaban pagando para llevar a cabo su rescate.

El tratamiento desigual y sus efectos divisorios fueron tan obvios durante el COVID, que ya no se pudieron disimular. Para evitar caer en la misma trampa en futuras crisis, los gobiernos necesitan soluciones para distribuir la ayuda de manera más equitativa. ¿Qué mejor manera que el que todo ciudadano registrado tenga una billetera oficial del gobierno para depositar directamente la moneda digital del banco central (CBDC)?

Hasta ahora, la investigación sobre la CBDC es turbia y las diferentes jurisdicciones están buscando formas de implementarla. Mientras que los bancos centrales occidentales, como el Banco Central Europeo, el Banco Nacional Suizo y otros están realizando programas piloto de moneda digital mayorista, países como Rusia, China o India, están liderando proyectos de CBDC minorista. Una CBDC mayorista se utilizaría únicamente para pagos entre instituciones financieras como los bancos. Es decir, las personas no pueden acceder a ella para operaciones diarias; a diferencia de las CBDC minoristas, que están diseñadas para ser usadas por el público.

Mediante el uso de una CBDC, el dinero podría distribuirse más fácilmente a los ciudadanos comunes, a través de algo que podría llamarse una "distribución gratuita" patrocinada por el gobierno. Lo único que las personas necesitarían es una cartera compatible con las CBDC. Ya no se necesitaría distribuir de manera ineficiente los cheques de incentivos mediante el efectivo fiat del viejo mundo. En su lugar, el dinero se entregaría digitalmente, dando paso a un "dinero de helicóptero" (distribuido directamente por el gobierno a los ciudadanos), que convierte al gobierno en el verdadero "padre helicóptero", capaz de rastrear hasta el último movimiento financiero de sus ciudadanos.

En Estados Unidos parece haber renuencia para implementar una CBDC. El presidente actual, Donald Trump, ha expresado abiertamente su oposición, mientras el conocido senador republicano, Ted Cruz, introdujo leyes para prohibir las monedas digitales del banco central y la Cámara de Representantes votó a favor de la Ley Contra el Estado de Vigilancia de las CBDC, que prohíbe al banco central emitir CBDC. Inclusive, el actual presidente de la Fed, Jerome Powell, ha indicado que ni siquiera están cerca de emitir una CBDC.

El tiempo dirá si estas declaraciones tienen fundamento. Además de facilitar las distribuciones gratuitas fiat, las CBDC permitirían a los gobiernos un control financiero aún mayor. Desde luego, el sistema financiero ya es transparente hoy en día y, si es necesario, cualquiera puede ser examinado a fondo. Sin embargo, si el efectivo fuera reemplazado por una CBDC minorista, las barreras caerían aún más. Las capacidades de vigilancia directas que ofrecería una CBDC probablemente serían muy bien recibidas por los gobiernos.

Considerando que la Oficina del Director de Inteligencia Nacional de Estados Unidos organiza con frecuencia competencias de algoritmos de reconocimiento facial —algunas de ellas ganadas por compañías chinas— y con el auge de la vigilancia predictiva en las ciudades estadounidenses, es difícil creer que los gobiernos occidentales, como el de EE. UU., se abstendrán de aprovechar estas posibilidades tecnológicas. Tampoco desaprovecharían la oportunidad de aplicar de manera más efectiva tasas de interés negativas.

UN HORROR SIN FIN

Después de haber visto la absurda complejidad del sistema fiat, podemos concluir, de acuerdo con la famosa cita de Keynes, que este modelo no puede seguir siendo irracional más tiempo del que podemos mantenernos solventes. De hecho, con la TMM y las CBDC, el sistema aún se guarda algunos ases bajo la manga. Sólo que una vez que se hayan adoptado oficialmente, el sistema fiat habrá llegado a su última misión.

EL SISTEMA FIAT DURARÁ MÁS DE LO QUE PUEDAS APOSTAR EN SU CONTRA.

Desde la perspectiva fiat, será el resultado inevitable de los pecados capitales monetarios que se han cometido. El banco central ya fue fundado, el asesinato económico de Dios ya se cometió, el sistema fiat ya fue creado y la inflación —junto con todas sus maldiciones fiat— sigue perpetuándose. Y, aunque la actualización final del sistema fiat será más honesta al reconocer sus verdaderas premisas, también podría volverse más equitativa. Citando a Winston Churchill, compañero de Keynes, podríamos decir que un sistema fiat puro, construido sobre los pilares fundamentales de la TMM y la CBDC, tendría una virtud inherente: la distribución igualitaria de la miseria. Todos serían iguales... igualmente pobres.

LA TMM Y LA CBDC SON LA MISERIA INSTITUCIONALIZADA.

La etapa final del sistema fiat está condenada a una devaluación monetaria aún mayor y sin fin. No habrá un final con horror, sino un horror sin fin. En su forma final, está garantizado que el fiat traerá una muerte térmica monetaria a la mayoría de las personas. Es la pesadilla monetaria, que devora a sus hijos. De nuevo fue Goethe quien predijo esto proféticamente cuando escribió:

"Todo ideal, tan pronto como es exigido por la realidad, la consume y se consume a sí mismo finalmente. Por lo tanto el crédito (papel moneda) consume a la plata y a sí mismo".

Es interesante que ni siquiera el padre intelectual de la TMM y fundador de la teoría monetaria del Estado, George Friedrich Knapp, estuviera a favor del "fiat total". Él mismo dijo:

"No hay nada más alejado de nuestros deseos que dar la impresión de que queremos recomendar el puro y simple papel moneda... es por el bien de todos los Estados expresar el deseo de conservar el dinero metálico [...]. Y no veo razón alguna por la cual deberíamos desviarnos del patrón oro bajo circunstancias normales".

Independientemente de si Knapp se está revolcando en su tumba hoy, el mundo se dirige inevitablemente hacia este desastroso futuro. Afortunadamente no todo está perdido. La salvación de la esclavitud fiat es posible y se llama Bitcoin.

BITCOIN: LA SALVACIÓN DE LA ESCLAVITUD FIAT

El dinero fiat es una verdadera maldición y somos prisioneros de este sistema, que no ofrece ninguna escapatoria real. De hecho, la moneda fiat no es dinero, es un arma que se usa constantemente contra nosotros. Mientras que la mayoría de la gente no quiere admitirlo, algunos de quienes están en posiciones de poder lo reconocen. Una de esas personas fue la Primera Ministra del Reino Unido, Margaret Thatcher, quien en su discurso de 1980 al Partido Conservador, llamado *La dama no está dispuesta a cambiar de rumbo; el motivo,* dijo:

> *"La inflación destruye a las naciones y a las sociedades con la misma certeza con que lo hacen los ejércitos invasores. La inflación es la madre del desempleo.*
> *Es el ladrón oculto de quienes han ahorrado".*

Lo que era cierto en la década de los 80, es aún más cierto hoy en día. Como se comentó en el capítulo 4, los problemas económicos, sociales e individuales que está causando este impuesto inflacionario engañoso son fatales. Debido a los pecados monetarios descritos en el capítulo 3, la humanidad se ha vuelto la esclava del *soft money.* Y, como argumentamos en el capítulo 5, la inflación y el envilecimiento monetario son inherentes al sistema fiat y, en última instancia, darán lugar a pesadillas de política monetaria como la TMM y las CBDC.

Interviniendo con un tono de resignación pero también de previsión, el gran economista austriaco, Friedrich August von Hayek, observó acertadamente en su libro de 1976, *La desnacionalización del dinero*:

> *"No creo que volvamos a tener buen dinero nunca, hasta que se lo quitemos al gobierno de las manos. No lo podemos tomar violentamente de las manos del gobierno. Lo único que podemos hacer es, de alguna manera astuta e indirecta, introducir algo que no puedan parar".*

Hayek estaba consciente de que los sumos sacerdotes del dinero fiat de hoy en día no entregarían voluntariamente el poder de confiscar la riqueza de la gente a través del impuesto oculto de la inflación. La gente tendría que quitárselos.

NO VOLVEREMOS A TENER BUEN DINERO, HASTA QUE SE LO QUITEMOS AL GOBIERNO DE LAS MANOS.

No fue sino hasta el 3 de enero de 2009 que se presentó al mundo un instrumento lo suficientemente poderoso como para imponer la separación entre el Estado y el dinero. Un antídoto contra las maldiciones del sistema fiat, un arma contra el impuesto inflacionario. Ese descubrimiento, aparentemente enviado por Dios, es Bitcoin.

UN ARMA CONTRA EL FIAT

Bitcoin sirve como la protección definitiva contra la inflación. Debido a que no se puede devaluar, pensar en inflación está descartado.

Con Bitcoin hemos encontrado una defensa impenetrable en contra del impuesto de la inflación y, con él, una manera garantizada de liberarnos de la maldición del dinero fiat. Con Bitcoin simplemente no hay inflación. Como activo resistente a los impuestos, a la incautación y a la falsificación, Bitcoin proporciona a la gente una nueva perspectiva sobre cómo pueden los ciudadanos comunes proteger sus ahorros.

En palabras del exitoso empresario y autor, Robert Kiyosaki, Bitcoin es el "dinero de la gente", mientras que el oro y la plata son "el dinero de Dios". Así como se dice que Dios mismo es incorruptible, el oro y Bitcoin también han demostrado ser incorruptiblemente escasos. Sin embargo, el oro demostró ser incompleto en términos de escalabilidad y, por lo tanto, de utilidad práctica. Así, para ser mejor que el oro, el dinero fiat tenía que estar atado a él. Con ello, se sembró la semilla de la destrucción.

Bitcoin es una innovación de cero a uno que supera los defectos del oro al combinar la escasez y la escalabilidad. Con esto, se ha resuelto el antiguo dilema que ha sufrido el dinero a lo largo de la historia. A diferencia del oro, Bitcoin no necesita establecer una alianza impura con el dinero fiat para funcionar como un medio que sea global, escaso y práctico. Bitcoin es la cúspide del dinero, el *Anno Domini* de la realidad monetaria. Existe un dinero **A**ntes de **B**itcoin (AB) y **D**espués de **B**itcoin (DB).

Dieciséis años DB —es decir, dieciséis años dentro de esta nueva era monetaria—, Bitcoin ha demostrado ser resiliente frente a todas las amenazas ante las que sucumbieron el oro y el fiat. Y gracias a su diseño único, creemos que Bitcoin resistirá la prueba del tiempo. Todo esto resulta aún más asombroso cuando recordamos que Bitcoin, en última instancia, es dinero digital que no consiste más que en unas cuantas líneas de código.

LA INMACULADA CONCEPCIÓN DEL BITCOIN

Bitcoin es único en su tipo. A pesar de que se inventó apenas en 2009, este *hard money* digital es un descubrimiento de los que ocurren una vez en un siglo. La forma única en que ha evolucionado hace de su origen un tipo de inmaculada concepción.

Es innegable que sus primeros días se vieron marcados por la intencionalidad, cada movimiento parece haber sido planeado con precisión. El lanzamiento de Bitcoin, aproximadamente un mes y medio después del colapso del banco de inversión estadounidense Lehman Brothers en 2008, no podría haber sido más oportuno. En ese momento, la confianza en el sistema de dinero fiat se vio profundamente alterada, propiciando el ambiente perfecto para presentar a Bitcoin como una alternativa para un sistema financiero quebrado.

BITCOIN FUE REALMENTE UNA IDEA CUYO MOMENTO HABÍA LLEGADO.

Para que el mensaje al mundo quedara más que claro, el bloque génesis de Bitcoin tiene por encabezado: "Canciller al borde del segundo rescate de los bancos", un artículo que se publicó el 3 de enero de 2009 en el periódico británico The Times, que explicaba que se tendrían que crear miles de millones en nueva moneda fiat para contrarrestar el colapso de la mayoría de las instituciones financieras y evitar el caos económico.

Unos meses antes del lanzamiento de Bitcoin como red operativa, el 31 de octubre de 2008, se subió a Internet lo que hoy se conoce como el libro blanco de Bitcoin. En él se describe la idea de una base de datos para transacciones entre pares, distribuída a un sinfín de computadoras y se actualizaba cada 10 minutos. Contraria a las bases de datos tradicionales, la de Bitcoin —llamada *timechain* o *blockchain*— no requería de ningún tercero confiable para funcionar correctamente. En su lugar, el sistema distribuido de computadoras sería totalmente libre de permisos y transparente.

El software de código abierto de Bitcoin permite a cualquiera acceder a la base de datos en cualquier momento y desde cualquier lugar. Y gracias a la naturaleza abierta y sin permisos del sistema, permite que cualquiera descargue el código del programa Bitcoin y entre a la red, ya sea como usuario o como encargado.

Todo en el diseño de Bitcoin apunta hacia la descentralización. Sin embargo, además de su descentralización técnica, Bitcoin también está socialmente disperso, lo que es igual o más relevante aún. ¿Por qué? Porque, al ser una forma de código escrito, alguien tuvo realmente que crearlo, desplegarlo y poner en marcha la red. Ese alguien fue su fundador anónimo, conocido bajo el seudónimo de Satoshi Nakamoto. Aunque su aporte fue fundamental en los inicios, hoy Satoshi —sea quien sea— ya no es esencial para el funcionamiento de Bitcoin. Tres años después de su lanzamiento, desapareció de forma tan misteriosa como apareció.

Hoy, el fundador de Bitcoin podría ser visto como una figura casi prometeica dentro del ecosistema, pero su identidad y personalidad importan tanto como la de Pitágoras o Euclides respecto al teorema que lleva su nombre o a la geometría que desarrolló.

No sólo la participación de Satoshi ya no es crucial para la supervivencia de Bitcoin, su anonimato y desaparición repentina subrayan la integridad y la propuesta de valor de Bitcoin. No es una exageración decir que lo más importante es que Satoshi creó un nuevo modelo y lo segundo en importancia es que desapareció. Su ausencia es uno de los ingredientes mágicos de Bitcoin, algo prácticamente imposible de replicar.

Al mantenerse en anonimato (y desaparecer), Satoshi desvinculó a Bitcoin de cualquier punto único de ataque en la dimensión social. Sin una cabeza visible a quien perseguir, fue imposible atacar el sistema desde su raíz: no había a quien chantajear, procesar, torturar ni extorsionar.

La importancia de esto, especialmente en los primeros días de Bitcoin —cuando la red carecía de adopción masiva y seguridad—, se vuelve evidente si pensamos en las injusticias cometidas en contra de Julian Assange, el fundador de WikiLeaks. Si se conociera la identidad de Satoshi, es probable que hubiera corrido la misma suerte.

LO MÁS IMPORTANTE ES QUE SATOSHI CREÓ BITCOIN Y LO SEGUNDO EN IMPORTANCIA ES QUE DESAPARECIÓ.

La descentralización única de Bitcoin se ve reforzada debido a que no existe un financiamiento inicial, minado previo, respaldo de capital de riesgo, ni lealtad nacional. Como tal, Bitcoin se benefició de un extraño conjunto de circunstancias. Debido a que fue lanzado en un mundo donde el dinero digital no tenía ningún valor establecido, Bitcoin circuló libremente sin ningún valor. Sin embargo, esto ya no se puede repetir hoy en día, debido a que todo el mundo espera que las monedas digitales tengan algún valor desde el arranque. En los inicios, nadie esperaba que Bitcoin fuera a tener éxito y, por lo tanto, nadie de gran importancia trató de explotarlo o destruirlo.

La forma en que Bitcoin se distribuyó también fue totalmente justa. El código para minar estuvo disponible tan pronto como Satoshi empezó a minar, lo que teóricamente permitía a cualquier persona unirse al proceso a partir del segundo bloque. La elección del algoritmo para minado (*Proof of Work* o PoW) debió haber sido una decisión deliberada de Satoshi. No solo permitió un lanzamiento justo y el acceso a Bitcoin a través del mercado abierto en igualdad de condiciones para todos, sino que también le dio una historia incorruptible de información ordenada cronológicamente (transacciones).

Esto se logra gracias al esfuerzo computacional que actúa como una prueba de trabajo, vinculada a la energía: un recurso escaso en el mundo real. Para demostrar "trabajo" utilizando potencia computacional, es necesario consumir energía y la energía tiene un costo real fuera del sistema de Bitcoin. De no ser por *Proof of Work*, Bitcoin no podría funcionar como fue concebido.

Considerando todos estos factores, podemos entender por qué la inmaculada concepción de Bitcoin es tan importante. Ha creado una narrativa y unas circunstancias puras, ambas prerrequisitos esenciales para generar confianza. Nadie tuvo una ventaja inicial injusta. Nadie explotó al sistema, porque al principio los bitcoins tenían un valor de cero. Quienes obtuvieron las mayores recompensas por minar también asumieron el mayor riesgo: que Bitcoin fallara y su inversión no valiera nada.

La adopción de Bitcoin fue tan lenta que muchos de los primeros poseedores vendieron la mayor parte de sus monedas cuando el precio seguía siendo muy bajo. Al principio, casi nadie se imaginaba que Bitcoin se convertiría en una reserva de valor global, adoptada por empresas de millones de dólares e instituciones financieras. Por lo tanto, no había un incentivo para acumular grandes cantidades de monedas.

Las personas más afortunadas fueron aquellas que minaron Bitcoin en los inicios, se olvidaron de él y redescubrieron sus monedas 10 años más tarde. De no haberlas olvidado, probablemente las habrían vendido mucho antes. Irónicamente, los segundos "afortunados" propietarios fueron probablemente las víctimas de la estafa de Mt. Gox, una de las primeras plataformas de Bitcoin, que perdió alrededor de 750,000 bitcoins a manos de los *hackers* y se vio obligada a cerrar en 2014. Aunque los clientes sólo recuperaron una fracción de sus monedas, diez años después —en julio de 2024—, el rendimiento seguía siendo fenomenal. Cuando Mt. Gox se declaró en quiebra, el precio de Bitcoin oscilaba entre 400 y 500 dólares. Para el verano de 2024, Bitcoin tenía un valor ligeramente mayor a 60,000 dólares. Durante esa década de tenencia forzada, los clientes de Mt. Gox obtuvieron un rendimiento de alrededor de 13,500%.

BITCOIN ELIMINA EL FACTOR HUMANO

Bitcoin está redefiniendo el concepto mismo del dinero. Tomando la definición de Caitlin Long, veterana de Wall Street y partidaria de Bitcoin, podemos hacer la distinción entre el dinero basado en deuda y el dinero basado en capital. Las monedas fiat e instrumentos similares se basan completamente en deuda ya que son creados como pasivo a través de obligaciones contractuales de deuda.

Bitcoin, por otro lado, en palabras de Long, "es naturalmente un activo basado en capital". Al igual que el oro, Bitcoin no es una obligación para nadie, ya que no se emite con base en una relación de deuda. La emisión de nuevos bitcoins no está precedida por la creación de deuda.

En cuanto a su gestión como dinero, Bitcoin se rige por un algoritmo transparente y opera bajo una política monetaria no discrecional. Esta política es totalmente predecible, basada en reglas y no está impulsada por eventos ni por emociones. No sólo existe un límite absoluto en la oferta (con un tope máximo de 21 millones), sino que gracias a la transparencia en el programa de suministro, sabemos exactamente cuántos bitcoins existen en todo momento.

La política monetaria de Bitcoin es prácticamente imposible de cambiar y su escasez es verificable. Esto la hace elegantemente simple. Y lo simple es difícil de manipular, ya que cualquier violación a las reglas puede ser detectada con facilidad.

LA EMISIÓN DE NUEVOS BITCOINS NO ESTÁ PRECEDIDA POR LA CREACIÓN DE DEUDA.

Contrastemos esto con el dólar estadounidense o con cualquier otra moneda fiat. El mundo ha llegado a aceptar que el poder de decisión sobre la oferta de moneda fiat está en manos de personas; sin embargo, no existe ningún consenso sobre quién controla exactamente la oferta de dinero. Algunos creen que es un pequeño grupo de tecnócratas —no elegidos— en los bancos centrales, que tiene la tarea constante de ajustar la oferta base de la moneda fiat de un país. Otros opinan que los gobiernos son los que gastan el dinero para crearlo, al emitir su propia deuda. Otros hacen énfasis en los bancos del sector privado, que crean dinero al otorgar crédito a los actores de la economía de manera descentralizada.

Mientras que cada una de estas perspectivas tiene algo de cierto, la pregunta clave sigue siendo: ¿quién controla la creación de dinero dentro del sistema monetario fiat? Las respuestas a esta pregunta son ambiguas en el mejor de los casos. No se pueden conocer los programas de suministro futuro de las monedas fiat, ya que su tipo de cambio es errático y no hay límite para su oferta.

Para probar nuestro punto, citamos de nuevo al ganador del Premio Nobel, Friedrich August von Hayek. Él argumentó de manera convincente en su discurso de recepción del premio *La Farsa del Conocimiento* que, al evaluar la cantidad "correcta" de dinero que el mercado demandará, un banco central o una entidad gubernamental, necesitaría información que no es alcanzable por definición:

> *"Mientras que en las ciencias físicas generalmente se asume [...] que cualquier factor importante [...] será directamente observable y medible directamente por sí mismo, en el estudio de fenómenos complejos, como el mercado [...] todas las circunstancias [...] difícilmente serán conocidas o medibles en su totalidad".*

La razón por la cual las monedas fiat son más erráticas, menos predecibles y teóricamente infinitas en oferta, se debe a un simple factor: que las monedas fiat son emitidas y reguladas por entes centralizados. Estas instituciones tienen la autoridad para dictar la oferta de moneda, establecer las tasas de interés e implementar las políticas monetarias para influir en su valor y circulación dentro de la economía.

El dinero controlable, como la moneda fiat, es propenso a la tendencia humana de obtener algo a cambio de nada. Debido a que los seres humanos somos falibles —y esto aplica también para las personas que trabajan en los bancos centrales, los gobiernos, o los bancos del sector privado— las monedas fiat han sido y siguen siendo, explotadas a perpetuidad. Ésta es la ley de hierro del dinero fiat.

Bitcoin llegó para ofrecer una alternativa. Al despolitizar la política monetaria y crear dinero finito con parámetros basados en reglas, Bitcoin es lo más neutral posible. No es un sistema privado de dinero, al contrario, su característica distintiva es, precisamente, que nadie lo controla. Es dinero público por excelencia.

Se dice que las divisas nacionales están controladas para servir al público, pero de todos modos están controladas. Por otro lado, Bitcoin está controlado por todos sus participantes en la red y, por lo tanto, por ninguno. Éste es su verdadero propósito y ha sido bellamente resumido en una corta oración por Jameson Lopp, un ingeniero de software estadounidense, columnista y defensor de la criptografía y la privacidad digital (*cypherpunk*): *"El propósito de Bitcoin es neutralizar al hombre"*.

BITCOIN ACABA CON LA INFLUENCIA HUMANA SOBRE EL DINERO

Bitcoin neutraliza la influencia humana y el poder de decisión al distribuir las tareas de mantenimiento y conservación entre la mayor cantidad posible de personas. La política monetaria opera libre de toda influencia humana donde el control humano no es parte de la ecuación.

Siguiendo la lógica del experto alemán en derecho constitucional, Carl Schmitt, se puede concluir que cuando nadie puede decidir sobre un estado de emergencia, no existe un soberano único. En el sistema Bitcoin, todos juntos forman al soberano, porque inclusive en un estado de emergencia, las decisiones sólo las puede tomar toda la comunidad.

Debido a que la política monetaria de Bitcoin es inmune al control y a la manipulación humana, su escasez se puede mantener de manera confiable. Tal vez Bitcoin sea "solamente" software, pero debido a que su código se distribuye entre un número de participantes en la red cada vez mayor, sus reglas (monetarias) son muy difíciles de cambiar. El tope máximo de Bitcoin de 21 millones parece haber sido grabado en piedra: un bitcoin siempre será un bitcoin. Como propietario, no estás expuesto a ningún tipo de dilución, ya que la proporción de bitcoin que posees en la red sigue siendo la misma en relación con el total. Es clave destacar que, de manera similar a la minería del oro, minar bitcoin no se considera imprimir dinero. Así como el oro es extraído de la tierra a través de la minería, el minado de Bitcoin es el proceso de sacar bitcoin creado desde el lanzamiento.

No obstante, existe una gran diferencia entre minar oro y bitcoin. El minado de bitcoin (emisión) está relacionado con el tiempo, no con la energía. No importa qué tan grande sea el esfuerzo, no se puede minar más bitcoin que el que proporciona el algoritmo en ese momento y que está basado en el itinerario de emisión del sistema.

Gracias a un mecanismo llamado *ajuste de dificultad*, el algoritmo de Bitcoin vincula la dificultad de minar nuevas monedas con la llamada tasa *hash* —la energía computacional total que se utiliza para minar Bitcoin—. A mayor tasa *hash*, mayor es la dificultad para minar nuevo bitcoin. Por el contrario, el algoritmo baja el nivel de dificultad cuando la tasa *hash* baja.

Gracias a este ingenioso mecanismo, los 21 millones de bitcoins serán liberados por el protocolo del sistema siguiendo exactamente su plan de emisión previamente programado. Aun cuando el progreso tecnológico permite a los mineros minar de manera más eficiente e incrementar su tasa *hash* a un costo menor, la política monetaria inmutable e inviolable de Bitcoin da lugar a una escasez absoluta y crea dinero neutral que, a su vez, conlleva un sistema monetario apolítico —no soberano.

Esto da como resultado que Bitcoin presente un efecto Cantillon incluso menor que el del oro. Recibir nuevos bitcoins recién emitidos implica un costo de minado considerable desde el inicio, la inflación está estrictamente limitada, la oferta monetaria es conocida en todo momento y la emisión está altamente descentralizada. La combinación de estos factores limita significativamente el efecto Cantillon.

UN HITO MUNDIAL: DERECHOS DE PROPIEDAD INDEPENDIENTES DEL ESTADO

Y todavía hay más. Bitcoin es también el primer sistema de propiedad no soberana del mundo. Si observamos al mundo desde la perspectiva del pensamiento del primer principio, veremos que toda la propiedad que poseemos hoy en día está a merced de los gobiernos y, por lo tanto, puede ser embargada. La propiedad se garantiza a través de derechos y, generalmente, estos derechos son otorgados y aplicados por el Estado.

Nuestros derechos de propiedad dependen en última instancia de la capacidad y la disponibilidad del gobierno para hacer cumplir el derecho a la propiedad. En los países donde la ejecución por parte del gobierno es poco confiable, las personas ven cómo se violan sus derechos de propiedad con mayor frecuencia, en comparación con gobiernos con un estado de derecho más funcional. Sin embargo, el hecho sigue siendo el mismo: dondequiera que miremos, la propiedad está subordinada a los soberanos.

La genialidad de Bitcoin cambia esto. Después de todo, la capacidad de poseer algo realmente se basa en la incapacidad de que otras personas puedan quitártelo. Si se compara con otros activos, confiscar bitcoin es mucho más difícil, lo cual representa un verdadero avance en términos de la idea de propiedad. Bitcoin permite la propiedad a través de la mera posesión del conocimiento —conocimiento de información bajo una llave privada—. Por ello, Bitcoin no se trata de qué tienes, sino de qué sabes y, como el conocimiento es mental, no se puede confiscar bitcoin mediante la fuerza física.

Al ser el primer sistema de propiedad no soberana del mundo, Bitcoin ofrece a la humanidad una variedad de derechos sin precedentes e irrevocables:

A_ Con Bitcoin eres dueño de tu propio dinero. Se puede administrar de manera autónoma, protegiéndolo de confiscaciones arbitrarias. Y, a diferencia del dinero depositado en una cuenta bancaria, que en realidad representa la responsabilidad del banco hacia ti, el Bitcoin es dinero verdaderamente tuyo.

B_ Bitcoin, con su límite máximo de 21 millones de monedas, es a prueba de devaluación, ya que su política monetaria no la puede controlar nadie. Como *hard money* ofrece la protección perfecta contra la inflación.

C_ Todo el mundo puede usar Bitcoin. No se necesita ningún permiso para participar en él y se puede intercambiar mundialmente sin que nadie lo censure.

D_ Bitcoin funciona de acuerdo con reglas transparentes y claramente definidas. Las reglas y principios del sistema se aplican de manera confiable y predecible, además de que cualquiera puede verificar la integridad del sistema en todo momento.

E_ Todos pueden participar en el minado de Bitcoin. El bitcoin es minado (emitido) de acuerdo con un programa estricto y justo, que trata a todas las partes por igual.

DERECHOS DE BITCOIN

A_ EL DERECHO A TU PROPIO DINERO

B_ EL DERECHO A UN LÍMITE DE 21
MILLIONES DE MONEDAS

C_ EL DERECHO DE ACCESO Y
USO DE LA RED

D_ EL DERECHO A LA TRANSPARENCIA
Y LA VERIFICACIÓN

E_ EL DERECHO DE COMPETIR POR
UNA EMISIÓN PREDECIBLE

Los derechos irrevocables de Bitcoin

UNA NUEVA REFORMA

El potencial revolucionario de Bitcoin radica en su enfoque completamente apolítico para ofrecer un sistema alternativo. En este sentido, Bitcoin sigue los pasos de la "criptoanarquía". No se trata de luchar violentamente contra el *statu quo*, sino de impulsar una revolución mucho más pacífica, ofreciendo un sistema superior, fuera de los confines de los Estado-nación.

Aunque Bitcoin y su ecosistema más amplio —aplicaciones, herramientas y asociaciones—, cuentan con apoyo político en diversas jurisdicciones alrededor del mundo, e incluso algunos gobiernos poseen bitcoin como activo monetario, el protocolo de Bitcoin es un fenómeno global que trasciende el ámbito de la política. Satoshi Nakamoto no pidió permiso para lanzar Bitcoin. Él, junto con muchos desarrolladores que continúan trabajando hasta el día de hoy, ha creado un sistema monetario fuera del alcance y la supervisión del Estado, completamente libre de restricciones.

Y eso es exactamente lo que se debe hacer. Bitcoin encarna el espíritu de no jugar el juego de la política, porque esa es la única jugada ganadora. Como lo han comprobado muchos intentos anteriores, el terreno "neutral" es, en realidad, terreno del gobierno. Una vez que aceptas pelear en el ring político, ya has perdido desde el inicio.

El potencial revolucionario de Bitcoin lo convierte en un descubrimiento de igual importancia que la imprenta, inventada por Johannes Gutenberg alrededor de 1440, la cual redujo radicalmente el costo de producir documentos escritos. Abrió el acceso al texto a un público mucho más amplio y dio lugar a la revolución informativa más importante en la historia de la humanidad desde la invención de la escritura.

EL POTENCIAL REVOLUCIONARIO DE BITCOIN LO CONVIERTE EN UN DESCUBRIMIENTO DE IGUAL IMPORTANCIA QUE LA IMPRENTA.

Al igual que con cualquier tecnología, la invención de la imprenta fue el resultado de una constelación cultural, técnica y económica muy particular. Por ejemplo, estaba el arte de la orfebrería: los orfebres habían aprendido a usar sellos con ornamentos o letras para grabar objetos sagrados. También estaban las prensas utilizadas en las regiones vitivinícolas, las cuales Johannes Gutenberg conocía muy bien ya que había pasado mucho tiempo ahí. Y finalmente, el papel —que había llegado a Europa desde China en el siglo XI— ya se producía en Alemania desde la década de 1390. Juntar todas estas piezas del rompecabezas (sellar, prensar y el papel) hizo posible la imprenta.

De manera similar, Bitcoin es el resultado de la convergencia de varios descubrimientos tecnológicos. La criptografía asimétrica, el sellado digital del tiempo, las firmas digitales y el mecanismo de prueba de trabajo —concebido originalmente para detener el spam y los ataques de denegación de servicio (DoS)— fueron combinados por Satoshi Nakamoto en el libro blanco de Bitcoin. Solo esa combinación hizo posible la tecnología subyacente del modelo.

Los paralelismos entre la imprenta y la tecnología que da vida a Bitcoin son notables. En retrospectiva, la invención de la imprenta revolucionó al mundo. Así lo destacó el filósofo, estadista y científico inglés, Francis Bacon, cuando dijo:

"Debemos notar la fuerza, el efecto y las consecuencias de los inventos [...]: la imprenta, la pólvora y la brújula, ya que estos tres han cambiado la faz y el estado del mundo entero".

Gracias a la tecnología de la imprenta, la idea de la *Sola Fide* (solo por la fe) pudo echar raíces y expandirse rápidamente. La impresión de libros, panfletos y otros materiales jugó un papel clave para difundir la idea de la Reforma Protestante, facilitando la comunicación y moldeando la opinión pública. En los últimos 60 años del siglo XV, se imprimieron alrededor de 20 millones de ejemplares de la Biblia Gutenberg. Durante el siglo siguiente, se reprodujeron 200 millones. La producción de libros creció de 12.6 millones en 1475 a 640 millones en los siguientes trescientos años.

Postular que sólo la fe basta para llegar al cielo se volvió el dogma central de la Reforma Protestante. Esta acabó con la función de la Iglesia católica —altamente centralizada— como guardiana monopólica de los servicios espirituales, incluyendo el perdón de los pecados por mediación de los sacerdotes.

Del mismo modo, la Reforma de Bitcoin está desafiando el sistema monetario fiat y a sus sumos sacerdotes. El pensador macroeconómico y defensor del nuevo modelo, Tuur Demeester, escribe en su documento titulado *La Reforma de Bitcoin*, que las autoridades financieras tienen hoy una función de "guardianes" similar que les permite controlar las llaves de la riqueza y las pensiones de la población del mundo. Mediante mecanismos como la expansión cuantitativa, las tasas de interés negativas, las guerras de divisas, la represión fiscal y la monetización de la deuda, el triunvirato perverso del sistema monetario fiat está cobrando demasiado por sus servicios, al hacer que la gente pague el insidioso impuesto de la inflación.

Gracias a la Reforma de Bitcoin, personas de todas las culturas y generaciones están empezando a aprender sobre las desventajas del dinero fiat y los impactos negativos sobre sus finanzas personales. Al igual que el principio protestante de *Sola Scriptura* (únicamente mediante la escritura) animó a las personas a leer la Biblia por sí mismas —lo que condujo a un incremento de alfabetización sin precedentes—, las consignas y los memes surgidos de la revolución inspirada en Bitcoin también ayudan a las personas a adquirir una mayor cultura financiera.

El grito de batalla de Bitcoin, *Vires in Numeris*, enseña a la gente que la fuerza radica en los números y refleja la creencia de que el dinero debe ponerse dentro de marcos de referencia matemáticos, libres de la política y de la discreción humana. Así surgieron diversos conceptos: *"No confíes, verifica"*, o *"No tus llaves, no tus monedas"*, que subraya la importancia de cuidarse a sí mismo para mantenerse independiente de terceros. Por otro lado, *Stack Sats* (acumular satoshis) anima a la gente a mantenerse humilde y comprar bitcoin constantemente. El término *Hodl* se originó de la mala ortografía de un usuario del foro de Bitcoin al escribir la palabra *hold*, pero significando el acto de conservar tu bitcoin como si la vida dependiera de ello, incluso frente a la alta volatilidad. Por último, el modismo *Bitcoin Fixes This* (Bitcoin arregla esto), significa la convicción de que Bitcoin es la oportunidad más poderosa del mundo para abordar el problema de la inflación.

TECNOLOGÍAS IMPOSIBLES DE PROHIBIR

Una pregunta que mucha gente tiene sobre Bitcoin es: ¿no detendrán los gobiernos esta nueva reforma y la prohibirán? La respuesta es que ciertamente tratan de hacerlo. Sin embargo, si la Reforma Protestante sirve de ejemplo, las probabilidades de éxito son ínfimas. Retomando el ejemplo del siglo XV, conforme creció el número de traducciones de la Biblia y las ideas de la Reforma se extendieron, las autoridades eclesiásticas se sintieron obligadas a tomar acción.

Asustadas por la magnitud en que las ideas de la Reforma y la tecnología de la imprenta estaban diezmando la autoridad de la Iglesia Católica, trataron de contenerlas. Por ejemplo, en 1485, el arzobispo de Mainz —donde Gutenberg había publicado su Biblia en 1452— alertó a la gente sobre los peligros de traducir los textos sagrados a lo que se consideraba alemán "incorrecto y vulgar". Y, para reforzar su posición, las autoridades eclesiásticas empezaron a exigir licencias para todas las traducciones vernáculas. Otro ejemplo es el de Francia en 1535, cuando el rey Francisco I tomó medidas drásticas al prohibir la impresión de cualquier libro en su reino, bajo pena de muerte en la horca. También, durante el Concilio de Trento (al norte de Italia), se prohibió la impresión anónima de textos, una estrategia que las autoridades trataron de reforzar en 1559 creando la famosa *Lista de libros prohibidos*.

Sin embargo, todos estos esfuerzos finalmente resultaron inútiles. Una de las principales razones por las que fallaron las prohibiciones fue la producción descontrolada de material impreso en las ciudades. A pesar de que las autoridades eclesiásticas recibieron apoyo de los poderes seculares al publicar mandatos para censurar la literatura de la Reforma, los esfuerzos fallaron debido a que muchas ciudades, que eran territorios soberanos, se rehusaron a cumplirlos.

De manera similar, intentar prohibir Bitcoin no funcionará. Ni siquiera cuando China prohibió la minería de Bitcoin en 2021 tuvo un efecto duradero sobre la red. Por supuesto, no faltan voces influyentes que siguen pidiendo la prohibición. Políticos, banqueros y burócratas se han pronunciado regularmente en contra de Bitcoin.

Amparándose en la prevención del lavado de dinero y la financiación del terrorismo, la senadora estadounidense Elizabeth Warren ha promovido la introducción de leyes como la Ley contra el Lavado de Dinero en Activos Digitales, con el fin de tomar cartas contra Bitcoin. En la misma línea tenemos a banqueros famosos como el CEO de J.P. Morgan, Jamie Dimon, o la Secretaria del Tesoro de Joe Biden, Janet Yellen.

Es importante destacar por qué Warren, Dimon o Yellen desaprueban Bitcoin. No es por proteger a los inversionistas ni para prevenir el fraude de forma significativa. Lo que ocurre es que se han dado cuenta de la amenaza real que representa el modelo para el sistema monetario fiat. Esa comprensión fue expresada con claridad en un discurso del congresista de Estados Unidos, Brad Sherman:

> *"Así se trate de perjudicar la política exterior, la aplicación de impuestos o la aplicación de la ley tradicional, el objetivo principal de las critpomonedas es restar poder a Estados Unidos y al estado de derecho".*

Esta gente tiene miedo del poder de Bitcoin. En sus mentes, en un sistema que depende del gasto público irresponsable y de la impresión de dinero fiat para encubrir esa imprudencia, no se puede permitir una campana de alarma funcional como lo es Bitcoin. No debería existir una señal de precio puro. Y, sobre todo, no puede haber salvavidas que sea fácilmente accesible para todo el mundo. No debe haber una ruta de escape, ni una salida de emergencia.

La propia presidenta del BCE, Christine Lagarde, dijo en una entrevista sobre la regulación global que *"si existe una escapatoria, esa escapatoria será utilizada"*. Y el expresidente de

Estados Unidos, Barack Obama, advirtió sobre los "peligros" de la criptografía impenetrable utilizada por Bitcoin:

"Si existe un dispositivo o sistema impenetrable en el cual la encriptación sea tan fuerte que no exista una llave, entonces tampoco hay una puerta. Y, entonces, ¿cómo resolvemos o interrumpimos un complot terrorista? ¿Qué mecanismos tenemos disponibles siquiera para hacer cosas tan sencillas como aplicar los impuestos? Porque si el gobierno no puede acceder, entonces todo el mundo anda por ahí con una cuenta bancaria suiza en el bolsillo".

Para poner a Bitcoin de rodillas, ninguna táctica parece estar prohibida. Muchos fueron tomados por sorpresa cuando se reveló que la senadora Warren, al redactar su legislación en contra de Bitcoin, estaba colaborando con sus acérrimos enemigos declarados, la Asociación Americana de Banqueros. Sin embargo, considerando la alianza profana entre los sectores público y privado, descrita en el capítulo 3, esto difícilmente nos sorprende. Si existe una amenaza externa, los polos supuestamente opuestos de los intereses privados y los del Estado, unen fuerzas de inmediato, revelando que esta dicotomía creada políticamente sigue siendo una farsa. Esta alianza profana no está verdaderamente preocupada por la estabilidad financiera, protegiendo el gasto del consumidor o manteniendo la seguridad nacional. En realidad, esos políticos están impulsados por un solo motivo: el control —y el miedo de perderlo.

LA PROHIBICIÓN MUNDIAL DE BITCOIN ES CASI IMPOSIBLE

Hasta ahora, no se ha logrado ningún impedimento en la economía más grande del mundo. De todas formas, una prohibición nacional difícilmente podría ponerle fin a Bitcoin. Únicamente el veto global por parte de todos los países relevantes en nuestro planeta podría tener ese efecto. Pero, ¿qué tan probable es que países como Estados Unidos, Rusia, Ucrania, China, Turquía, Israel e Irán se sienten a la mesa para llegar a un consenso global sobre Bitcoin? Dejaremos que el lector decida la probabilidad de que esto suceda.

Curiosamente, a principios del 2024 con la aprobación de los *ETF* de Bitcoin (Fondos Cotizados en Bolsa) en Estados Unidos, la situación comenzó a moverse en dirección contraria. Tras años de oposición política, críticas, demoras y disputas entre legisladores, finalmente fueron aprobados. El lanzamiento de estos productos en el mercado se convirtió en una de las historias de estreno más exitosas que Wall Street haya presenciado. El mercado financiero entendió rápidamente que estos productos podrían generar enormes sumas de dinero. Y siendo uno de los mayores donadores para las campañas políticas, exigió que se corrigiera la postura política en Washington.

En retrospectiva, los *ETF* de Bitcoin resultaron ser el Caballo de Troya del ecosistema. Ahora que están aprobados, una prohibición absoluta en Estados Unidos es prácticamente impensable. Después de todo, en las democracias liberales consolidadas, como la estadounidense, es difícil apoyar la prohibición de uno de los productos financieros más exitosos y salir ileso. Además, los *ETF* de Ethereum también han sido aprobados por el regulador, aparentemente por presión política.

Y eso fue tan sólo el comienzo. Apenas un año después de la aprobación de los *ETF*, el clima político comenzó a cambiar rápidamente a favor de Bitcoin. Con la elección del presidente Donald Trump, y Elon Musk a su lado, la balanza se ha inclinado hacia el otro lado. Se espera que la nueva administración finalmente aporte claridad regulatoria mediante la introducción de una legislación favorable a las criptomonedas. Prohibir Bitcoin es ahora algo que realmente sólo vemos en gobiernos con menos poder.

Lo que hemos visto —y seguimos viendo— en muchos gobiernos alrededor del mundo es una estrategia de contención:
construir un cortafuegos que separe a Bitcoin del sistema financiero tradicional, en un intento por aislarlo. El ejemplo más
notable es lo que el capitalista de riesgo, Nic Carter, denominó
Operación Punto de Ahogo 2.0, mediante la cual, entre 2022 y
2023, prácticamente todas las instituciones financieras de Estados Unidos fueron forzadas a negar acceso a servicios bancarios a empresas relacionadas con Bitcoin.

Otra forma de hacer menos atractivo el nuevo modelo, es
mediante la introducción de un impuesto especial sobre sus rendimientos o su minería. India, por ejemplo, introdujo un impuesto
del 30% sobre las ganancias de criptomonedas y el presidente
Joe Biden propuso un alto impuesto a los mineros de Bitcoin.

En la Unión Europea se está intentando restringir el uso de
monederos de autocustodia como parte de las nuevas regulaciones contra el lavado de dinero. Estas normativas requerirán un
mayor rastreo e identificación de las operaciones de Bitcoin y de
los usuarios, hasta el punto en que se vuelva poco rentable para los
proveedores de servicios interactuar con dichos monederos.

Estos esfuerzos para limitar Bitcoin recuerdan los intentos
por frenar la difusión de ideas de la Reforma Protestante. Aunque
podría hacer más lenta propagación del "virus mental", los esfuerzos de contención no darán frutos. Bitcoin se beneficia
enormemente del llamado efecto Streisand, fenómeno que ha
demostrado que el empeño para suprimir o censurar la información resulta contraproducente y genera mayor publicidad
sobre aquello que se está atacando. Esto se debe a que Bitcoin
—como tecnología e idea— es "antifrágil". Fue Nicholas Nassim
Taleb quien acuñó este término. Es antifrágil y, por lo tanto, se
fortalece con los choques, los vientos en contra y el desorden.
A diferencia de lo meramente robusto, que solo resiste sin rom-
perse, lo antifrágil mejora bajo presión.

Dada esta cualidad, creemos que la futura introducción
de las monedas digitales de los bancos centrales (CBDC), solo

beneficiará a Bitcoin. Las inevitables interrupciones de servicios, la vigilancia y la devaluación monetaria descarada, tendrán como consecuencia no intencional que más personas busquen adoptarlo.

BITCOIN ES "ANTIFRÁGIL": SE FORTALECE CON LOS CHOQUES, LOS VIENTOS EN CONTRA Y EL DESORDEN.

Retomando el ejemplo de la Reforma, fue la venta misma de indulgencias por parte de la Iglesia, lo que fomentó la adopción de la imprenta, ya que demostró ser muy útil para la producción en masa de las cartas de indulgencia y la distribución de las bulas papales. Estos casos ayudaron aún más en su desarrollo tecnológico. De igual manera, lo que hoy se conoce como la Contrarreforma de la Iglesia Católica, también aprovechó la tecnología de la imprenta para impulsar un resurgimiento temporal de las publicaciones en latín. Sin embargo, irónicamente al hacerlo, ayudó a impulsar la Reforma.

La Contrarreforma de hoy llega bajo la forma de las CBDC, ya que estas también utilizan la tecnología *blockchain*, que con frecuencia se menciona en el sistema Bitcoin. Sin embargo, está claro que este modelo es muy diferente a las CBDC y, al explicar constantemente las diferencias fundamentales entre ambos, Bitcoin se promociona en muchos casos, lo cual impulsa su adopción.

EL INDIVIDUO ES REY

Suponiendo que una prohibición global de Bitcoin no sea posible, aún debemos plantearnos una pregunta importante: ¿qué implicaciones tiene su creciente institucionalización? Hoy en día, un número cada vez mayor de instituciones posee una parte significativa del suministro total de Bitcoin. Ya sea a través de compañías como Microstrategy o proveedores de fondos cotizados en bolsa (ETF), como BlackRock, estos negocios han acumulado grandes cantidades de bitcoin y todo indica que seguirán comprando en el futuro cercano.

Tan solo un año después de su incursión, BlackRock —el mayor gestor de activos del mundo— ya posee alrededor de 550 mil bitcoins, lo que representa más del 2 % de la oferta máxima de 21 millones.¿Qué pasa si esto aumenta al 5%, 10% o incluso 20% en unos cuantos años o décadas? ¿No se corre el riesgo de que el control dentro de la cadena se centralice y que BlackRock —o un grupo de interés de algún gobierno— pueda cambiar las reglas y la naturaleza del sistema?

Gracias al diseño intrigante y robusto de Bitcoin, esto es altamente improbable. Incluso Larry Fink, el CEO de BlackRock, reconoció esto, cuando dijo en una entrevista:

"Bitcoin es oro digital y un excelente almacén de valor a largo plazo. Es más grande que cualquier gobierno".

¿Pero, por qué ni siquiera BlackRock podría cambiar el protocolo de Bitcoin? La respuesta probablemente se encuentra en un episodio clave de su historia: en 2017, una fuerza aún más influyente intentó modificar las reglas del protocolo. Ese episodio se conoce como la Guerra del *Blocksize*, cuando un grupo secreto de las entidades más dominantes del ecosistema Bitcoin impulsó el llamado Acuerdo de Nueva York. Encabezado por el Digital Currency Group (DCG), la propuesta consistía en "mejorar" el sistema cambiando el tamaño de sus bloques.

A pesar de contar con el respaldo abrumador de mineros, plataformas digitales de compra-venta, procesadores de pagos, proveedores de servicios, portales de noticias y otros actores relevantes, el intento fracasó. ¿La razón? La mayoría de los participantes en la red no aceptaron el cambio. El sistema Bitcoin demostró ser incorruptible.

Uno de los remanentes de esa disputa es Bitcoin Cash (BCH), una versión de Bitcoin que proporciona un tamaño de bloque mayor. Basta observar el precio actual de BCH para confirmar el contundente fracaso de dicha propuesta.

Aunque Bitcoin es "sólo" software —y, en teoría, el software se puede reescribir fácilmente— esto no aplica en el caso de este sistema. La razón es que Bitcoin es un modelo basado en consenso, pero no se trata de un consenso cualquiera donde una mayoría simple decide el resultado, como ocurre en las democracias tradicionales. Para entender el por qué, primero tenemos que entender su mecánica interna.

Bitcoin no tiene un director general, ni lo tendrá nunca. La red es manejada por una comunidad distribuida de participantes. Existen usuarios que pagan por transacciones y generan demanda de bitcoin. Los mineros procesan esas transacciones y gastan energía real para mantener la *blockchain*. Los operadores de nodos —también llamados nodos completos— validan las transacciones para asegurar que todo mundo esté en la misma página, al mismo tiempo que aplican las reglas del consenso.

BITCOIN NO TIENE UN DIRECTOR GENERAL, NI LO TENDRÁ NUNCA.

La presencia de los nodos completos es la que hace de Bitcoin un sistema tan elegante. No sólo cualquiera puede convertirse en un operador de nodo completo, haciendo que Bitcoin sea totalmente libre sino que, como lo demostró la Guerra del *Blocksize*, los operadores de nodos completos no pueden ser coaccionados. Sin importar qué tan poderoso sea un grupo de actores, tampoco se puede forzar a los usuarios a hacer algo. Como operador de nodo completo, tienes el derecho y la facultad de rechazar cualquier decisión que una mayoría quiera forzarte a hacer.

Esto significa que si BlackRock, o cualquier otra entidad, quisiera cambiar el sistema, tendría que convencer a la gran mayoría de los operadores de nodos completos. Si no logran hacerlo, estos no implementarían esos cambios, haciendo que la cadena se divida entre quienes están de acuerdo y quienes no. A esa división se llama una "bifurcación" y es, precisamente, lo que pasó con el Digital Currency Group (DCG) y sus aliados durante la Guerra del *Blocksize*: una división entre los Bitcoin (BTC) y los Bitcoin Cash (BCH). Fue entonces el mercado quien decidió cuál versión era la deseable. Al ponerle precio a las dos monedas, BTC se ha disparado en los últimos años, mientras que BCH está tendiendo a cero. La misma espada de Damocles recae sobre BlackRock, o sobre cualquier otro que quiera cambiar las reglas del consenso.

SATOSHI NAKAMOTO: EL MARTÍN LUTERO MODERNO

Lo que el mundo ganó con Bitcoin es un sistema para la transferencia de valor global a través del tiempo y el espacio, de propiedad no soberana, imposible de prohibir y que no es coercitiva. Algunos lo llaman un regalo de Dios, otros sólo están infinitamente agradecidos con Satoshi.

Retomando la analogía de la imprenta y la Reforma Protestante, podríamos atrevernos a comparar a Satoshi Nakamoto con Martín Lutero, Fue Lutero, el influyente monje que inició la Reforma al clavar sus 95 tesis, tituladas *Disputación sobre el poder de las indulgencias,* en la puerta de la iglesia en Wittenberg, Alemania. Lo hizo el 31 de octubre de 1517.

Sí, leíste bien: Satoshi publicó su libro blanco de Bitcoin el mismo día, casi 500 años después. Si eso no lo convierte en un estudioso de la historia, ¿qué lo haría? Sin duda, comprendía la magnitud de lo que estaba por iniciar. Al igual que la Reforma de Martín Lutero había llevado a la separación de la iglesia y el Estado, Bitcoin marcaría ahora la separación del dinero y el Estado.

Martín Lutero se enfrentó a la Iglesia, lo cual lo posicionó como el autodenominado mediador entre Dios y el hombre. Legitimada por el emperador y empoderada por la prohibición de otras religiones, la Iglesia había tenido el control total de toda la doctrina espiritual en esa época. Curiosamente, la Iglesia medieval creía en la doctrina de la sucesión apostólica, la cual sostenía que la autoridad para interpretar la escritura se transmitía desde los apóstoles a los obispos.

BITCOIN MARCA EL INICIO DE LA SEPARACIÓN DEL DINERO Y EL ESTADO.

Como resultado, los obispos y otros miembros del clero eran considerados los intérpretes legítimos de la Biblia, pues se pensaba que habían recibido el don de la interpretación del Espíritu Santo. Así, la interpretación de la Iglesia era considerada como la única válida.

Al desafiar este monopolio sobre la verdad, Lutero no sólo atacó el poder de la Iglesia —y con ello dio inicio a su desmantelamiento—, sino que también empoderó al individuo. Puesto en términos modernos, el enfoque de Lutero eliminó al intermediario. Disolvió la función de la Iglesia como mediadora, debilitando su poder. Al ya no estar sometido a las reglas y regulaciones eclesiásticas, el monje alemán allanó el camino hacia una **relación personal entre el ser humano y Dios**, como en los días del Jardín del Edén.

La jerarquía de la Iglesia del Papa, los obispos y sacerdotes, quedó deslegitimada: la relación con Dios podía ser directa y personal. Implícitamente, Martín Lutero reveló que la salvación ya no era el resultado de buenas obras ni podía comprarse mediante indulgencias de la iglesia. La salvación es únicamente por la gracia *(Sola Gratia)*, a través de la justicia de Cristo.

Al desaparecer los intermediarios de la religión, cada creyente se convertía en su propio "sacerdote", desintegrando la autoridad jerárquica centralizada de la Iglesia y dándole autoridad a los creyentes. Esta desregulación y descentralización de la fe tuvo consecuencias profundas en todas las esferas de la sociedad.

LAS *ALTCOINS*: HEREJÍAS MONETARIAS

Debido a que el espíritu se mueve a donde quiere, Dios puede hablar a través de quien sea. Esto llevó a una nueva noción de subjetividad en la cristiandad protestante. La verdad se liberó, pero también se volvió subjetiva. Lo que alguna vez había sido una norma universal y una realidad objetiva controlada por la Iglesia en Roma, ahora la verdad era una convicción interna individual. Naturalmente, e impulsados por la imprenta, surgieron nuevos movimientos y sectas religiosas.

Donde Lutero lideraba, otros rápidamente lo seguían, iniciando una feroz guerra de propaganda religiosa que se extendió por toda Europa durante el siguiente siglo. Las personas empezaron a interpretar las escrituras por sí mismas, lo cual resultó en diversas explicaciones y diferencias teológicas, cada una con sus propias creencias, prácticas y entendimiento de la cristiandad, como fueron el luteranismo, calvinismo, anglicanismo y diversas formas de anabaptismo, entre otras.

Esto no es realmente muy diferente del surgimiento de diversas criptomonedas alternativas hoy en día, llamadas coloquialmente *altcoins*. De hecho, las *altcoins* son la consecuencia inevitable de la innovación de Satoshi Nakamoto. Comparada con la avalancha de *altcoins* que se lanzan diariamente, la proliferación de sectas religiosas hace 500 años parece como una gota en el océano.

LAS *ALTCOINS* SON LAS SECTAS MONETARIAS DE NUESTRA ÉPOCA.

De la misma manera que las traducciones de la Biblia de Martín Lutero a lenguas vernáculas empoderaron a los creyentes para leer y entender la palabra de Dios, la introducción de la tecnología *blockchain* ha permitido que cualquiera cree y lance su propia criptomoneda o token. Como tal, Bitcoin ha introducido la posibilidad de lanzar "sistemas monetarios vernáculos", que son nativos del dominio digital. Gracias a Satoshi, no sólo los países sino también las personas, pueden ahora crear su propia moneda. En el ámbito digital, crear una *altcoin* prácticamente tiene cero costos y, a menudo, no requiere más que de unas cuantas líneas de código. Esto plantea una pregunta inevitable: ¿por qué Bitcoin es claramente superior a cualquier otra criptomoneda o *altcoin*?

A ojos de un principiante, las demás criptomonedas no parecen muy distintas de Bitcoin. Al igual que éste, la mayoría de las *altcoins* utilizan la tecnología *blockchain*, pero con mecanismos de consenso variados. También existen únicamente en formato digital y las transacciones son registradas en libros contables mantenidos por una red distribuida de nodos completos. Tanto en Bitcoin como en las *altcoins*, las transacciones suelen ser seudónimas: en lugar de información personal, se utilizan direcciones de billetera como identificadores.

Esto habilita transacciones entre pares, sin fronteras y promueve la inclusión financiera. Los usuarios tanto de Bitcoin como de *altcoins* mantienen la propiedad y el control de sus fondos a través de claves criptográficas. Además, la mayoría de las *altcoins* son de código abierto y sin permisos, lo que permite a cualquier persona revisar y proponer cambios en el código, así como validar transacciones y hacer cumplir las reglas económicas de cada sistema mediante la operación de un nodo completo. Por último, algunas *altcoins* también tienen una oferta máxima fija, que se asemeja al tope de 21 millones que tiene Bitcoin.

Cuando se trata de explicar por qué Bitcoin es realmente distinto del resto de criptomonedas, los *bitcoiners* suelen destacar que Bitcoin conserva la mayor capitalización de mercado, es la cadena más descentralizada y tiene la *blockchain* más segura, además de ser la marca más popular. Aun cuando todo esto es cierto, estos atributos no están grabados en piedra. En teoría, el modelo podría ser superado en cualquiera de estas métricas.

EL DERECHO A DISENTIR

Las verdaderas razones por las cuales Bitcoin es fundamentalmente diferente son otras. Una de ellas se remonta a la inmaculada concepción, discutida al principio de este capítulo. Debido a que el genio del dinero digital descentralizado salió de la lámpara con el lanzamiento de Bitcoin, su origen básicamente no se puede reproducir. Únicamente éste modelo pudo ser lanzado en un ambiente puro, en el cual el concepto de una criptomoneda aún no existía.

El otro argumento de por qué Bitcoin es único lo explicó Peter Rizzo, uno de los primeros reporteros especializados en el tema: Bitcoin ofrece de manera clara el derecho a disentir.

Su argumento nos remonta a cómo se implementan los cambios en el dinero digital, de forma similar al software. Para introducir una modificación, los usuarios de cualquier criptomoneda pueden establecer nuevas reglas —volviendo el nuevo software incompatible con versiones anteriores— o bien modificando las reglas existentes, permitiendo que los usuarios siguieran corriendo el viejo software o se actualicen al nuevo según su preferencia.

A lo largo de los años, Bitcoin ha pasado por varias actualizaciones importantes que mejoraron la funcionalidad de la *blockchain*. Sin embargo, en el ecosistema Bitcoin, los operadores de nodo completo no están obligados a actualizarse para seguir usando la red. Tienen el derecho inalienable de disentir de la mayoría y rechazar las funciones no deseadas. Como vimos en la Guerra del *Blocksize*, las minorías no sólo pueden inclinar la balanza, sino que sus derechos están protegidos intrínsecamente.

Gracias a este derecho a disentir, ni siquiera los desarrolladores principales pueden imponer cambios a los operadores de nodo completo. Podrán ser quienes mantienen el código que dicta las reglas en última instancia; sin embargo, si realizan una modificación al protocolo, no pueden obligar a los operadores de nodos a aceptarla. Le corresponde a cada uno de los operadores de nodo completo decidir si bajan la nueva versión o continúan con la versión anterior. Así que a pesar de que los desarrolladores principales de Bitcoin tienen la capacidad de fusionar código dentro de la red, esta es más bien una función de mantenimiento y no una posición de poder.

EN BITCOIN, LOS DERECHOS DE LAS MINORÍAS ESTÁN PROTEGIDOS DE MANERA INTRÍNSECA.

Los usuarios de Bitcoin tienen una garantía absoluta de propiedad sobre sus monedas, incluso si se oponen a las preferencias de la mayoría. Pueden coexistir con otros usuarios sin adherirse a sus reglas. Este no es el caso con otras criptomonedas. La búsqueda de progreso técnico, guiada por las demandas de las partes interesadas, frecuentemente resulta en cambios que excluyen a las minorías. Esto se debe a que si alguien no actualiza el código preferido de la mayoría, puede perder el acceso a su dinero.

Los cambios suelen promulgarse por la regla de la mayoría, lo cual significa que los derechos de los usuarios en estos sistemas están, en última instancia, sujetos al juicio del mercado. Sin duda, esto representa una novedad en sí misma, ya que las criptomonedas sustituyen la autoridad del Estado sobre el dinero por la autoridad del mercado. Podría verse como un avance. Después de todo, las monedas fiat son controladas por una estructura jerárquica, mientras que las criptomonedas son más bien vistas como un fenómeno impulsado desde la base hacia arriba.

Sin embargo, los usuarios de otras criptomonedas diferentes a Bitcoin, aún deben "solicitar permiso" al mercado para que se reconozcan sus derechos. El individuo no tiene la última palabra sobre su dinero.

Ese derecho a disentir hace que Bitcoin sea verdaderamente diferente del resto.

BITCOIN CONTRA LAS *SHITCOINS*

Michael Saylor, el reconocido inversionista en Bitcoin, repite continuamente el mantra de: "No hay una segunda mejor opción".

Hoy en día, a más de 500 años de la Reforma Protestante, sólo unas cuantas denominaciones religiosas siguen siendo relevantes. La gran mayoría se desvaneció en la irrelevancia. Lo mismo ocurre actualmente en el ámbito de las criptomonedas: la gran mayoría de los más de dos millones y medio de criptodivisas son *shitcoins* o "monedas basura" irrelevantes, o lo serán en el futuro. A largo plazo, sólo Bitcoin probará ser dinero digital.

Hablando de *shitcoins*, también podemos usar esa misma lógica para clasificar a las monedas fiat. Mientras que algunas de ellas, como el bolívar venezolano, el dólar de Zimbabue, el peso argentino o la lira turca, no son muy diferentes a lo que eran los bilimbiques —pedazos de papel sin valor emitidos durante la Revolución Mexicana— hay otras monedas fiat, como el euro, la libra esterlina, el yen japonés o el dólar estadounidense, que parecen ser menos basura. Sin embargo, siguen siendo *shitcoins*.

Simplificando todo hasta su esencia más pura, vemos que el desenlace final del dinero fiat es convertirse en una TMM al servicio de las élites, mientras que el verdadero destino de las criptomonedas es convertirse en una TMM para todos.

Si bien las criptomonedas pueden considerarse más justas porque abren la creación de dinero a cualquiera, en lugar de reservarla para un grupo selecto, ambos sistemas de *shitcoins* giran, en última instancia, en torno a la creación de dinero.

Al final del día, es necesario diferenciar a Bitcoin, tanto del dinero fiat como del resto de las criptomonedas. Podemos resumir esta diferencia con la siguiente tricotomía:

Fiat — Un grupo selecto dentro del sistema fiat puede crear o revocar dinero.

Crypto — Todos pueden crear o revocar dinero

Bitcoin — Nadie puede crear o revocar dinero.

DINERO FIAT
UN GRUPO PEQUEÑO...

**PUEDE CREAR O
REVOCAR DINERO**

CRYPTO
TODOS...

BITCOIN
NADIE...

¿Quién controla la oferta de dinero?

Al sacar la discreción humana de la ecuación, Bitcoin empodera a la persona al máximo. La autora y filósofa estadounidense, nacida en Rusia, Ayn Rand, lo expresa de la siguiente manera:

"La minoría más pequeña sobre la tierra es el individuo. Aquellos que niegan los derechos individuales no pueden alegar ser defensores de las minorías".

Esto contrasta con la economía moderna del fiat, que se centra demasiado en lo colectivo, ya sea la demanda agregada, el empleo agregado o cualquiera de los otros agregados econométricos. Al abordar cualquier tipo de desafío o problema en nuestras sociedades, usualmente nos centramos en estos datos e, impulsados por la impaciencia, buscamos soluciones rápidas para que los problemas desaparezcan tan pronto como sea posible.

Y, usualmente, la manera más fácil de hacerlo es resolviendo la causa inmediata de lo colectivo, sin pensar mucho en los efectos sobre los individuos. Sin embargo, tal vez éste no sea el mejor enfoque.

Parafraseando al gran Fyodor Dostoyevsky, tenemos que admitir que *la mentalidad del fiat tiene una empatía considerable por la humanidad, pero nada de empatía por el ser humano.* En el sistema fiat, crear dinero para resolver problemas sociales parece una gran idea... hasta que empiezas a ver los destinos individuales: el ahorrador a quien le robaron su trabajo almacenado, el trabajador cuyo sueldo no puede mantenerse al nivel de la inflación, la familia joven a la que no le alcanza el dinero para la vivienda.

Bitcoin tiene un enfoque diferente. En lugar de arreglar lo colectivo, empodera y protege al individuo. En lugar de sacrificar al débil por el bien común, fortalece al débil al otorgarle derechos inalienables a todos. Es por eso que podemos decir que Bitcoin es nuestro verdadero veto: al poseer y conservar nuestras monedas, podemos decir que no. Ya no estamos bajo constante presión para tener que elegir entre el menor de los males, si ahorramos fiat o lo gastamos. Ahora podemos ahorrar dinero a lo largo del tiempo e influir en los flujos de capital de la sociedad, absteniéndonos del consumo. En lugar de vivir empujados por el consumismo del fiat, Bitcoin nos permite escapar a un refugio seguro de dinero atemporal.

LA FUERZA DE UN PUEBLO SE MIDE POR EL BIENESTAR DE SUS MIEMBROS MÁS DÉBILES.

CONSTITUCIÓN FEDERAL DE LA CONFEDERACIÓN SUIZA

Como comentamos en el capítulo 4 sobre la analogía de la democracia del dólar, una de las funciones sociales del dinero es dirigir la economía, al establecer una votación continua en donde cada unidad de dinero es un voto. Es, sobretodo, de gran importancia cuando representa un "no" inamovible. En el sistema fiat sufrimos un eterno fraude electoral conforme se crean —continuamente— nuevas boletas, falsificando la elección. Por el contrario, Bitcoin imposibilita algún fraude electoral, ya que no se pueden imprimir boletas nuevas, otorgándole mayor poder de votación al individuo y estableciendo una economía que se moldea a las preferencias de quienes votan con su dinero, en lugar de las de los creadores del dinero.

BITCOIN TE AHORRA TIEMPO

Si lo juzgamos desde la perspectiva individual, Bitcoin es un avance revolucionario, ya que por primera vez en la historia, tenemos el derecho irrevocable a un activo. Nadie nos lo puede quitar, ni tampoco se le puede extraer su poder adquisitivo a través de la dilución. Lo que tienes es lo que tienes: poseer Bitcoin se basa en la incapacidad de que cualquier otra persona te lo quite.

Además, Bitcoin es un activo cuyo único fin es transferir valor a través del tiempo y el espacio, lo que lo convierte en la forma más pura de dinero hasta la fecha y en la tecnología más eficaz para preservar el tiempo. ¿A qué nos referimos con esto?

El dinero es la herramienta principal para expresar valor entre las personas. También es la herramienta más importante para almacenar valor a lo largo del tiempo. El valor se genera mediante la interacción humana. Como seres humanos, necesitamos invertir energía y tiempo, y lo hacemos principalmente para crear valor al satisfacer las necesidades y los deseos de los demás. El dinero es la herramienta más efectiva que hemos creado para representar ese tiempo y esa energía.

La inflación del sistema fiat diluye el tiempo y la energía que las personas almacenan en forma de dinero fiat. Al mantener este dinero, tu energía almacenada es drenada poco a poco y tu tiempo ahorrado se reduce constantemente. A mayor inflación, mayor pérdida de tu energía y tiempo. Cuanto mayor es la inflación, mayor es la pérdida de tu energía y tu tiempo. Visto con claridad, la inflación del dinero fiat no es simplemente una disminución de tu poder adquisitivo: es una pérdida de tu energía vital y, en última instancia, un robo de tu único recurso verdaderamente escaso: el tiempo.

EL DINERO FINITO RESPETA A LA PERSONA QUE TIENE UNA CANTIDAD FINITA DE TIEMPO Y ENERGÍA.

Para ilustrar este punto, imaginemos que tu padre, Forrest Gump, se embarcó cuando era joven en un extraordinario viaje desde la costa este hasta la costa oeste de Estados Unidos, recorriendo tres mil millas. Esta hazaña le tomó 3 años, 2 meses, 14 días y 16 horas, con lo que alcanzó una fama generalizada.

Años más tarde, tú, Forrest Gump Junior, inspirado en la legendaria carrera de tu padre, decides seguir sus pasos. Empiezas con entusiasmo y determinación. Sin embargo, no sabes que debido a la "inflación de distancia", la costa oeste está ahora a nueve mil millas de distancia. Para igualar el logro de tu padre, tú tienes que correr tres veces más lejos que lo que él hizo. Tu cuerpo se agota, tus músculos se deterioran y te encuentras demasiado débil para continuar, ya que la carrera drena toda tu energía y espíritu. La impactante verdad es que no sólo como Forrest Gump Jr., necesitas gastar más energía corriendo más lejos, sino que la carrera también consume mucho más de tu valioso tiempo.

Bitcoin arregla esto. ¿Y cómo lo hace? Introduciendo la escasez absoluta. Al ser un recurso absolutamente escaso, Bitcoin no puede diluirse. Antes de su invención, este tipo de escasez solo existía en una cosa: el tiempo. Con Bitcoin, ahora contamos con un activo monetario que refleja con precisión esa misma cualidad, lo que lo convierte en la herramienta perfecta para almacenar y transferir ese único otro recurso absolutamente escaso que es el tiempo.

Es un tipo de dinero que representa la escasez inherente a la vida humana y por ello, es la mejor tecnología de ahorro autosoberano en la historia. Esta es una de las razones por las cuales Bitcoin es el mejor activo para ahorrar tiempo y no simplemente otro más que te protege de la inflación del dinero fiat.

Una pintura famosa de un genio fallecido puede ser escasa, pero no es líquida y menos accesible. Lo mismo ocurre con los bienes raíces. Las acciones, aunque se podrían fraccionar y comprarse en partes, tienen un rendimiento que depende de las decisiones de los accionistas y del desempeño del equipo administrativo. Los metales preciosos son voluminosos, costosos de almacenar y poco prácticos.

Bitcoin supera a todos estos activos en cualquier aspecto: es un protocolo monetario público, cuyas unidades son altamente divisibles y de libre acceso a través de software sin permisos. Es considerablemente más accesible a los ciudadanos comunes que ningún otro activo financiero tradicional. Mientras que los mercados financieros operan con horarios limitados, restricciones geográficas y requieren pasar procesos KYC (conoce a tu cliente), Bitcoin puede intercambiarse 24/7 desde cualquier parte del mundo. Todo lo que necesitas es una conexión a Internet.

Por lo tanto, tener Bitcoin es tan práctico que se siente como hacer trampa. Sin embargo, no estás haciendo trampa, simplemente estás desafiando al sistema fiat que te ha estado engañando por mucho tiempo. Una propiedad que costaba 288,400 dólares en 2016, 328,900 dólares en 2020 y 434,700 dólares en 2024, también se valuó con Bitcoin en 2016 por 664 bitcoins, en 2020 por 45 bitcoins y, en 2024, apenas por debajo de 7 bitcoins. En lugar de quedar cada vez más excluido del sistema actual, el poseer Bitcoin te ayuda a que poco a poco seas incluido. Nuestros abuelos hicieron bien en comprar bienes raíces, nuestros padres invirtieron en educación superior y pensiones y ahora, nuestra generación está siendo bien aconsejada sobre comprar Bitcoin.

PRECIO DE LA PROPIEDAD EN DÓLARES

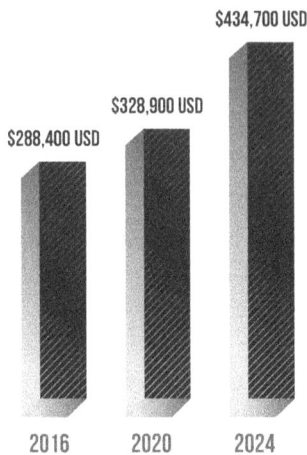

$434,700 USD

$328,900 USD

$288,400 USD

2016 2020 2024

PRECIO DE LA PROPIEDAD EN BITCOIN

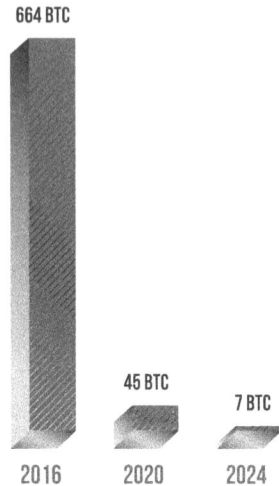

664 BTC

45 BTC

7 BTC

2016 2020 2024

Propiedad cotizada en USD vs. BTC 2016-2024

Si quieres recuperar la libertad sobre tu tiempo y ser tú quien toma las decisiones en tu vida, querrás adoptar Bitcoin para evitar que el sistema fiat siga drenando tu tiempo y energía.

TENER BITCOIN ES TAN PRÁCTICO QUE SE SIENTE COMO HACER TRAMPA. DESAFÍAS AL SISTEMA FIAT QUE TE HA ESTADO ENGAÑANDO POR MUCHO TIEMPO.

EL REGRESO A UNA VERDAD MONETARIA

El principal logro de Bitcoin es corregir la maldición del dinero fiat: la inflación y todos los efectos negativos que vienen con ella. A través de este activo se ha revelado una nueva verdad monetaria, una que toda la sociedad ha estado esperando desde que sufrió la maldición generacional del fiat, tras el asesinato económico de Dios. La verdad monetaria, contenida en veinticuatro palabras memorizadas, nos libera de la inflación del fiat. Donde hay verdad, las mentiras son expuestas. Y la gran mentira del fiat es que sus monedas son escasas y limitadas. Este sistema quiere que creamos que vale la pena trabajar por ese dinero, porque supuestamente está ligado a la inalterable ley de sembrar y cosechar.

Como hemos aprendido en este libro, no hay nada más lejos de la verdad. Pero, ¿cómo podríamos saberlo si nunca habíamos escuchado estos argumentos? ¿Y cómo vamos a aprender si nadie nos enseña? Afortunadamente, podemos pararnos sobre los hombros de quienes estudiaron Bitcoin antes que nosotros y descubrieron la red de mentiras del fiat.

Al adentrarnos en la madriguera de Bitcoin, inevitablemente estamos estudiando el sistema del dinero fiat. Y, entre más entendemos a Bitcoin, inevitablemente empezamos a entender el modelo fiat por lo que realmente es: un sistema dominado por un triunvirato institucional —bancos centrales, bancos comerciales y gobiernos— que tiene el poder de inflar el dinero más allá de cualquier límite real.

Gracias a Bitcoin, miles de personas han podido ver esta realidad. Como dicen los *bitcoiners*: "tomaron la píldora naranja" y sus números crecen día a día.

BITCOIN DESTRUYE LA RED DE ENGAÑOS DEL DINERO FIAT, BLOQUE POR BLOQUE.

Bitcoin no sólo expone la mentira del dinero fiat; también la desarma. Parafraseando al filósofo y pensador *bitcoiner*, Robert Breedlove: "Bitcoin está devolviendo, poco a poco, la veracidad al dinero. Una que el fiat había deconstruido". O, para decirlo de otra manera, Bitcoin está restableciendo la verdad monetaria como una representación fiel de la realidad económica.

BITCOIN ESTÁ GANANDO: UN FUTURO MÁS ALLÁ DEL FIAT

En este libro hemos hablado sobre el dinero. Sobre el oro, que fue la verdad monetaria durante milenios. Sobre el establecimiento del Banco de Inglaterra, el cual fusionó el dinero público y el privado. Sobre el momento en que se cortó el ancla de oro, lo cual transfirió el poder sobre el dinero al Estado. Sobre la maldición de la inflación, la cual ha infectado a todas las monedas y con ello a todas las épocas de la sociedad. Y sobre Bitcoin, que vuelve a separar al dinero del Estado, rompe la maldición de la inflación y restablece la verdad monetaria.

En este capítulo final, hablamos de cómo Bitcoin empodera a quienes lo poseen. Exploramos nuevos horizontes, visualizando cómo este sistema mejora vidas, revoluciona los negocios, remodela a la sociedad e inspira a las generaciones futuras. Sobre los cimientos recién establecidos de la verdad monetaria están surgiendo incontables oportunidades, listas para ser aprovechadas por mentes innovadoras y visionarias, impulsadas por las aspiraciones de los *holders* de Bitcoin. Este capítulo presenta una visión a largo plazo para el nuevo modelo y guía al lector para navegar esta reforma monetaria.

Y EL BITCOIN TE HARÁ LIBRE

El ser humano es una criatura que busca la verdad y se siente atraído por ella. Percibir la realidad con precisión nos permite navegar el mundo con mayor eficacia. A nivel psicológico y espiritual, descubrir la verdad trae satisfacción cognitiva y un sentido de significado y propósito.

Debido a que Bitcoin representa el restablecimiento de la verdad monetaria, cada vez más personas se sentirán atraídas a él. Descubrir, comprender, comprar y finalmente tener Bitcoin, es un acto de búsqueda de la verdad. Como sucede con otras experiencias espirituales, el viaje comienza al reconocer algo como verdad. Esta revelación lleva a la aceptación y luego a la esperanza, la esperanza de haber encontrado finalmente dinero justo y liberador —un dinero que trabaja para ti y no en tu contra.

Para quienes han tenido Bitcoin durante años, esta esperanza ha evolucionado a un sentido de dicha, acompañada por la apreciación del precio del activo, haciendo aún más profunda su convicción. Las personas que han mantenido Bitcoin entre seis a ocho años han visto crecer su riqueza significativamente, en comparación con la media de su generación. Esto es particularmente notable entre los *millenials*. Estas ganancias han traído mayor estabilidad financiera, más capital para invertir o emprender, mayor libertad profesional y una mejor calidad de vida —física, emocional y espiritual—. Lo que comenzó como una esperanza se ha convertido en una creencia firme, que alimenta un mayor optimismo hacia el futuro.

ESTE CAPÍTULO ES PARA AQUELLOS QUE CREEN QUE EL ÉXITO ACTUAL DEL BITCOIN ES SÓLO EL INICIO DE ALGO MUCHO MÁS GRANDE.

Aquellos que están convencidos se vuelven evangelizadores que difunden con entusiasmo y convicción el evangelio de la verdad monetaria. Es una recurrencia notable que, quienes han aprendido sobre Bitcoin, lo han estudiado y después lo han comprado y conservado, suelen sentirse impulsados a actuar según sus creencias, promoviendo la adopción de Bitcoin. Esto ha dado lugar a un ecosistema en constante expansión, dedicado a construir una economía próspera basada en el modelo.

A través del simple acto de poseer Bitcoin, muchas personas —especialmente las generaciones más jóvenes— han encontrado un renovado sentido de propósito en su trabajo, aprovechando su comprensión sobre el sistema para sobresalir tanto en *startups* como en entornos corporativos consolidados. Debido a que el área de los productos basados en el nuevo modelo es aún un territorio inexplorado, es un campo de piso parejo para una nueva generación de profesionales que aspiran a reformar las finanzas y más allá. Algunos han lanzado sus propios proyectos, mientras que otros han alcanzado posiciones relevantes dentro de empresas que hubieran estado fuera de su alcance de no ser por Bitcoin.

La integración de este sistema en el mundo real ya está en marcha. Es alimentada por todos los que lo entienden y ahora generan oportunidades para que otros compren bitcoin y lo tengan, creando de esa forma un círculo virtuoso. Tomando prestadas las palabras del sabio Mahatma Gandhi, podemos decir que *quienes tienen Bitcoin son el cambio que quieren ver en este mundo*.

Y si creemos en la *Regla de la minoría* de Nassim Taleb, un número relativamente pequeño de creyentes comprometidos será suficiente para impulsar la adopción global de Bitcoin. Así como hay muchos productos *kosher* para no excluir a la comunidad judía, cada vez más segmentos financieros y de otros ámbitos, adoptarán gradualmente el nuevo sistema para incluir a esta comunidad. Esta minoría decidida ya está "capturando" instituciones, trabajando arduamente para darle mayor utilidad a Bitcoin a través de casos de uso específico que harán aún más atractivo el hecho de tenerlo.

Convencidos de este empuje implacable por parte de los evangelistas del nuevo modelo, escribimos este capítulo para quienes se atreven a creer que Bitcoin es la verdad monetaria y pueden predecir su impacto positivo sobre la sociedad, la economía y la política. Es para aquellos que poseen Bitcoin y desean tener una idea de los usos que tendrá en el futuro. Ya que es una verdad monetaria, creemos que su adopción seguirá creciendo y con ello, su precio en términos fiat aumentará conforme crezca la demanda.

Como mínimo, estamos convencidos de que la liquidez del fiat seguirá expandiéndose a consecuencia de la inflación. En este contexto, Bitcoin está destinado a seguir siendo el principal beneficiario. Lyn Alden coescribió un estudio que muestra que Bitcoin funciona como un barómetro confiable de la liquidez del mercado global. La investigación reveló que se alinea con la dirección de la liquidez global el 83% del tiempo durante cualquier periodo de 12 meses —un nivel de sensibilidad que no tiene comparación con ninguna otra clase de activo importante.

Si bien esta fuerte correlación con la liquidez global ya representa un argumento poderoso para la apreciación de su precio a largo plazo, su utilidad única puede traer ventajas adicionales. Bitcoin actúa como un almacén superior de valor, comparado con el oro, permite pagos más rentables y eficientes a través de la *Lightning Network* (la Red Relámpago) e incluso tiene el potencial de contribuir a mitigar el calentamiento global a través del minado.

Si alguna de estas premisas es correcta, creemos que no es demasiado tarde para comprar y tener esta criptomoneda. Creemos que Bitcoin es un almacén de valor emergente con mucho más potencial de crecimiento antes de alcanzar su madurez. Y aún en ese punto, lo imaginamos asumiendo un rol como medida de la productividad humana, capturando el valor generado por los esfuerzos productivos de las personas.

LA ADOPCIÓN INCESANTE DE BITCOIN

En 2023, algunas estimaciones calcularon que hay cerca de 106 millones de personas en el mundo que poseen Bitcoin. Aunque es casi imposible corroborar que este número sea preciso, el aumento constante de las direcciones activas, otras métricas en cadena y, por supuesto, el precio, demuestran que la base de *holders* está creciendo.

Comparada con la curva de adopción del Internet, se dice que la adopción de las criptomonedas está creciendo aún más rápido. Aunque este proceso se extiende a las criptomonedas en conjunto, la evidencia anecdótica muestra que, con el tiempo, la mayoría de los entusiastas terminan considerando a Bitcoin como el activo más sólido y convincente. Ya sea por su filosofía profunda, su adopción más extendida en el mundo real o a su sólido desempeño en precio a lo largo de múltiples ciclos de mercado. Lo cierto es que los entusiastas de las criptomonedas inevitablemente se dan cuenta de que, a largo plazo, todos somos *bitcoiners*.

BITCOIN ES EL ACTIVO FINANCIERO MÁS CONVINCENTE DE TODOS.

No es de extrañar que esta misma revelación también llegue a quienes escuchan con más atención al lenguaje de los mercados: los administradores de activos y patrimonio. Cada vez más reconocen las cualidades de Bitcoin como instrumento de ahorro. Mientras que otros "criptoactivos" han sido el centro de atención en determinados momentos, pocos —o ninguno— han logrado superar a Bitcoin en el largo plazo. Es esa noción de que "el precio es la verdad", lo que ha hecho que los asesores de patrimonio alrededor del mundo, vean a Bitcoin como el activo con la mayor reserva de valor.

Al hacer los cálculos, como lo hace cualquier administrador profesional de patrimonio, Bitcoin sale victorioso como el complemento ideal para cualquier portafolio de inversión. Hoy, no tener Bitcoin representa un riesgo mayor que poseerlo. Está destinado a formar parte de todas las carteras diversificadas y seguirá ocupando el mayor peso dentro de cualquier asignación a criptoactivos.

Una pequeña exposición a Bitcoin —incluso tan baja como 2-3%— puede tener un impacto significativo en el rendimiento general del portafolio. De hecho, agregar este activo a una cartera de inversiones tradicional mejora su desempeño, ya que históricamente ha ofrecido rendimientos mucho más altos en relación con su riesgo. En resumen: una pequeña cantidad de Bitcoin puede aumentar los rendimientos más de lo que incrementa el riesgo. Y eso, en términos de inversión, es una jugada maestra.

AHORRA EN BITCOIN...

Muchos de los que creen en las cualidades de ahorro de Bitcoin lo han estado utilizando como una "reserva estratégica" para sus finanzas personales. Sin embargo, debido a que la riqueza personal es algo privado y no visible para el público en general, se ha silenciado en el discurso público el poder de persuasión de esta tecnología.

Esto apenas ha comenzado a cambiar, conforme las compañías públicas han visto el gran impacto del sistema sobre las carteras individuales, llevándolas a reconocer que Bitcoin actúa como una protección contra la devaluación y, revolucionariamente, han optado por hacer de él uno de sus activos en tesorería. Naturalmente, al ser entidades públicas, su adopción capta mayor atención. Sus declaraciones están disponibles públicamente, lo que brinda a la comunidad inversionista una perspectiva clara sobre los beneficios de tener Bitcoin en el balance general de una empresa.

Ninguna compañía ha moldeado esta estrategia transformadora como MicroStrategy. Desde agosto de 2020, ha estado acumulando Bitcoin y para principios de 2025, ya tenía más de 450 mil bitcoins en su balance general, con un precio promedio de compra de alrededor de 62,500 dólares por moneda. Al adoptar el criptoactivo, la empresa ha transformado su balance general y fortaleció su base de capital para tener protección frente a los ciclos.

A pesar de que su cofundador y antes presidente ejecutivo, Michael Saylor, ha promocionado esta estrategia sin descanso, son todavía pocas las empresas han seguido su ejemplo. Las razones son múltiples: desde la falta de conciencia y convicción, hasta normas contables poco favorables. Además, las empresas del sistema fiat han sido entrenadas para descapitalizarse, devolviendo la mayor parte de sus utiliddades a los accionistas. Ahora que Bitcoin cumplió dieciséis años de existencia, las finanzas corporativas están a punto de cambiar radicalmente. Al adoptar Bitcoin como un activo de tesorería, las empresas ya no se ven forzadas a descapitalizarse y se vuelven financieramente más estables y resilientes a las condiciones desfavorables del mercado, al reconstruir una base de capital.

BITCOIN AUMENTA LA RESILIENCIA DE LAS EMPRESAS E INSTITUCIONES.

En el caso de MicroStrategy, la compañía está construyendo esta base de capital al tomar prestado un activo que se deprecia —fiat— para comprar uno que se aprecia —Bitcoin. Ha usado las utilidades, las acciones de reciente emisión y los bonos convertibles, para financiar las compras de la criptomoneda. Y, desde que implementó esta estrategia, el precio de sus acciones ha superado ampliamente al mercado. Lo mismo aplica para otras empresas públicas que han seguido a MicroStrategy: los precios de sus acciones han tenido un buen desempeño, brindándoles una atención que nunca habrían recibido sin adoptar este activo. Como le gusta decir a Saylor, *poner Bitcoin en el balance general es como lograr la inmortalidad económica*. Las empresas que comprenden que el mundo está empezando a fijar precios en términos de Bitcoin pueden extender significativamente su vida corporativa.

La relación precio-beneficio (P/E) es una de las métricas más importantes para evaluar el valor de una acción. A futuro, directivos empresariales más astutos —especialmente en compañías cuyo crecimiento ya quedó atrás—, reconocerán que las acciones de su empresa están enormemente sobrevaloradas cuando se calculan en términos de Bitcoin. Dicho de otra manera, verán que el potencial de crecimiento de la criptomoneda es mayor que el de su empresa. En consecuencia, emitirán y venderán acciones para comprar este activo. Tanto la empresa como sus inversionistas comenzarán a medir en términos de BTC por acción. Esta idea de vender en corto una acción en depreciación para acumular *hard money* inaugura un nuevo paradigma de ingeniería financiera que MicroStrategy ha abierto.

Cada vez más empresas tienen Bitcoin en sus balances. Y no se trata sólo de compañías públicas: también las privadas han comenzado a adoptar esta estrategia. Grandes corporaciones como Block.one, Xapo Bank o Tether Holdings, también tienen Bitcoin en su balance general. Además, muchas pequeñas y medianas empresas (PYMES) también están sumándose. Al ser más ágiles, requieren menos aprobación jerárquica para tomar acciones decisivas, lo que ayuda a evitar las políticas internas que frecuentemente impiden la adopción de la criptomoneda en las grandes empresas. Aunque no hay cifras exactas, la evidencia anecdótica muestra que empresas privadas más pequeñas, en distintos sectores, también están utilizando el nuevo modelo como reserva estratégica. Incluso el club de fútbol inglés Real Bedford FC, está apostando al Bitcoin.

El activismo accionario inspirado en Bitcoin será una fuerza clave para impulsar su adopción corporativa. Así como los activistas climáticos y otros grupos de presión han usado estas tácticas durante años, los *bitcoiners* apenas están empezando a explorarlas. El libro de jugadas dice así: *adquiera suficientes acciones —o colabore con los accionistas existentes— para hacerse escuchar. Después, presente las propuestas de los accionistas que sean suficientemente llamativas para captar la atención de los ejecutivos.*

Como lo muestran algunos ejemplos recientes, el balón ya está en juego. A finales de 2024, un solo accionista —el National

Center for Public Policy Research— presentó una propuesta para que Microsoft asignara al menos el 1% de sus activos a Bitcoin. Tiempo después, Michael Saylor dio una presentación de tres minutos sobre sistema al consejo de administración de Microsoft. La noticia no fue la presentación, sino cómo un pequeño accionista logró que uno de los consejos corporativos más influyentes del mundo se tomara en serio la estrategia, tan sólo haciendo una propuesta.

La genialidad del activismo accionario radica en su combinación única de disrupción y legitimidad. Al tener acciones, adquieres una voz legal —una invitación para impugnar las decisiones y sacudir los cimientos de una empresa desde adentro. Ésta es una nueva forma de activismo *bitcoiner*, que veremos cada vez más en las salas de consejo. Propuestas similares ya han sido presentadas a gigantes tecnológicos como Amazon o Meta.

Pero la adopción de Bitcoin no se detendrá en las empresas. Tener reservas en este activo también podría ayudar a los gobiernos y a sus bancos centrales a recapitalizarse. Una divisa de reserva que se aprecia rápidamente, como Bitcoin, puede ayudar a acelerar la reestructuración de un sistema sobreendeudado y plagado de inflación. Al acumularla, los gobiernos se pueden beneficiar del incremento en precios, lo que les ayudaría a fortalecer sus balances generales y a estabilizar la moneda.

El Salvador ya ha emprendido esta apuesta valiente, acumulando grandes cantidades de Bitcoin (una historia documentada en la película *Revolución Bitcoin*). Mientras tanto, el Reino de Bután también ha aprovechando su abundante energía hidroeléctrica para minar Bitcoin estatalmente. Otros países podrían seguir sus pasos pronto. Tener Bitcoin en el balance general de un gobierno podría beneficiar a una nación de forma similar a como los fondos soberanos benefician hoy a países como Noruega, Singapur o Arabia Saudí.

Desde el verano de 2024, los políticos de más alto nivel en Estados Unidos han debatido activamente la creación de una reserva estratégica de Bitcoin para su gobierno. En julio de ese mismo año, la senadora Cynthia Lummis, presentó la *Ley Bitcoin*, que propone la creación de una reserva de esta criptomoneda para mejorar el balance general del país. La ley propone un programa para adquirir un millón de bitcoins en cinco años, asegurando así el 5% de la oferta total. Las compras se financiarían con las utilidades de la Reserva Federal y la revaluación de certificados de oro (de 42 dólares a su valor actual de unos 2,600 dólares por onza). Las reservas se almacenarían en bóvedas descentralizadas de alto nivel de seguridad. Si se llegara a vender alguno de estos bitcoins, el producto únicamente se podría utilizar para pagar la deuda federal.

Sin embargo, simplemente usar esos fondos para pagar la deuda anularía el propósito de tener una reserva estratégica de Bitcoin. El objetivo de tener la criptomoneda en el balance general es estabilizar las expectativas futuras. ¿Cómo? Al tener Bitcoin, el gobierno de Estados Unidos señala su compromiso con un balance general autorregulado: cuando emite más bonos del gobierno, el precio del criptoactivo generalmente se aprecia, absorbiendo parte de la liquidez e inflación excesivas. Este ciclo refuerza la confianza en el sistema general.

¿Cuáles son las probabilidades de que este proyecto se convierta en ley? Tras la firma del decreto de Donald Trump en marzo de 2025, que establece una Reserva Estratégica de Bitcoin (SBR), el panorama ha cambiado. A pesar de que el 47° presidente de Estados Unidos se ha autodenominado el "criptopresidente" y que sus verdaderas intenciones no son muy claras —sobre todo por su promoción del dudoso proyecto World Liberty Financial junto a sus hijos—, declarar que Bitcoin es un activo de reserva estratégica es innovador.

Este respaldo por parte del gobierno más poderoso del mundo consolida la importancia geoeconómica y geopolítica de Bitcoin. Hará mucho más difícil para gobiernos soberanos y organizaciones como el FMI justificar políticas contra el nuevo modelo. Mientras tanto, los líderes nacionales, los gobernadores de los bancos centrales y los ministros de finanzas alrededor del mundo se verán obligados a prestar más atención a esta cripto-moneda. Algunos estados dentro de EE. UU. ya tienen propuestas de asignación de Bitcoin en sus legislaturas y, si lo empiezan a tener, las probabilidades de que la legislación sea aprobada en el Congreso aumentarían significativamente, ya que los legisladores federales representan a esos mismos estados.

Curiosamente, Estados Unidos ya mantiene reservas estratégicas de granos, queso, petróleo y oro, cada una con fines específicos como garantizar la seguridad alimentaria, estabilizar mercados y apoyar la economía. Una reserva estratégica de Bitcoin podría servir para un propósito similar: fortalecer al dólar de una manera confiable, en lugar de hacerlo apelando a un mandato divino.

...GASTA EN DÓLARES

Ahora que en los más altos niveles de gobierno se está discutiendo la tenencia a largo plazo de Bitcoin, es probable que —así como el ahorro en fiat reemplazó al ahorro en oro— ahorrar en la criptomoneda se convierta en la nueva normalidad. Parece que esta modalidad está entrando en una nueva fase como una tecnología de ahorro para el público en general.

Quienes han ahorrado en Bitcoin desde hace tiempo, han visto cómo su patrimonio está protegido y aumenta significativamente en valor fiat. Ahora, muchos de estos ahorradores se preguntan cómo aprovechar el valor acumulado. Pero esta no es una pregunta sencilla. En el mundo Bitcoin existe una regla cardinal ampliamente repetida por figuras reconocidas, como Michael Saylor, que dice: *nunca vendas tu Bitcoin*.

Aunque este principio va más allá de ser un simple meme —y es respetado por muchos *holders* de largo plazo que nunca han vendido ni un solo satoshi—, la pregunta sigue siendo la misma: si alguien está comprometido a nunca vender su Bitcoin ¿cómo puede beneficiarse del valor que ha acumulado a través del tiempo?

Desde una perspectiva a largo plazo, es posible que lo ahorrado en Bitcoin se aprecie más rápidamente de lo que se gasta en términos fiat. Esto significa que el crecimiento de tu ahorro en el criptoactivo puede mantenerse al ritmo de tus gastos al medirlo en fiat. Sin embargo, si empiezas a vender bitcoins —incluso con una excelente operación—, renuncias al potencial de crecimiento futuro. Una vez que se comprende verdaderamente el valor de Bitcoin, este dilema se vuelve inevitable. Pero, ¿existen alternativas para evitar las desventajas de vender?

Para obtener posibles respuestas, podemos ver lo que hacen los ricos en fiat. Las personas adineradas, que tienen activos como bienes raíces o acciones, solicitan préstamos respaldados por esos activos. Así obtienen liquidez fiat sin tener que vender sus activos. De manera similar, los *holders* de Bitcoin pueden pedir prestado usando la criptodivisa como garantía. Apalancar el valor de Bitcoin permite disfrutar de parte de su apreciación sin renunciar a su potencial de crecimiento futuro.

Al igual que las propiedades de alto valor en ciudades como Miami, Hong Kong o Zúrich, que casi nunca se venden sino que suelen heredarse, Bitcoin está destinado a convertirse en el vehículo definitivo de la riqueza que será pasado de generación en generación. Así como los ricos nunca venden sus activos, Bitcoin es el valor que las personas comunes tampoco desearán vender jamás. Quienes han mantenido la criptodivisa por convicción durante mucho tiempo, entienden la sabiduría que respalda a este principio.

HAZ COMO LOS RICOS: NO VENDAS, PIDE PRESTADO CONTRA TU BITCOIN.

Hoy que el valor de mercado de Bitcoin es sustancial, las personas con grandes volúmenes quieren tomar préstamos respaldados por sus bitcoins, para liberar parte del valor que estos almacenan. En el ecosistema Bitcoin, ya existen protocolos de préstamo que permiten a los tenedores acceder a la liquidez del fiat, mientras conservan el potencial de crecimiento de la criptomoneda.

Para los bancos que ofrecen créditos lombardos, utilizar Bitcoin como garantía de alta calidad es una nueva oportunidad para ampliar sus servicios. Cuando los bancos hayan entrado a este mercado, es probable que las tasas bancarias de interés de estos productos bajen, dado su acceso al capital más barato.

Entidades como MicroStrategy y el gobierno de El Salvador, que poseen grandes cantidades de Bitcoin, seguramente buscarán maneras de aprovechar ese valor sin vender y desarrollarán sus propias soluciones o contratarán servicios externos para poner a trabajar sus reservas —que de momento están inactivas en sus balances—. Lejos de vender, su estrategia es seguir acumulando.

A medida que pedir préstamos respaldados por Bitcoin se vuelva una práctica común, cada vez más personas comenzarán a pensar en términos de la criptodivisa. Aunque el fiat seguirá siendo el activo dominante para gastar, por el momento, la unidad de cuenta en términos de ahorro cambiará gradualmente a Bitcoin. Para minimizar el riesgo de liquidación y la posible pérdida de sus bitcoins, los *holders* alinearán su comportamiento de consumo conforme al tamaño de su ahorro en el nuevo modelo.

Actualmente, muchas casas de cambio ya ofrecen préstamos respaldados por Bitcoin y se espera que más bancos y entidades financieras tradicionales ingresen a este mercado. En el futuro, los *bitcoiners* tendrán múltiples opciones para usar sus monedas como garantía. En julio de 2024, la empresa multimillonaria Cantor Fitzgerald, anunció un crédito en Bitcoin de 2 mil millones de dólares, con planes para ampliarlo conforme crezca la demanda. Esta noticia es especialmente digna de mencionar debido a que Cantor Fitzgerald es una firma de larga trayectoria y buena reputación, y es una de las 24 principales entidades que trabajan directamente con la Fed y el Departamento del Tesoro de EE. UU. para generar liquidez en los mercados en general.

Esto marca un hito: Bitcoin se está integrando al sistema financiero tradicional. Las instituciones financieras tradicionales comienzan a tratar a los propietarios de esta criptomoneda como clientes regulares y valiosos. Como resultado, los *holders* podrán usar sus bitcoins en una amplia gama de actividades financieras, como lo hacen con otros activos.

EN BUSCA DE RENDIMIENTO

Pedir prestado usando Bitcoin es solo una de las maneras de obtener algo de la riqueza acumulada sin venderlo. Otro enfoque es obtener un rendimiento sobre la criptodivisa, de la misma manera en que los fondos soberanos tradicionales despliegan su capital en activos que generan rendimiento. Pero ¿cómo se pueden utilizar los ahorros en Bitcoin, dado que éste no genera ningún rendimiento de forma natural?

Pagar un rendimiento sostenible sobre Bitcoin es difícil y ha sido intentado en el pasado con poco éxito. De hecho, compañías como Celsius, Voyager o BlockFi, que operan bajo esos modelos de negocios, tuvieron que cerrar durante la baja del mercado en 2022 y quebraron debido a que no estaban generando un rendimiento real y sostenible sobre el bitcoin depositado. La única fuente sostenible de rendimiento proviene de los retornos económicos, que a su vez dependen del juego de suma positiva que es utilizar capital para satisfacer las necesidades del consumidor.

De ahí debe provenir un rendimiento sustentable en Bitcoin: de un caso de uso económico real, que utilice bitcoin real. Para esto, debe surgir un mercado de capitales basado en este sistema. Tecnologías como la *Lightning Network* —un protocolo de segunda capa construido sobre Bitcoin— o la infraestructura de *sidechains* (cadenas laterales) pueden jugar un papel clave en este desarrollo.

Las tesorerías corporativas o gubernamentales podrían depositar sus bitcoins en contratos inteligentes, contratos de registro discreto o billeteras multifirma, que les permitan prestar estos fondos a entidades que busquen liquidez para actividades productivas. Esto es posible gracias a que Bitcoin es dinero programable, que se puede depositar en fondos de liquidez desde los cuales puede prestarse tanto a personas como a máquinas. Así, puede generarse un rendimiento nativo en la criptomoneda, obteniendo de manera *trust-minimized*, es decir, sin necesidad de confiar plenamente en intermediarios, mediante una cuota que se paga para acceder a esta liquidez.

Desde la perspectiva de los *holders*, las implicaciones de poder ganar BTC sin ceder el control de sus claves privadas, es realmente un logro monumental. Con el oro, no hay forma de obtener intereses sin entregar el metal físico. Con Bitcoin, sí. A través de soluciones como la *Lightning Network*, los *holders* pueden depositar monedas en un canal de pago y recibir comisiones cada vez que se usa este canal. De esta forma, grandes tenedores como El Salvador, pueden poner su Bitcoin a producir y obtener retornos sobre su inversión, al igual que lo hacen hoy los fondos soberanos con sus activos tradicionales.

La posibilidad de obtener un rendimiento también ayuda a valorar la tenencia de Bitcoin con el tiempo, factor clave para desarrollar un mercado de capital. Los dos componentes principales de cualquier activo financiero —valor temporal y la prima de riesgo— pueden derivarse de la *Lightning Network*. Observando los datos de las operaciones de Bitcoin en la red es posible estimar los intereses ganados en los canales de pago, lo que permite a los participantes del mercado calcular la "tasa libre de riesgo" para este modelo, así como el costo de oportunidad de utilizarlo en otras actividades.

Esta tasa libre de riesgo, obtenida en cadena, podría servir como puente entre el ecosistema nativo de Bitcoin y los préstamos fuera de la cadena (off-chain), impulsando así su integración al sistema financiero global. Esto abre el camino para la creación de bancos, calificaciones crediticias y un ecosistema financiero completo construido sobre Bitcoin. De hecho, Hal Finney —el primer *bitcoiner*— ya había imaginado un sistema bancario sustentado en este sistema.

Sin duda, el desarrollo de un modelo de este tipo —y en particular, la búsqueda de rendimientos provenientes de fuentes productivas— traerá consigo fracasos, engaños, promesas exageradas, pérdidas e incumplimientos por parte de algunos emprendedores e inversores. Al ser un activo absolutamente finito, Bitcoin no está diseñado para generar rendimiento, lo que hace que esta tarea sea aún más riesgosa que en el sistema fiat tradicional. Por eso, el riesgo es un subproducto inevitable del mercado de capitales de Bitcoin en formación, un ecosistema que, no obstante, está destinado a crecer, fortalecerse y prosperar.

INTEGRAR BITCOIN AL SISTEMA FINANCIERO

Analizando los últimos años, la integración de Bitcoin al sistema financiero y el desarrollo de productos basados en éste, han sido más bien lentos. La falta de comprensión, los incentivos insuficientes y una renuencia general entre los principales interesados de las instituciones financieras son algunas de las razones predominantes.

Para los valientes pioneros, integrar Bitcoin en sus negocios ya les ha dado beneficios tangibles. Ha ayudado a los bancos tradicionales a atraer a una base de clientes más joven, les ha permitido a las empresas diversificar su base de inversionistas y ha facilitado a las compañías de seguros conseguir nuevos clientes. Es innegable que las instituciones tradicionales apenas han empezado a explorar la integración de este sistema a sus operaciones. Como la principal fortaleza de Bitcoin es su potencial de ahorro, implementar soluciones de custodia de alta seguridad y ofrecer servicios de inversiones y administración de activos han sido los pasos más sencillos. Dado que los *holders* buscan pedir prestado contra sus activos, lo que sigue logicamente es establecer servicios de préstamo para Bitcoin. Conforme los bancos tengan más experiencia en cuanto a los riesgos asociados al modelo, comenzarán a explorar otros usos que ayuden a una adopción más amplia.

Una de las posibles opciones es utilizar Bitcoin como garantía para el financiamiento a largo plazo. A pesar del auge de las aplicaciones digitales y de la automatización en la evaluación de riesgos, el funcionamiento interno de los productos crediticios se ha mantenido en gran medida igual: un prestamista proporciona capital respaldado por un activo, que debe ser devuelto con intereses a lo largo del tiempo. Las "innovaciones" modernas en los préstamos se han centrado principalmente en volver a empaquetar y revender deuda existente, más que en redefinir la relación entre prestamista y prestatario.

Con la integración de Bitcoin a las finanzas tradicionales, la mecánica de cómo funciona el crédito respaldado por activos está cambiando radicalmente. La manera más sencilla consiste en garantizar parcialmente un producto de crédito existente con la criptodivisa. Tomemos un ejemplo de la vida real: una compra inmobiliaria financiada con 50 mil dólares de capital propio (10%) y 500 mil dólares de capital prestado (90%). Suponiendo una tasa de interés del 3.5% y un plazo de 30 años, el pago mensual sería de 2,250 dólares durante ese periodo. Al final de los 30 años, el deudor es dueño de la casa y el prestamista ha ganado 310 mil dólares en intereses.

Ahora, veamos el mismo ejemplo integrando el componente Bitcoin. En lugar de tomar una hipoteca de 500 mil dólares, el acreedor acuerda otorgar una línea de crédito total de 550 mil dólares. Mientras que 500 mil se destinan a la casa, los 50 mil adicionales se usan para comprar bitcoins. Para ello, el deudor debe dar un enganche de 55 mil dólares (10%). El préstamo tiene una tasa de interés fija del 2% durante 30 años, reduciendo el pago mensual a 2,033 dólares. Para compensar los intereses más bajos, el prestamista mantiene la propiedad de la criptomoneda, pero paga un 2% anual al deudor mientras dura el contrato. Al cabo de 30 años, el deudor es dueño de la casa y del 60% del bitcoin, mientras que el prestamista recibió 181,846 dólares en intereses y conserva el 40% del bitcoin.

Agregar Bitcoin en las hipotecas proporciona ventajas significativas a los deudores, como pagos mensuales más bajos y menores tasas de interés. Pero, lo más importante es que les da exposición a su potencial de apreciación. Para los prestamistas, la estructura híbrida ofrece una garantía dual única: la propiedad y el criptoactivo. Esto les permite participar en su potencial de crecimiento al mismo tiempo que siguen ganando intereses del préstamo. Si Bitcoin se aprecia, por ejemplo a una tasa del 20% de crecimiento anual, las utilidades del prestamista podrían ser 250% mayores que con un préstamo fiat tradicional. Esto convierte los préstamos Bitcoin-bienes raíces en una opción atractiva para quienes buscan una exposición controlada a este modelo, sin renunciar a la seguridad de una garantía inmobiliaria.

Simultáneamente, esta estructura también minimiza los riesgos para los prestamistas. Si el valor de Bitcoin cae significativamente, o incluso hasta cero, el prestamista sigue teniendo el inmueble como garantía y gana los rendimientos del crédito fiat, protegiéndose de una pérdida total. En caso de pago anticipado, el prestamista se queda con una mayor porción de Bitcoin como compensación por la terminación anticipada.

Aunque este es solo uno de muchos ejemplos, son las cualidades únicas de Bitcoin como la garantía pura las que destacan y lo hacen tan interesante desde una perspectiva de finanzas estructuradas. Tanto para el prestamista como para el deudor, la garantía es la principal preocupación. Los primeros quieren mantenerla protegida en todo momento y liquidar en cuanto se necesite, mientras que los deudores quieren que esté segura, que sea visible y que esté lista para ser recuperada en cuanto se pague el crédito.

Más allá de facilitar soluciones no custodiables y programables que distribuyen el riesgo de la contraparte, los registros públicos de las operaciones de Bitcoin y las direcciones verificables aumentan la transparencia y la confianza para los prestamistas. Y lo más importante es que la criptomoneda ofrece una liquidez inigualable. Si un deudor incumple, el bitcoin se puede vender rápidamente gracias a su actividad en el mercado global 24/7 los 365 días del año. A diferencia de los mercados de valores que tienen horarios de operación y que se pueden ver afectados por las condiciones financieras regionales, los mercados de Bitcoin están activos todo el tiempo. Esta liquidez constante, disponible incluso en las regiones financieramente menos desarrolladas garantiza que el bitcoin se pueda vender fácilmente cuando se necesite. Esta transparencia y accesibilidad hacen de este modelo una súper garantía para los prestamistas.

BITCOIN ES LA SÚPER GARANTÍA QUE NUNCA DESEARÁS VENDER.

Actualmente, Bitcoin es un activo altamente volátil por lo que los préstamos lombardos requieren de una garantía considerablemente superior al valor del préstamo. Sin embargo, el potencial de la criptodivisa como activo de capital poderoso y paciente es una ventaja para los deudores también, al ser absolutamente escaso, en constante apreciación y con un considerable potencial de crecimiento como reserva de valor. En este rol, se alinea bien con cualquier tipo de estrategia financiera a largo plazo. Por lo tanto, es altamente probable que Bitcoin sea reconocido como una forma de mejorar la solvencia crediticia de los deudores, mientras que los prestamistas reconocerán su poder como garantía pura.

Un ejemplo de ello son las hipotecas respaldadas totalmente, o en parte, por Bitcoin, lo que permite a los deudores, en lugar de venderlo, usarlo como garantía para respaldar la hipoteca. Aunque aún no lo adpotan los bancos, ya hay empresas ofreciendo esta estrategia.

Otro ejemplo son los seguros de vida basados en Bitcoin. Al tratarse de un compromiso que dura entre 20 y 50 años, confiar en el fiat, que está en constante devaluación, no es la mejor opción. Si vives en Argentina, donde las clases media y alta han sido testigos múltiples veces durante los últimos 30 años, del fracaso del peso argentino, no parece razonable comprar un seguro de vida en esa divisa. Es ahí donde los seguros de vida denominados en Bitcoin son mucho más atractivos.

¿SÓLO PARA LOS RICOS?

Ahora que Bitcoin se está consolidando como parte clave del sistema financiero, surge una pregunta crucial: ¿beneficiará principalmente a las personas adineradas, como ocurre con muchos otros activos? No hay duda de que quienes ya tienen una buena posición económica se verán beneficiados, tal vez incluso de forma desproporcionada. Después de todo, Bitcoin es para todos.

Sin embargo, la mayoría de los *bitcoiners* no lo serían si no estuvieran comprometidos a hacer que los servicios basados en este activo sean accesibles para la gente común. ¡Y los verdaderos *bitcoiners* están decididos a hacerlo bien! Dado el gran número de hackeos en intercambios centralizados, las numerosas fallas en los contratos inteligentes de las aplicaciones "DeFi" y el colapso de muchas empresas de préstamos cripto, los emprendedores serios en el ecosistema Bitcoin están centrados en desarrollar soluciones seguras, robustas y confiables, basadas en código, no custodiales y de confianza minimizada.

En particular, vivir usando bitcoin como garantía para obtener préstamos en dólares está empezando a convertirse en una posibilidad real para usuarios de todos los niveles. Considerando que muchos *holders* comunes no dominan las matemáticas financieras, dichas soluciones están diseñadas para permitirles pedir prestado bajo términos muy conservadores, minimizando así el riesgo de una liquidación.

A una escala más amplia, creemos que Bitcoin, como nueva forma "hiper líquida" de garantía pura, está destinado a transformar las finanzas en el sur global. Tiene el potencial de revolucionar el sistema crediticio en los países de América Latina, África y Asia. En estas regiones, donde predominan sistemas basados en el débito, mucha gente carece de acceso al crédito porque sus sistemas no pueden evaluar la solvencia crediticia de manera efectiva.

Por el contrario, el mundo occidental tiene un sistema de crédito bien desarrollado, impulsado por la competencia entre Visa, Mastercard y American Express. Los comerciantes en occidente están dispuestos a pagar una cuota del 2-3% por ofrecer opciones fáciles de pago a crédito, creando incentivos que no existen en muchos otros países. Es ahí donde Bitcoin hará su magia, ayudando al sur global a dejar de depender exclusivamente de los modelos de débito. Usando este activo como garantía para préstamos personales y pagos en tiempo real, es probable que muchos de estos países terminen superando los sistemas de crédito actuales.

Utilizar Bitcoin como colateral es una forma mucho más eficiente de tomar decisiones de crédito, especialmente para los miles de millones de personas que no tienen acceso a los sistemas tradicionales de evaluación crediticia. En lugar de depender de calificaciones crediticias convencionales, el enfoque está en cuántos bitcoins tiene una persona, permitiéndole tomar un crédito en una moneda estable, que luego pueda gastar. Al ser una garantía líquida disponible las 24 horas, todos los días del año, Bitcoin representa una alternativa más inclusiva y confiable para ampliar el acceso al crédito.

Esto recuerda al caso de África donde la tecnología móvil logró superar la tecnología de la telefonía fija. Debido a los altos costos y los retos de infraestructura, relacionados con la instalación de grandes redes en tierra, muchas regiones de África no tenían un servicio generalizado de telefonía fija. En su lugar, el continente optó por la adopción rápida de tecnología de teléfonos móviles, la cual requería menos infraestructura y era más asequible y accesible.

Este concepto de Bitcoin como garantía pura en los mercados de crédito está destinado a reducir las tasas de interés de las tarjetas de crédito en todo el mundo. Actualmente, las tasas promedio oscilan entre el 10% y el 30%. La razón de que sean excesivamente altas es por el riesgo que asumen las instituciones financieras al ofrecer préstamos sin garantías. A diferencia de los préstamos con colateral, las tarjetas de crédito no están respaldadas y los bancos dependen de la promesa de pago basada en el flujo de ingresos futuros del deudor —como su salario— y otras variables que conforman su historial crediticio.

En cambio, si las tarjetas de crédito estuvieran respaldadas por un activo como Bitcoin, las tasas de interés se podrían reducir considerablemente. Con este sistema como garantía, los prestamistas pueden ofrecer mejores condiciones porque el préstamo está sobre-colateralizado, lo que les da mayor seguridad. Así, quienes posean bitcoin podrían acceder a tarjetas de crédito con tasas más bajas. A futuro, esto incluso podría volver al sistema más eficiente y justo para todos los involucrados, lo que lleva a muchos a creer que el modelo impulsará el futuro del crédito minorista a nivel global.

EL AUGE DEL NOMADISMO DIGITAL

Bitcoin también ha transformado nuestra relación con el trabajo. Algunos ya no necesitan emplearse para nada, han retirado sus fondos, invertido en otros activos y viven de sus rendimientos. Otros conservan su bitcoin pero dejan que éste trabaje para ellos. Se sienten cómodos con el riesgo de la contraparte, pero despliegan su criptodivisa mediante servicios de tomar y dar crédito, los cuales les proporcionan suficiente flujo de efectivo para cubrir todos sus gastos.

Para la mayoría, trabajar sigue siendo una necesidad. Lo que ha cambiado es la manera en que se realiza el trabajo. Mucha gente ha diversificado sus fuentes de ingresos, aceptando empleos inmediatos para múltiples entidades y adoptando el aumento del trabajo remoto, lo que llevó al aumento del "nomadismo digital".

Viajar por países de bajo costo y reducir tu tasa de gasto mientras disfrutas de un alto nivel de vida, es emocionante —y también mucho más fácil que incrementar tu ingreso. Ésta es una de las principales razones por las que el nomadismo digital está floreciendo. Se trata de aprovechar el arbitraje regulador y de costos —practicado por empresas y políticos desde hace mucho tiempo, como lo expusieron los Papeles de Panamá— y que ahora es accesible y "legítimo" para el ciudadano promedio. Es tal el crecimiento que, si la comunidad nómada digital fuera un país, ocuparía el lugar número 41 en población y el número 38 en la lista de los más ricos, considerando el ingreso nacional bruto per cápita.

Este estilo de vida se alinea perfectamente con la naturaleza global de Bitcoin y sus principios de descentralización. La soberanía monetaria que obtienen los *bitcoiners* se traduce en el deseo de descentralizar su estilo y condiciones de vida. Como era de esperarse, la industria de Bitcoin ha contribuido significativamente al auge del nomadismo digital, ya que la mayoría de las empresas del sector han adoptado un enfoque remoto por defecto, permitiendo a sus empleados trabajar desde cualquier lugar. Por eso, viajar de forma continua o buscar nuevas residencias se ha vuelto cada vez más popular entre la gente de Bitcoin.

Aunque el nomadismo digital es una tendencia que va más allá de la criptomoneda, ésta amplía tus opciones. Una de las razones por las cuales el trabajo remoto y los nómadas digitales no habían cobrado tanta relevancia global hasta ahora era la falta de un mecanismo de pago uniforme a escala mundial. Otra barrera era el alto costo de las transferencias electrónicas para operaciones pequeñas. Como trabajador remoto que maneja bitcoin con soltura, puedes recibir pagos internacionales fácilmente sin complicaciones bancarias. Como consumidor local, puedes gastar o vender algo de bitcoin fácilmente para tener efectivo local si es necesario. Este criptoactivo es cada vez más conocido y demandado mundialmente y, como individuo soberano, puedes llevarte tus ahorros a donde quiera que vayas. Incluso es posible almacenar y llevar tu bitcoin en una "billetera cerebral", que consiste en memorizar tu frase semilla para acceder a tus fondos.

Esta nueva forma de nomadismo ligada a Bitcoin se alinea con la tesis de la persona soberana, que plantea que los gobiernos competirán entre sí como proveedores de servicios. En esta competencia, no sólo se estarán enfrentando entre ellos, sino también contra una creciente "cibereconomía", impulsada por la criptodivisa. Al frente de este cambio se encuentra un grupo único de nómadas digitales que se identifican como personas soberanas: clientes móviles a nivel global, dispuestos a cambiar de jurisdicción para obtener un mejor servicio, mientras que evitan las monedas fiat tradicionales.

POR PRIMERA VEZ, TENEMOS DINERO QUE NOS PERMITE PENSAR Y VIVIR GLOBALMENTE.

Este desarrollo exige una perspectiva global, que Bitcoin —como activo internacional sin fronteras— puede proporcionar. Con el apoyo de este sistema y su comunidad, están ganando terreno conceptos como las naciones digitales o de *startup*, la nación nativa de Bitcoin, los Estados red y el movimiento de las ciudades privadas libres. Mientras surjan más "ofertas" de ese tipo, mayor será la probabilidad de que sea desafiada la estructura de poder geopolítica existente, dando a un mayor número de personas la oportunidad de escoger cómo quieren ser tratadas: como clientes y ciudadanos valiosos o simplemente como contribuyentes de los gobiernos. Un gobierno que responde a sus ciudadanos-clientes no fija sus impuestos para maximizar lo que puede cobrar, sino para optimizar la cantidad que la gente puede conservar.

En un mundo multipolar, la movilidad global es clave. Un ejemplo interesante de cómo se puede utilizar Bitcoin como herramienta para tener libertad de movimiento se está viviendo en Portugal. Quienes invierten el equivalente a 500 mil euros en la criptodivisa a través de una empresa portuguesa de inversiones, pueden obtener la residencia y, más adelante, la ciudadanía. Esto es posible gracias al concepto de los programas de visas doradas, como el que ofrece Portugal y que concede la residencia a extranjeros, siempre y cuando cooperen económicamente en ese país y cumplan con otros requisitos específicos. Hasta hace poco, también se otorgaban visas doradas por invertir en bienes raíces, pero el gobierno portugués eliminó esta opción debido a su impacto en el aumento de precios de la vivienda. Permitir inversiones en Bitcoin a través de empresas locales resulta una vía más adecuada para conceder estas visas, ya que no distorsiona el mercado local de vivienda. A la vez, permite a las personas mantener una exposición a largo plazo a la mejor tecnología de ahorro del mundo y a la garantía más sólida, mientras construyen su propio camino hacia la ciudadanía global.

Mientras que algunos *bitcoiners* optarán por descentralizar su residencia y ciudadanía para vivir como nómadas digitales, otros harán exactamente lo contrario: buscarán lo que podría llamarse "localismo del Bitcoin", cuya máxima expresión sería la ciudadela de Bitcoin. Actualmente, las ciudadelas siguen siendo una visión conceptual, nacida del ideal de escapar de la tiranía o el colapso social en busca de soberanía. Estas comunidades imaginadas aspiran a ser más que sólo un espacio físico, ya que representan una nueva forma de vivir profundamente conectada con los principios de descentralización y autosuficiencia de la criptomoneda.

EL LOCALISMO DE BITCOIN ES UNA FORMA DE VIDA DESCENTRALIZADA Y AUTOSUFICIENTE.

La idea contempla el desarrollo de una red de ciudadelas donde los propietarios de Bitcoin puedan convivir, rentando espacios de manera semanal o mensual. Estas ciudadelas están pensadas para estar ubicadas cerca de la naturaleza e incorporar sus propios sistemas agrícolas para descentralizar la producción de alimentos y acortar las cadenas de suministro. Este enfoque refleja la resiliencia del modelo al fomentar economías locales robustas y autosuficientes, con un fuerte énfasis en el abastecimiento alimentario local, independientemente de la producción alimentaria industrializada actual.

El lugar más probable para que surjan estas ciudadelas es en torno a centros de energía no aprovechada. Es posible construir instalaciones de minería de Bitcoin en lugares remotos, siempre que se cuente con hardware especializado y una conexión a Internet. Apoyadas por tecnologías como la red satelital de *Blockstream* —que transmite la *blockchain* de Bitcoin las 24 horas del día, los 7 días de la semana, incluso en zonas con conectividad limitada— estas economías locales pueden desarrollarse independientemente y fortalecer la infraestructura de las ciudadelas. Para asegurar el suministro energético, las ciudadelas pueden recurrir a soluciones de energía fuera de la red, promoviendo la autosuficiencia energética.

En cierto sentido, el concepto de una ciudadela Bitcoin se asemeja a las comunidades intencionales o a los experimentos comunales. Históricamente, este tipo de proyectos —al margen de la división global del trabajo y de las cadenas de suministro— rara vez fueron productivos; en general, respondían a fines más bien consumistas. Se podría pensar que esto sucediera con las ciudadelas Bitcoin. No obstante, hay una diferencia clave: los *bitcoiners* no solo tienen una ideología clara, sino también los recursos financieros.

INFLUENCIA DE BITCOIN EN LA POLÍTICA Y LA SOCIEDAD

Actualmente, tanto el nomadismo y el localismo de Bitcoin se desarrollan mayormente fuera del radar público. Sin embargo, conforme el precio de la criptodivisa sube y su integración con las finanzas y los mercados avanza, también crece la presión sobre los políticos para que le presten atención. Su valor expresado en dinero fiat se ha convertido en la herramienta de mercadotecnia más efectiva. La riqueza almacenada en este sistema empezará a tener un impacto cada vez más notable en el mundo que nos rodea. Esta creciente influencia será ejercida por quienes posean bitcoins cada vez más valiosos, ya sea a través del gasto o pidiendo prestado contra ellos. Y cuando algo adquiere mayor importancia, los políticos inevitablemente lo notan, buscando el apoyo de los tenedores de Bitcoin.

Según un estudio de 2024, existen aproximadamente 85,400 millonarios en Bitcoin, 156 personas que poseen cientos de millones en Bitcoin y 11 que tienen miles de millones. Si se incluye la riqueza generada por todo el mercado cripto, esas cifras aumentan a 172,300, 325 y 28, respectivamente. Ambos grupos de riqueza han mostrado un crecimiento impresionante año con año: los millonarios en Bitcoin han aumentado en un 111%, los centimillonarios en un 100% y los multimillonarios en un 83%. Se espera que estas cifras sigan incrementando conforme el valor de activo suba.

Quienes controlan estos recursos financieros ya están usando su riqueza para ejercer una influencia política significativa. Tal como se observó en Estados Unidos en 2024, por primera vez Bitcoin tuvo un impacto sustancial en una elección de gran escala. Durante ese ciclo electoral, las criptomonedas se posicionaron como una de las fuerzas más poderosas en los donativos de campañas políticas. Las empresas del sector cripto se convirtieron en los principales donantes corporativos, aportando casi la mitad (48 %) del total de las contribuciones. De forma notable, gastaron más que las industrias del petróleo y la banca combinadas.

Así, aunque los *bitcoiners* no hayan decidido de manera tajante quién sería el próximo presidente, los políticos de ambos bandos descubrieron que este grupo —y el ecosistema cripto en general— son un bloque de votantes importante y en crecimiento. Dirigirse a los sectores demográficos más jóvenes, específicamente a la generación Z y a los *millenials* —que representan el 65% de los propietarios de criptomonedas y el 40% de los votantes registrados en los estados clave— se ha convertido en una estrategia política altamente eficaz.

Las estadísticas posteriores a la elección confirman esta tendencia. Un gran grupo de votantes enfocado en un solo tema parece haber inclinado la balanza en varias elecciones estatales de Estados Unidos. ¿Cómo lo sabemos? Las encuestas revelaron que el 5% del electorado se identifica como "criptovotantes de un solo tema", es decir, personas que priorizan las políticas gubernamentales sobre las criptomonedas por encima de cualquier otro asunto al votar. En elecciones reñidas, donde estados clave como Pensilvania, Michigan, Wisconsin o Georgia suelen decidirse por márgenes de apenas 1 o 2 puntos porcentuales, ese 5% pudo haber sido decisivo. Después de todo, 54 de los 58 candidatos de las elecciones generales que fueron respaldados por un trío de súper PACs (Comités de Acción Política financiados por la "cripto industria" por un total de 170 millones de dólares) ganaron sus contiendas. Esto sugiere claramente que los "criptovotantes" salieron a las urnas en números decisivos.

Indudablemente, hoy existe un grupo no partidista de ciudadanos altamente motivados para participar en futuras elecciones y votar a favor de sus criptomonedas. Todo indica que este grupo está creciendo en números de tres dígitos cada año, convirtiéndose en el movimiento más grande de todos: mayor que Black Lives Matter, los mormones, los nómadas digitales, la comunidad LGBTQ+ o los jóvenes de Friday for Future. Además, el movimiento cripto no es cualquier movimiento. Es un movimiento de base con un fondo de capital extraordinariamente grande y que está creciendo de manera desproporcionada, con el que puede influir tanto en las elecciones como en otros eventos del mundo real, una ventaja que pocos movimientos populares poseen.

A PESAR DE HABERSE CONVERTIDO EN UN GRUPO DE VOTANTES INFLUYENTE, MUCHOS *BITCOINERS* SIGUEN MOSTRANDO UNA DESCONFIANZA FUNDAMENTAL HACIA LA POLÍTICA.

Sin embargo, los *bitcoiners* no se limitarán a votar por los políticos que representen mejor sus valores. En comparación con otros grupos de afinidad, una proporción nada despreciable de *bitcoiners* tiende a mostrar un escepticismo particular hacia los procesos políticos y con frecuencia aboga por vías alternativas para transformar la sociedad que no dependan de la política tradicional. Esto se debe a que la política, por su propia naturaleza, fomenta un comportamiento orientado a las ganancias inmediatas, impulsado por factores estructurales como las restricciones burocráticas, los ciclos electorales cortos y las expectativas de los votantes, muchas veces centradas en resultados inmediatos. Esta dinámica crea incentivos políticos que favorecen las ganancias rápidas por encima de la planeación estratégica a largo plazo.

Esto contrasta con la mentalidad de baja preferencia temporal que, por definición, exige Bitcoin a quienes lo poseen. Este enfoque es una parte fundamental de la Ley de la Siembra y la Cosecha, discutida en el capítulo 2. En lugar de buscar gratificación instantánea mediante el consumo inmediato, se trata de la disposición a invertir recursos hoy para cosechar mayores recompensas en el futuro. Para los *holders*, esto implica un impulso a renunciar a beneficios inmediatos con tal de construir una mayor riqueza a largo plazo. En vez de gastar su activo de manera impulsiva, están fuertemente incentivados por las proyecciones alcistas para ahorrar y construir para un futuro más próspero. Esta mentalidad refleja un enfoque en la sostenibilidad, la paciencia y la planificación a largo plazo, con efectos colaterales en otras áreas de la vida.

Hay que aclarar que los *bitcoiners* no son personas moralmente superiores por naturaleza. Sin embargo, sí tienden a ser más conscientes sobre sus propias decisiones de consumo y de las de las personas a su alrededor. Esta conciencia no está impulsada tanto por la virtud, sino por los incentivos que el propio sistema genera. Muy probablemente, esta mentalidad a largo plazo tenga un efecto positivo neto sobre la sociedad en general, conforme llegue a otras áreas también. La educación, el medio ambiente, la arquitectura, la producción de alimentos, las finanzas públicas, el sistema político y muchos otros sectores podrían beneficiarse de un enfoque largoplacista, más paciente y estratégico.

Si aplicamos este enfoque al ámbito de las finanzas públicas, vemos con claridad que los *holders* están en desacuerdo con el financiamiento gubernamental que, a su vez, en muchos países está fuertemente impulsado por la deuda. De hecho, hacer *hodl* es una forma de gratificación diferida y de optimización a futuro, mientras que financiar al Estado a través de la deuda y la inflación es todo lo contrario. Los gobiernos, que dependen excesivamente del endeudamiento, suelen actuar bajo una lógica de alta preferencia temporal: priorizan el consumo inmediato sobre la inversión, a expensas de las opciones y la resiliencia futuras. Los gobiernos toman prestado para gastar hoy, con la promesa de pagar después —una promesa que, muchas veces, cae sobre hombros ajenos.

CON EL ESTABLECIMIENTO DEL DEPARTAMENTO DE EFICIENCIA GUBERNAMENTAL (DOGE) EN ESTADOS UNIDOS, PODRÍAMOS SER TESTIGOS DEL IMPACTO DEL PENSAMIENTO A LARGO PLAZO EN LAS FINANZAS PÚBLICAS.

Conforme los *bitcoiners* ricos y las instituciones inspiradas en Bitcoin se consoliden como una fuerza más relevante en las finanzas globales, será interesante observar su impacto en el financiamiento gubernamental. Dado que existe una discrepancia inherente entre estas fuerzas —marcada por sus preferencias opuestas de tiempo— suponemos que algo tiene que ceder... y lo más probable es que no sean los *bitcoiners* quienes sigan cediendo.

La influencia del pensamiento a corto plazo en las finanzas del gobierno podría volverse profunda y trascendental. Impulsados por la idea de que Bitcoin es el mejor lugar del mundo para asignar capital, tanto los *bitcoiners* como las empresas del ecosistema tienen cada vez menos incentivos para prestar dinero a gobiernos que prefieren el comportamiento a corto plazo. Esto significa que los gobiernos tendrán dificultades para recaudar fondos, lo cual tendría repercusiones en sus presupuestos nacionales, sistemas de pensiones, infraestructura, medio ambiente y otros rubros. Son justamente estos efectos los que muchos tienen en mente cuando afirman que Bitcoin impone una disciplina monetaria para el sistema fiat.

Algunos incluso piensan que Bitcoin podría transformar los mercados de capitales tal como los conocemos, a favor de los bonos del gobierno. ¿Cómo? Argumentan que el sistema financiero global ha cambiado en las últimas décadas de los préstamos sin garantía hacia los préstamos garantizados. Una prueba notable de esto es el reemplazo de la LIBOR —la tasa de interés interbancaria de referencia durante décadas— por la SOFR, una nueva tasa basada en operaciones respaldadas por bonos del Tesoro de Estados Unidos.

De hecho, este gran cambio ha reforzado el papel de los bonos del Tesoro como la base del sistema financiero actual, como se explicó en el capítulo 5. Los bonos del Tesoro son la garantía soberana por excelencia. El mercado de estos instrumentos está valuado en unos 27 billones de dólares. No sólo tienen un riesgo crediticio muy bajo, sino que además son el mecanismo financiero más líquido del mundo gracias a que el respaldo del gobierno y la regulación han contribuido. Incluso el oro —la mayor garantía basada en el mercado, con un valor cercano a los 18 billones de dólares— no logra rivalizar con los bonos del Tesoro como la garantía de más alto nivel del mundo.

Entonces ¿por qué debería Bitcoin aspirar a desempeñar un papel importante en el mercado de préstamos interbancarios a un día? Si bien no está respaldado por el gobierno, ni es favorecido por la regulación, su liquidez llegará a rivalizar con la de los bonos del Tesoro, cuando alcance su capitalización.

Hacia finales de 2024, Bitcoin ya había superado, probablemente de forma definitiva, la capitalización del mercado de la plata. Lograr este hito —rebasar a uno de los activos monetarios más antiguos de la historia— le tomó menos de 16 años. Hoy, resulta perfectamente racional imaginar otro incremento de 10 veces en los próximos años, que colocaría a esta criptodivisa en una posición equiparable al oro. Después de todo, hace ya unos años que un bitcoin superó el precio de una onza de oro. Incluso ahora ha superado el precio de un kilogramo.

UN BITCOIN SUPERÓ A UNA ONZA DE ORO HACE AÑOS. AHORA HA SUPERADO A UN KILOGRAMO DE ORO.

A diferencia del oro, Bitcoin es totalmente virtual. Esto conlleva ventajas como menores costos de custodia, transporte más barato y verificación más sencilla; beneficios que lo convierten en un activo más eficiente que el oro. No obstante, todavía no supera a los bonos del gobierno de Estados Unidos, que serán el último activo por conquistar. Aun así, si consideramos su accesibilidad global, su liquidez 24/7, su liquidación inmediata y la capacidad de ser intercambiable de manera uniforme —comparado con el mercado fragmentado de bonos del Tesoro, que consiste en diversos valores con vencimientos que van desde semanas hasta 30 años—, Bitcoin tiene muchos elementos que lo avalan.

Considerando estos factores, existe un potencial teórico significativo para utilizar Bitcoin como garantía en lugar de los bonos del Tesoro. Este cambio podría debilitar progresivamente el estatus de estos instrumentos como forma de garantía preferida. A medida que Bitcoin sea adoptado más ampliamente como un activo de garantía neutral y pura dentro del sistema fiat, el financiamiento del gobierno podría volverse cada vez más desafiante, incluso para países de primer nivel como Estados Unidos.

> ## BITCOIN TIENE EL POTENCIAL DE RIVALIZAR CON LOS BONOS DEL TESORO DE ESTADOS UNIDOS COMO GARANTÍA DE PRIMER NIVEL.

HACER AL FIAT GRANDE DE NUEVO

Hoy, esta posibilidad puede parecer descabellada. Pero si el mundo llegara a avanzar en esa dirección, el sistema fiat podría verse seriamente amenazado —después de todo, los bonos del Tesoro son su sustento vital. En ese escenario, Bitcoin podría ofrecer un modelo para una nueva forma de garantía, divisa o activo libre de riesgos para respaldar el sistema. También podría servir como forma de pago final para liquidar deudas —un pago que no conlleva ni la carga de la inflación ni la de la violencia como herramienta de imposición. No existe ninguna ley internacional que defina cómo debe liquidarse finalmente una deuda fiat. Por lo tanto, contar con una garantía como Bitcoin basada en el mercado, que trascienda creencias sociales, culturales, lingüísticas, geográficas y religiosas, sería esencial en un contexto de ese tipo. Bitcoin podría convertirse en el extinguidor final de la deuda para este milenio.

Incluso Georg Friedrich Knapp, el economista famoso por afirmar que el dinero es una criatura del Estado (la ley), reconocía que debería de existir una herramienta así como último recurso. Él señaló que las monedas nacionales pueden perder valor si dejan de ser aceptadas fuera de las fronteras nacionales —y ningún poder estatal, por más fuerte que sea, puede cambiar esto.

Actualmente no se necesita que Bitcoin cumpla este papel, ya que el dólar estadounidense —cuyo estatus como moneda de reserva global se mantiene a través de una combinación de "prueba de violencia" y "prueba de valor"— sigue siendo dominante.

Mientras exista una posibilidad, por pequeña que sea, de que Bitcoin reemplace al dólar, creemos que gracias al propio Bitcoin, es mucho más probable que ese desenlace pueda evitarse. De hecho, se puede argumentar que las monedas estables privadas (*stablecoins*) —que pronto serán reguladas— representan una enorme ventaja para el sistema del dólar. La creciente demanda mundial de monedas estables, respaldadas en gran medida por bonos del Tesoro de Estados Unidos, se está convirtiendo en una fuente crucial de financiamiento para ese gobierno.

En cierto modo, las monedas estables vinculadas al dólar estadounidense actúan como un "impuesto" indirecto aplicado sobre los flujos de conversión de Bitcoin a dólares. ¿Por qué? Porque los usuarios, al impulsar la demanda por bonos del Tesoro, indirectamente están "aportando" al sistema, permitiendo al país financiar su deuda de forma más sencilla y a menor costo. En esencia, los usuarios de monedas estables están ayudando a financiar al gobierno de Estados Unidos, de manera muy similar a la forma en que los impuestos apoyan los ingresos del gobierno. Es un beneficio mutuo: las personas de los países del tercer mundo, con alta inflación, pueden abandonar la moneda local a favor del dólar, que es menos inflacionario. Irónicamente, el auge del comercio con Bitcoin le ha dado inadvertidamente al gobierno de EE. UU. un nuevo comprador macro estratégico para su deuda —uno que indica volverse aún más influyente.

La dinámica entre Bitcoin y las monedas estables ha creado una inercia que se refuerza a sí misma: conforme Estados Unidos financia sus déficits a través de letras del Tesoro, la inflación está destinada a aumentar, incrementando a su vez el precio de Bitcoin. Conforme el precio de criptodivisa aumenta, también crece la demanda de monedas estables, generando más emisión de letras del Tesoro. Este ciclo de retroalimentación sigue: lavar, enjuagar, repetir.

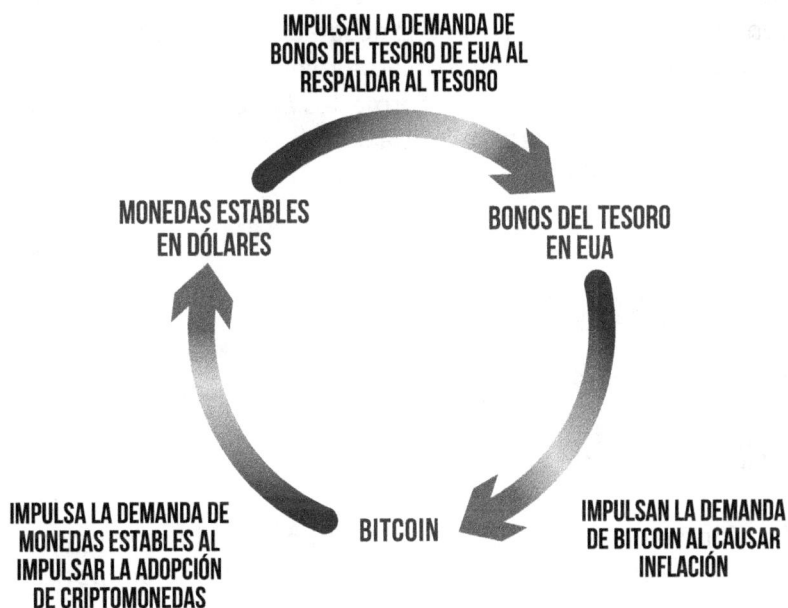

IMPULSAN LA DEMANDA DE
BONOS DEL TESORO DE EUA AL
RESPALDAR AL TESORO

MONEDAS ESTABLES
EN DÓLARES

BONOS DEL TESORO
EN EUA

IMPULSA LA DEMANDA DE
MONEDAS ESTABLES AL
IMPULSAR LA ADOPCIÓN
DE CRIPTOMONEDAS

BITCOIN

IMPULSAN LA DEMANDA
DE BITCOIN AL CAUSAR
INFLACIÓN

Rueda de inercia (*flywheel*)
Monedas estables - Bonos del Tesoro - Bitcoin.

Desde esta perspectiva, el dólar estadounidense y Bitcoin no son competidores, se complementan mutuamente y las monedas estables —dependientes del dólar— fungen como el eslabón crítico. La emisión de monedas estables estará impulsada por el aumento en la demanda de Bitcoin y el incremento de su precio en dólares. En ese sentido, la criptomoneda es lo mejor que le pudo haber pasado al sistema fiat. Después de todo, para evitar que el sistema del dólar estadounidense colapse, le viene bien contar con un activo en el que pueda "hiperinflarse" de manera gradual y tal vez ese activo sea justamente Bitcoin.

Sin embargo, esta relación es mutuamente beneficiosa. Los *bitcoiners* no deberían desear que el dólar estadounidense y las demás monedas fiat principales desaparezcan en el corto plazo. Ahorrar en Bitcoin y gastar en fiat es una estrategia que beneficia a todos los *bitcoiners*: desde una perspectiva de gasto, todo lo temporal está en dólares, mientras que todo lo duradero está en Bitcoin. De esta forma, los *bitcoiners* salen ganando, al poder pedir crédito contra sus ahorros en la criptodivisa de manera indefinida.

¡GASTA EN FIAT QUE SE DESVANECE, AHORRA EN BITCOIN QUE PERMANECE!

LO MEJOR ESTÁ POR VENIR

Al reformar a la sociedad desde abajo hacia arriba —en lugar de hacerlo de arriba hacia abajo—, Bitcoin tiene la mejor oportunidad de seguir creciendo en importancia. La forma de avanzar consiste en convencer a cada vez a más personas de adoptar el sistema, debido a los mejores incentivos que ofrece. Gracias a su naturaleza honesta, este modelo restaura poco a poco el verdadero descubrimiento de precios, tanto a nivel individual como social. Cuanta más transparencia de costos y precios se recupere a través de la adopción de Bitcoin, mayor será la probabilidad de revertir la decadencia monetaria de la humanidad.

Bitcoin salva al individuo de la carrera sin fin y, al mismo tiempo, transforma a la sociedad al revertir muchas de las características que se perdieron desde que se cortó el ancla con el oro en 1971. La reforma de Bitcoin apenas comienza y todo el mundo puede ser parte de ella. El futuro luce optimista. Quienes tengan oídos para oír, que oigan. Quienes tengan ojos para ver, que vean.

De hecho, Bitcoin ya ha demostrado su valor para cientos de miles, si no es que millones de personas. Muchos han encontrado que su forma de pensar y actuar ha cambiado gracias a este activo. Lo que empieza como una simple modificación de hábitos se convierte en una auténtica transformación personal. Hay quienes reportan estar más consciente de su salud, de sus hábitos de consumo, de su planeación financiera e incluso de sus relaciones. Como dice el dicho: *tú no cambias a Bitcoin, es Bitcoin quien te cambia a ti —más de lo que te puedes imaginar.* Y tal vez, algún día despiertes y te des cuenta de que el sistema financiero está cambiando de formas que apenas comenzamos a vislumbrar.

A

Acuñación
Se refiere al proceso de acuñar monedas, el cual incluye crear monedas metálicas en denominaciones específicas para ser usadas como moneda de curso legal en el comercio.

Algoritmo de consenso
Un mecanismo utilizado por las redes de *blockchain* para acordar el estado de la *blockchain*. Bitcoin utiliza un algoritmo de consenso conocido como *Proof of Work* (POW) o Prueba de Trabajo.

Altcoin
Cualquier criptomoneda que no sea Bitcoin. Las *altcoins* se crearon para mejorar el diseño de Bitcoin de muchas maneras.

Anti-frágil
Es un concepto acuñado por Nassim Taleb, que describe los sistemas que se vuelven más fuertes bajo estrés o volatilidad.

Arbitraje
La compra y venta simultáneas de un activo para beneficiarse de una diferencia en precio.

B

Balance general
Un estado financiero que resume los activos, los pasivos y la participación de los accionistas de una sociedad en un momento específico en el tiempo.

Banca de reserva fraccionaria
Un sistema bancario en el cual únicamente una parte de los depósitos bancarios está respaldada por reservas reales disponibles, permitiendo a los bancos prestar más dinero del que tienen en reservas.

Bifurcación
Una bifurcación en una red *blockchain* ocurre cuando diferentes partes están en desacuerdo sobre los cambios al protocolo. Una "bifurcación dura" crea una nueva *blockchain*, como *Bitcoin Cash*.

Blockchain
Libro mayor digital distribuido e inmutable que registra todas las transacciones de Bitcoin en bloques enlazados cronológicamente.

Bonos del Tesoro de Estados Unidos
Bonos del gobierno de Estados Unidos, generalmente considerados inversiones seguras, pero sujetos a riesgo inflacionario.

Bull Market (Mercado alcista)
Un mercado financiero en el cual los precios están subiendo, o se espera que suban.

C

Cantillonistas
Personas o entidades que están estrechamente relacionadas con las fuentes de la creación de crédito, permitiéndoles beneficiarse en exceso.

Capitalización del mercado
El valor total de la oferta en circulación de una cripto-moneda, calculado al multiplicar el precio actual por el número total de monedas en circulación.

Clave privada
Un código secreto que permite a quien lo tiene acceder y controlar su Bitcoin.

Contrarreforma
Un movimiento dentro de la Iglesia Católica en los siglos XVI y XVII, que buscaba reformar las prácticas de la Iglesia y contrarrestar la Reforma Protestante al reafirmar las doctrinas católicas e iniciar reformas internas. De manera similar, el Estado o los bancos centrales tratan de contra-rrestar el auge de Bitcoin.

Criptomonedas
Un tipo de monedas digitales o virtuales que utilizan la criptografía para seguridad y operan en cadenas descentralizadas, como Bitcoin.

Custodia propia
La práctica de mantener un control directo sobre el bitcoin propio, en lugar de confiar en terceros, generalmente a través de una billetera privada.

Descapitalizar
El proceso de reducir el monto del capital que tiene una sociedad, a menudo devolviendo las ganancias a los accionistas en lugar de reinvertirlas.

Descentralización
La distribución de autoridad y control en una red, en vez de en una sola entidad.

Devaluación monetaria
Una situación en la cual el valor de una moneda se erosiona, generalmente debido a un incremento en la oferta de dinero.

Dinero basado en acciones
Dinero que no es responsabilidad de nadie—como Bitcoin— a diferencia del dinero basado en deuda —como las monedas fiat— que siempre son responsabilidad de alguna institución.

Dinero sólido
Dinero que mantiene su valor a lo largo del tiempo y es menos susceptible a la inflación y a la manipulación del gobierno, promoviendo estabilidad en la economía.

Economía Austriaca
Una escuela de pensamiento económico que enfatiza la importancia de la elección individual, el orden espontáneo y la naturaleza autorreguladora de los mercados, muchas veces crítica de la intervención del gobierno y de las monedas fiat.

Efecto Cantillon
Describe cómo el dinero creado por el gobierno o por los bancos centrales beneficia a quienes lo reciben primero (como los bancos o las grandes corporaciones) y cómo afecta excesivamente los precios de los activos.

Efecto Streisand
Un fenómeno en el cual los intentos para suprimir información llevan a una mayor atención, en relación con la resistencia de Bitcoin a la censura.

Encriptación
El proceso de codificar datos para evitar el acceso no autorizado, crucial para asegurar las operaciones con Bitcoin.

Enfoque a largo plazo
Una mentalidad que prioriza las recompensas a largo plazo por encima de la gratificación a corto plazo. Generalmente se relaciona con los propietarios de Bitcoin, que se enfocan en la riqueza futura en lugar del consumo inmediato.

Entusiasta del oro
Inversionista que cree en el valor del oro como una forma de moneda estable y confiable, así como una cobertura efectiva contra la inflación y la inestabilidad económica.

Envilecimiento
La reducción en el valor de la moneda, históricamente mediante la reducción del contenido de metales preciosos pero, en tiempos modernos, a través de incrementar la oferta de dinero.

Esquema Ponzi (esquema de pirámide)
Una operación de inversión fraudulenta en la cual se les paga a los primeros inversionistas con las contribuciones de los nuevos inversionistas, en lugar de pagar de las utilidades.

FOMO (*Fear of Missing Out*). Miedo a quedarse fuera
Un fenómeno psicológico en el cual la gente invierte en activos debido al miedo de perder posibles ganancias.

Frase semilla
Conjunto de palabras generadas aleatoriamente que funciona como respaldo para acceder a una billetera de

criptomonedas. Permite a los usuarios recuperar sus fondos si su billetera se pierde o se daña.

Garantía
Activo que un deudor da en prenda a un acreedor para asegurar un préstamo. El acreedor puede embargar si el deudor incumple.

Garantía pura
Se dice que Bitcoin es una "garantía pura" debido a su alta liquidez y su capacidad para funcionar como un activo seguro en operaciones de préstamo y endeudamiento.

Halving (reducción a la mitad)
Evento en el sistema Bitcoin que ocurre cada 210 mil bloques (cada cuatro años aproximadamente), que reduce a la mitad la recompensa por bloque que reciben los mineros y limita la oferta de Bitcoin existente.

Hard money
Dinero que tiene un valor intrínseco, o que está respaldado por una mercancía como el oro. El dinero duro es resistente a la inflación y a la devaluación, a diferencia de las monedas fiat.

Hiperinflación
Inflación extremadamente alta y generalmente acelerada, que erosiona rápidamente el valor real de la moneda local.

HODL
Es un término derivado de haber escrito mal la palabra "hold", que se refiere a la estrategia de mantener Bitcoin a largo plazo, sin importar las fluctuaciones del mercado.

Impuesto de la inflación
La pérdida de poder adquisitivo debido a la inflación, generalmente denominado como impuesto oculto a la riqueza.

Índice de Precios al Consumidor (IPC)
Una medida que examina el precio promedio de una

canasta de bienes y servicios, comúnmente utilizada para calcular la inflación.

Índice precio/utilidad (P/E)

Relación utilizada para valuar una empresa, calculada al dividir el precio actual por acción entre las ganancias por acción.

Inflación

Aumento sostenido en el nivel general de precios de los bienes y servicios en una economía a lo largo del tiempo, que lleva a una disminución en el poder adquisitivo del dinero.

Inflación del precio de los activos

Aumento en los precios de activos —como bienes raíces o acciones— a lo largo del tiempo, frecuentemente generado por la inflación monetaria y no por una apreciación real de su valor.

Intercambio

Una plataforma donde la gente puede comprar, vender o negociar criptomonedas como el bitcoin.

L

Límite máximo

Se refiere a la oferta máxima de Bitcoin establecida en 21 millones, lo que lo convierte en un recurso finito.

Liquidez

La capacidad para comprar o vender un activo sin afectar su precio de manera significativa.

M

Métricas en la cadena

Datos derivados de una *blockchain*, que proporcionan información sobre la actividad de la red, como el volumen de operaciones, las direcciones activas y otros indicadores del desempeño de las criptomonedas.

Minería

El proceso de resolver problemas matemáticos complejos en la red de Bitcoin para obtener el derecho de añadir bloques a la *blockchain* a cambio de recompensas por bloque.

Moneda Digital del Banco Central (CBDC)
Una forma digital de dinero fiat emitido por un banco central.

Moneda estable
Un tipo de criptomoneda que depende del valor de la moneda fiat, como el dólar de Estados Unidos, para minimizar la volatilidad.

Moneda fiat/ Dinero fiat
Las divisas como el dólar de Estados Unidos o el euro, que no tienen valor intrínseco y no están respaldadas por una mercancía física como el oro, pero que son declaradas por el gobierno para ser la moneda de curso legal.

Monetización de deuda
El proceso mediante el cual un banco central (o bancos adyacentes al gobierno) compra deuda del gobierno y la convierte en dinero, lo cual aumenta la oferta de dinero fiat y conduce a la inflación.

N

Nodo
Una computadora que participa en la red de Bitcoin, siguiendo sus reglas, validando operaciones y enviando información a otros nodos.

Nomadismo digital
Un estilo de vida en el cual las personas utilizan la tecnología digital para trabajar de manera remota mientras viajan a diferentes lugares.

O

Operación de recompra (*Repo*) /
Operación de recompra inversa (*Reverse Repo*)
Contratos de crédito a corto plazo en los cuales una de las partes vende valores a otra utilizando un contrato para volver a comprarlos más adelante a un precio más alto. Este tipo de contrato se respalda generalmente mediante una garantía, usualmente bonos del gobierno.

P

Patrón oro
Un sistema monetario en el cual el valor de la moneda de un país está directamente relacionado con una cantidad específica de oro, lo cual permite intercambiar la moneda por oro a una tasa fija.

Persona soberana
Una persona que busca su independencia financiera de los sistemas controlados por el gobierno, generalmente utilizando Bitcoin y herramientas financieras descentralizadas.

Pleb o plebeyo
Una persona con muy poco o nada de conocimientos sobre criptomonedas y un ingreso promedio. En la antigua Roma, los plebeyos o plebs eran los ciudadanos romanos libres, que no eran patricios (aristocracia); es decir, la gente común.

Préstamo respaldado por Bitcoin
Un préstamo en el cual se usa Bitcoin como garantía, permitiendo al deudor acceder a fondos sin vender su activo.

Préstamo lombardo
Un préstamo en el cual el deudor ofrece valores o activos como garantía, utilizado comúnmente en la administración de riqueza. También conocido como préstamo colateral.

Prueba de trabajo (*PoW*)
Un mecanismo de consenso utilizado en el minado de Bitcoin, que requiere que los mineros resuelvan rompecabezas matemáticos complejos para validar operaciones y asegurar la red.

R

Recompensa por bloque
La recompensa (en Bitcoin) otorgada a los mineros por agregar exitosamente un bloque de operaciones a la cadena.

Rendimiento de bonos
El retorno que gana un inversionista de un bono, generalmente expresado como porcentaje.

Resistente a la censura
Se refiere a la capacidad que tiene la información o el contenido para mantenerse accesible o sin alterar, incluso frente a intentos de suprimir o controlar.

Satoshi (SAT)
La unidad más pequeña de Bitcoin, equivalente a 0.00000001 BTC.

Satoshi Nakamoto
El seudónimo utilizado por la persona o grupo de personas que crearon Bitcoin.

Sistema Bretton Woods
Sistema monetario internacional vigente entre 1944 y 1971, en el que las divisas estaban vinculadas al dólar estadounidense, el cual estaba respaldado por oro hasta el colapso del sistema.

Sistema monetario fiat
El sistema monetario mundial actual en el cual el valor del dinero es determinado por decreto gubernamental y no está respaldado por mercancías físicas como el oro.

Soft Money
Término utilizado para describir divisas que son fácilmente manipuladas, infladas o devaluadas —como la mayoría de las divisas fiat.

TMM (Teoría Monetaria Moderna)
Teoría económica que sugiere que los gobiernos pueden imprimir la cantidad de dinero que necesiten sin preocuparse por los déficits, siempre y cuando la inflación esté controlada.

Tope de 21 millones
La oferta total de Bitcoin tiene un tope de 21 millones, convirtiéndolo en un recurso finito y limitando la inflación dentro del mismo sistema.

Unidad de cuenta

Unidad monetaria estándar utilizada para medir el valor en una economía, como el dólar en Estados Unidos.

Velocidad del dinero

La velocidad a la cual circula el dinero en la economía. Una alta velocidad puede indicar una economía activa, mientras que una baja velocidad sugiere estancamiento.

"Vigilantes" de bonos

Inversionistas que venden bonos ante la expectativa de inflación o de políticas fiscales irresponsables, provocando un aumento en los rendimientos y ejerciendo presión sobre los gobiernos.

Volatilidad

Grado de variación en el precio de un activo financiero — como Bitcoin— a lo largo del tiempo. Una alta volatilidad indica un rango amplio de fluctuaciones en el precio.

CAPÍTULO 2

Bastiat, Frederic. *Essays on Political Economy*. CreateSpace Independent Publishing Platform, 5 de febrero de 2015.

Cassis, Youssef, y Philip L. Cottrell. *Private Banking in Europe: Rise, Retreat, and Resurgence*. 1ª ed. Oxford University Press, 20 de octubre de 2015.

Kiyosaki, Robert T. *Rich Dad Poor Dad: What the Rich Teach Their Kids About Money That the Poor and Middle Class Do Not!* 2ª ed. Plata Publishing, 11 de abril de 2017.

Keynes, John Maynard. *The Economic Consequences of the Peace*. Olive Garden Books, 28 de julio de 2013.

Lazarski, Christopher. *Power Tends to Corrupt: Lord Acton's Study of Liberty*. Northern Illinois University Press, 15 de noviembre de 2012.

Lewis, Parker A. *Gradually, Then Suddenly*. 2023.

Nakamoto, Satoshi. *Bitcoin open source implementation of P2P currency*. P2P Foundation, 11 de febrero de 2009. https://satoshi.nakamotoinstitute.org/posts/p2pfoundation/1/

Song, Jimmy. *Fiat Ruins Everything: How Our Financial System Is Rigged and How Bitcoin Fixes It*. Bitcoin Magazine Books, 2023.

CAPÍTULO 3

Ammous, Saifedean. *The Bitcoin Standard: The Decentralized Alternative to Central Banking*. Ed. ilustrada. Wiley, 2018.

Ammous, Saifedean. *The Fiat Standard: Debt Slavery Alternative to Human Civilization*. Scribe Media, 2021.

Beer, Adolf. *Allgemeine Geschichte Des Welthandels* (1862). Kessinger Publishing, 10 de septiembre de 2010.

Bindseil, Ulrich. *Central Banking Before 1800: A Rehabilitation.* Oxford University Press, 2020.

Bijleveld, Erik H. *The Psychological Science of Money.* 2014ª ed. Springer-Verlag New York Inc., 2014.

Bockelmann, Eske. *Das Geld: Was es ist, das uns beherrscht.* 1ª ed. Matthes & Seitz Berlin, 2020.

Boyer-Xambeau, M.-T., y A. Azodi. *Private Money and Public Currencies: The Sixteenth Century Challenge.* 1ª ed. Routledge, 1994.

Braudel, Fernand. *Capitalism and Material Life, 1400-1800.* Fontana, 1974.

Brewer, John. *The Sinews of Power: War, Money, and the English State 1688-1783.* Harvard University Press, 1 de octubre de 1990.

Center for Medieval and Renaissance Studies. *The Dawn of Modern Banking.* Yale University Press, 1979.

Chorafas, Dimitris N. *The Changing Role of Central Banks.* Palgrave Macmillan, 2013.

Dalrymple, William. *The Anarchy: The Relentless Rise of the East India Company.* Bloomsbury Publishing, 10 de septiembre de 2019.

Davies, Glyn. *A History of Money: From Ancient Times to the Present Day.* 3ª ed. University of Wales Press, 2002.

Deng, S. *Coinage and State Formation in Early Modern English Literature.* Palgrave Macmillan, 2011.

Di Muzio, Tim. *An Anthropology of Money.* 1ª ed. Routledge, 2017.

Dickson, P.G.M. *The Financial Revolution in England: A Study in the Development of Public Credit, 1688-1756.* Routledge, 17 de junio de 1993.

Dowd, Kevin, Richard H. Timberlake Jr., y Merton H. Miller, eds. *Money and the Nation State: The Financial Revolution, Government, and the World Monetary System*. Transaction Publishers for the Independent Institute, 1998.

Fekete, Antal E. *Credit and the Two Sources From Which It Springs: The Propensity to Save and the Propensity to Consume*. Edición académica. Pintax Cvba, 10 de abril de 2019.

Ferguson, Niall. *The Ascent of Money: A Financial History of the World*. Edición del 10° aniversario. Penguin Books, 2009.

Ferguson, Niall. *The Cash Nexus: Money and Power in the Modern World, 1700–2000*. Penguin Books, 2002.

Finkel, Irving. *The Ark Before Noah: Decoding the Story of the Flood*. 1ª ed. Hodder & Stoughton, 1 de enero de 2014.

Fox, David, y Wolfgang Ernst, eds. *Money in the Western Legal Tradition: Middle Ages to Bretton Woods*. 1ª ed. Oxford University Press, 2016.

Goodson, Stephen Mitford. *A History of Central Banking and the Enslavement of Mankind*. Black House Publishing Ltd, 2019.

Hudson, Michael. *Temples of Enterprise: Creating Economic Order in the Bronze Age Near East*. Islet, 12 de marzo de 2024.

Ingham, Geoffrey. *The Nature of Money*. 1ª ed. Polity, 2004.
Jevons, W. Stanley. Money and the Mechanism of Exchange. University Press of the Pacific, 31 de julio de 2002.

Lacey, James. *Gold, Blood, and Power: Finance and War Through the Ages*. Departamento del Ejército, 2015.

Lane, Frederic Chapin. *Money and Banking in Medieval and Renaissance Venice: Volumen I: Coins and Moneys of Account*. Johns Hopkins University Press, 2020.

Lane, Frederic Chapin. *Profits from Power: Readings in Protection Rent and Violence-Controlling Enterprises.* 1ª ed. State University of New York Press, 1979.

Lietaer, Bernard y Stephen Belgin. *New Money for a New World.* Qiterra Press, 2011.

Lips, Ferdinand. *Gold Wars: The Battle Against Sound Money As Seen From A Swiss Perspective.* Primera ed. FAME, 1 de febrero de 2002.

MacLeod, Henry Dunning. *Theory of Credit.* Londres: Longmans, 1889.

Martin, Felix. *Money: The Unauthorized Biography—From Coinage to Cryptocurrencies.* Edición Nachdruck. Knopf Doubleday Publishing Group, 2015.

Philiophvic, Eugen von. *History of the Bank of England and Its Financial Services to the State.* Kessinger Publishing, 2009.

Powell, Ellis T. *The Evolution of the Money Market 1385-1915: An Historical and Analytical Study of the Rise and Development of Finance as a Centralised, Coodinated Force.* 1ª ed.Routledge, 1966.

Schumpeter, Joseph. *"Die goldene Bremse an der Kredit-maschine." In Kölner Vorträge Band I, Die Kreditwirtschaft, 1. Teil.* Leipzig: Gloeckner, 1927.

Schumpeter, Joseph A. *Das Wesen des Geldes.* Editado por Fritz K. Mann. Nueva ed. Vandenhoeck & Ruprecht, 2008.

Smith, Vera C. *The Rationale of Central Banking: And the Free Banking Alternative.* 2ª ed. Liberty Fund, 1990.

Spufford, Peter. *Money & Its Use in Medieval Europe.* Edición revisada. Cambridge University Press, 2008.

Szabo, Nick. *Shelling Out: The Origins of Money.* 2005.

Taghizadegan, Rahim. *Helden, Schurken, Visionäre: Entrepreneure waren gestern jetzt kommen die Contrepreneure.* FinanzBuch Verlag, 2016.

Taghizadegan, Rahim, Ronald Stöferle, Mark Valek y Heinz Blasnik. *Austrian School for Investors: Austrian Investing Between Inflation and Deflation.* Mises.at, 10 de junio de 2016.

Ugolini, Stefano. *The Evolution of Central Banking: Theory and History.* 1a ed. Palgrave Macmillan, 2017.

Zelmanovitz, Leonidas. *The Ontology and Function of Money: The Philosophical Fundamentals of Monetary Institutions.* Capitalist Thought: Studies in Philosophy, Politics, and Economics. Lexington Books, 2015.

CAPÍTULO 4

Bockelmann, Eske. *Das Geld: Was es ist, das uns beherrscht.* 1ª ed. Matthes & Seitz Berlin, 2020.

Bunney, Sebastian. *The Hidden Cost of Money: How Financial Forces Shape Our Lives & the World Around Us.* 4 de diciembre de 2023.

Campbell, Angus y Philip E. Converse. *The Sense of Well-Being in America: Recent Patterns and Trends.* 1ª ed. McGraw-Hill, 1 de enero de 1981.

Carson, Kevin A. *Organization Theory: A Libertarian Perspective.* BookSurge Publishing, 23 de diciembre de 2008.

Cobie. *Trading the Metagame. Substack,* consultado el 4 de diciembre de 2024. https://cobie.substack.com/p/trading-the-metagame

Fergusson, Adam. *When Money Dies: The Nightmare of Deficit Spending, Devaluation, and Hyperinflation in Weimar Germany.* Old Street Publishing, 1975.

Gladstein, Alex. *Check Your Financial Privilege*. BTC Media LLC, 9 de marzo de 2022.

Gladstein, Alex. *Hidden Repression: How the IMF and World Bank Sell Exploitation as Development*. Bitcoin Magazine Books, 13 de noviembre de 2023.

Goethe, Johann Wolfgang von. *Maxims and Reflections*. Edición revisada. Penguin Classics, 1 de marzo de 1999.

Haque, Sharjil y Varghese, Richard. *The COVID-19 Impact on Corporate Leverage and Financial Fragility. USA: International Monetary Fund, 2021*. Consultado el 29 de noviembre de 2024.
https://www.imf.org/en/Publications/WP/Issues/2021/11/05/The-covid-19-Impact-on-Corporate-Leverage-and-Financial-Fragility-504356

Helliwell, J. F., Layard, R., Sachs, J. D., De Neve, J.-E., Aknin, L. B., & Wang, S. (Eds.). World Happiness Report 2024. Oxford: Wellbeing Research Centre, University of Oxford, 2024.

Housel, Morgan. *The Psychology of Money: Timeless Lessons on Wealth, Greed, and Happiness*. Harriman House, 8 de septiembre de 2020.

Hudson, Michael. *Super Imperialism: The Economic Strategy of American Empire*. 3ª ed. Islet, 30 de septiembre de 2021.

Jastram, Roy W. y Jill Leyland. *The Golden Constant: The English and American Experience 1560-2007.* 1ª ed. Edward Elgar Publishing Ltd, 1 de junio de 2009.

Keynes, John Maynard. *The General Theory of Employment, Interest, and Money*. 1a ed. Harper Business, 1965.

King, Mervyn. *The End of Alchemy: Money, Banking, and the Future of the Global Economy*. Edición reimpresa. W. W. Norton & Company, 7 de marzo de 2017.

Mises, Ludwig von. *Human Action: A Treatise on Economics.*
3ª ed. rev. Chicago: Henry Regnery Company, 1949, 1963, 1966.
Mises, Ludwig von. Socialism: An Economic and Sociological

Analysis. Traducido por J. Kahane. Nueva ed., aumentada con
un epílogo. New Haven: Yale University Press, 1951.

Nietzsche, Friedrich. *The Gay Science: With a Prelude in Rhy-
mes and an Appendix of Songs.* 1ª ed. Vintage, 12 de enero de
1974.

Palyi, Melchior. *The Twilight of Gold, 1914-1936: Myths and Rea-
lities.* 1ª ed. Regenry, 1 de enero de 1972.

Prasad, Eswar S. *The Dollar Trap: How the U.S. Dollar Tightened
Its Grip on Global Finance.* Ed. revisada. Princeton University
Press, 25 de agosto de 2015.

Redish, Angela. *Anchors Aweigh: The Transition from Commo-
dity Money to Fiat Money in Western Economies.* The Canadian
Journal of Economics / Revue canadienne d'Economique 26,
No. 4 (noviembre de 1993): 777-795. Wiley.

Rickards, James. *Currency Wars: The Making of the Next Global
Crisis.* Penguin Publishing Group, 2012.

Selgin, George. *On Ensuring the Acceptability of a New Fiat
Money.* Journal of Money, Credit and Banking 26, No. 4 (noviembre 1994): 808-826. Ohio State University Press.

Stoeferle, Ronald, Rahim Taghizadegan y Gregor Hochreiter.
The Zero Interest Trap. Mises.at, 28 de noviembre de 2019.

Taleb, Nassim Nicholas. *Fooled by Randomness: The Hidden
Role of Chance in Life and in the Markets.* 2ª ed. Random House
Trade Paperbacks, 2005.

White, Andrew Dickson. *Fiat Money Inflation in France.* Martino
Fine Books, 2017.

CAPÍTULO 5

Alden, Lyn. *Broken Money: Why Our Financial System Is Failing Us and How We Can Make It Better.* Timestamp Press, 2023.

Alden, Lyn. *Febrero 2024 Newsletter.* Lyn Alden, 25 de febrero 25 de 2024.
https://www.lynalden.com/february-2024-newsletter/

Basel Committee on Banking Supervision. *Basel III: International Regulatory Framework for Banks. Bank for International Settlements,* consultado el 4 de diciembre de 2024.
https://www.bis.org/ bcbs/basel3.htm

Bhatia, Nik. Layered *Money: From Gold and Dollars to Bitcoin and Central Bank Digital Currencies.* 1ª ed. 18 de enero de 2021.

Fekete, Antal E. *Front Running the Fed in the Treasury Market.* Consultado el 4 de diciembre de 2024.
https://professorfekete.com/articles/ AEFFrontRunningTheFedInThe-TreasuryMarket.pdf

Foss, Greg. *Why Every Fixed Income Investor Needs to Consider Bitcoin as Portfolio Insurance.* Rockstar Inner Circle, consultado el 4 de diciembre de 2024.
https://rockstarinnercircle.com/wp-content/uploads/2021/04/Why-Every-Fixed-Income-Investor-Needs-To-Consider-Bitcoin-As-Portfolio-Insurance.pdf

Frankel, S. Herbert. *Money, Two Philosophies: The Conflict of Trust and Authority.* Blackwell Publishers, 1977.

Goethe, Johann Wolfgang von. *Faust: A Tragedy. Part the Second.* Traducido por Archer Gurney. BiblioBazaar, 9 de octubre de 2008.

Greenspan, Alan. *The Age of Turbulence: Adventures in a New World.* Ed. reimpresa. Penguin Publishing Group, 9 de septiembre de 2008.

Greider, William. *Secrets of the Temple: How the Federal Reserve Runs the Country.* 1ª ed. Touchstone. Simon & Schuster, 1989.

Howell, Michael J. *Capital Wars: The Rise of Global Liquidity.* Springer, 2020.

Lacey, James. *Gold, Blood, and Power: Finance and War Through the Ages.* Departamento del Ejército, 2015.

Leonard, Christopher. *The Lords of Easy Money: How the Federal Reserve Broke the American Economy.* 1ª ed. Simon & Schuster, 2022.

Mises, Ludwig von. *The Theory of Money and Credit.* 1ª ed. Skyhorse, 1 de agosto de 2013.

Puviani, Amilcare. *Die Illusionen in der öffentlichen Finanzwirtschaft.* 1ª ed. Duncker & Humblot GmbH, 1 de enero de 1960.

Petrou, Karen. *Engine of Inequality: The Fed and the Future of Wealth in America.* 1ª ed. Wiley, 2021.

Reinhart, Carmen M. y M. Belen Sbrancia. *The Liquidation of Government Debt.* Working Paper 16893. National Bureau of Economic Research, marzo de 2011. http://www.nber.org/papers/w16893.

Ramaswamy, Vivek. *Capitalist Punishment: How Wall Street Is Using Your Money to Create a Country You Didn't Vote For.* Broadside Books, 2023.

Ramaswamy, Vivek. Woke, Inc.: *Inside Corporate America's Social Justice Scam.* Center Street, 2021.

Rittershausen, Heinrich. *Monetary Theory.* Kindle ed. 3 de noviembre de 2013.

Roth, Carol. *The War on Small Business: How the Government Used the Pandemic to Crush the Backbone of America.* Broadside Books, 2021.

Ryan-Collins, Josh, Asker Voldsgaard, Andrew Berkeley, Richard Tye y Neil Wilson. T*he Self-Financing State: An Institutional Analysis of Government Expenditure, Revenue Collection and Debt Issuance Operations in the United Kingdom*. UCL Institute for Innovation and Public Purpose, Working Paper Series (IIPP WP 2022/08), 24 de mayo de 2022. https://www.ucl.ac.uk/bartlett/public-purpose/publications/2022/may/self-financing-state-institutional-analysis

Skidelsky, Robert. *Money and Government: A Challenge to Mainstream Economics*. Allen Lane, 6 de septiembre de 2018.

Smialek, Jeanna. *Limitless: The Federal Reserve Takes on a New Age of Crisis*. Knopf, 2023.

Somary, Felix. *The Raven of Zurich: The Memoirs of Felix Somary*. Palgrave Macmillan, 1 de agosto de 1986.

Tymoign, Éric. *The Financial System and The Economy*. Lewis & Clark College, 2018.

Wang, Joseph J. Central Banking 101. Joseph, 2021.

Zarlenga, Stephen. *Der Mythos vom Geld: Vom Tauschhandel zum Euro: Eine Geschichte des Geldes und der Währungen*. 3ª ed. mejorada. Conzett Verlag, 2023.

CAPÍTULO 6

Alizart, Mark. *Cryptocommunism (Theory Redux)*. 1ª ed. Polity, 2020.

Anderson, Benedict. *Imagined Communities: Reflections on the Origin and Spread of Nationalism*. Ed. revisada. Verso, 2016.

Bier, Jonathan. *The Blocksize War: The Battle Over Who Controls Bitcoin's Protocol Rules*. Publicado independientemente, 2021.

Bit Intelligence. *A Rigged Economy: Why Gen Z and Millennials are Struggling*. YouTube: https://www.youtube.com/watch?v=Q7wkLPn7mAU

Carter, Nic. *A Most Peaceful Revolution*. Medium, consultado el 4 de diciembre de 2024. https://medium.com/@nic carter/a-most-peace- ful-revolution-8b63b64c203e

Carter, Nic. *Crypto Choke Point*. Pirate Wires, 23 de marzo de 2023. https://www.piratewires.com/p/crypto-choke-point

Demeester, Tuur. *The Bitcoin Reformation*. 8 Nov. 2019. Research report by Adamant Research.

Digital Currency Group. *Bitcoin Scaling Agreement at Consensus 2017*. Medium, 23 de mayo de 2017. https://dcgco.medium.com/bitcoin-scaling-agreement-at-consensus-2017-133521fe9a77

Eisenstein, Elizabeth L. *Some Conjectures about the Impact of Printing on Western Society and Thought: A Preliminary Report*. The Journal of Modern History 40, no. 1 (Mar. 1968): 1-56. The University of Chicago Press. http://www.jstor.org/stable/1877720. Consultado el 5 de abril de 2014.

Farrington, Allen y Meyers, Sacha. *Bitcoin Is Venice: Essays on the Past and Future of Capitalism*. BTC Media, 2022.

Gabriele, Mario. *The Decentralized Country*. Consultado el 4 de diciembre de 2024. https://thegeneralist.substack.com/p/the-de-centralized-country

Gigi, Der. *Proof of Work*. Consultado el 4 de diciembre de 2024. https://dergigi.com/pow/

Goodwin, Mark. *The Bitcoin-Dollar: An Economic Monomyth*. Bitcoin Magazine Books, 2023.

Hall, Robert. *The Bitcoin Whitepaper and Its Parallels to Martin Luther*. Consultado el 4 de diciembre de 2024. https://bitcoinmagazine.com/culture/the-bitcoin-whitepaper-and-its-parallels-to-martin-luther

Harper, Colin. *Bitcoin Independence Day: How This Watershed*

Day Defines Community Consensus. Consultado el 4 de diciembre de https://bitcoinmagazine.com/culture/bitcoin-independence-day-how-this-watershed-day-defines-community-consensus

Hayek, Friedrich A. *Denationalization of Money: An Analysis of the Theory and Practice of Concurrent Currencies*. The Institute of Economic Affairs, 1 de enero de 1977.

Hayek, Friedrich A. *The Pretence of Knowledge. Lecture to the Memory of Alfred Nobel, 11 de diciembre de 1974*. Nobel Prize, consultado el 4 de diciembre de 2024. https://www.nobelprize.org/prizes/ economic-sciences/1974/hayek/lecture/

Kaufmann, Thomas. *Die Druckmacher: Wie die Generation Luther die erste Medienrevolution entfesselte*. 1ª ed. C.H. Beck, 2022.

Lopp, Jameson. *Who Controls Bitcoin Core?* Consultado el 4 de diciembre de 2024. https://blog.lopp.net/who-controls-bitcoin-core/

May, Timothy. *A Cypherpunk's Manifesto. Mayo de 1993*. Consultado el 4 de diciembre de 2024. https://groups.csail.mit.edu/mac/classes/6.805/articles/crypto/cypherpunks/may-crypto-manifesto.html

Nakamoto, Satoshi. *Bitcoin: A Peer-to-Peer Electronic Cash System*. Bitcoin.org, 2008. https://bitcoin.org/bitcoin.pdf

NYDIG. *Who Controls Bitcoin*. Consultado el 4 de diciembre de 2024. https://nydig.com/learn/who-controls-bitcoin

Rizzo, Pete. *Against Cryptocurrency: The Ethical Argument for Bitcoin Maximalism*. Forbes, 29 de septiembre de 2021. https://www.forbes.com/sites/peterizzo/2021/09/29/against-cryptocurrency-the-ethical-argument-for-bitcoin-maximalism/?sh=4d-03b09a371b

Simnjanovski, Riste. *The Barbra Streisand Effect and Bitcoin*. Consultado el 4 de diciembre de 2024. https://bitcoinmagazine.com/culture/barbra-streisand-effect-and-bitcoin

Svanholm, Knut. *Bitcoin: Everything Divided by 21 Million.* Konsensus Network, 2022.

Svanholm, Knut. *Bitcoin: Sovereignty through Mathematics.* Publicado independientemente, 2019.

White, Lawrence H. *Better Money: Gold, Fiat, or Bitcoin?* Cambridge University Press, 2023.

CAPÍTULO 7

Alden, Lyn. *A New Look at Corporate Treasury Strategy.* Lyn Alden, consultado el 4 de diciembre de 2024. https://www.lynalden.com/a- new-look-at-corporate-treasury-strategy/

Alden, Lyn. *Bitcoin: A Global Liquidity Barometer.* Lyn Alden, consultado el 4 de diciembre de 2024. https://www.lynalden.com/bitcoin-a-global-liquidity-barometer/

Bhatia, Nik. *The Lightning Network Reference Rate.* Medium, Time Value of BTC, consultado el 4 de diciembre de 2024. https://timevalueofbtc.medium.com/the-lightning-network-reference-rate-98e41a9dadfa

Bhatia, Nik. *The Time Value of Bitcoin and LNRR.* Medium, Time Value of BTC, consultado el 4 de diciembre de 2024. https://timevalueofbtc. medium.com/the-time-value-of-bitcoin-and-lnrr-e0c435931bd8

Brick Towers. *How to Properly Understand Bitcoin as a Productive Asset.* Medium, consultado el 4 de diciembre de 2024. https://brick- towers.medium.com/how-to-properly-understand-bitcoin-as-a-productive-asset-8d1ac9a3b813

Callahan, Sam. *Bitcoin: A Global Liquidity Barometer.* Encargado y asesorado por Lyn Alden. Publicado septiembre de 2024.

Coinbase. *New National Survey of 2,000 American Adults Suggests 20% of Americans Own Cryptocurrency.* Coinbase

Blog, consultado el 4 de diciembre de 2024. https://www.coinbase.com/blog/new-national-survey-of-2-000-american-adults-suggests-20-of-americans-own

Davidson, James Dale y William Rees-Mogg. *The Sovereign Individual: Mastering the Transition to the Information Age*. 1ª ed. Touchstone, 1999.

Henley & Partners. *Crypto Wealth Report 2024*. *Henley & Partners*, consultado el 4 de diciembre de 2024. https://www.henley-global.com/publications/crypto-wealth-report-2024

Keidun, Max. *Bitcoin Is Superior Lending Collateral*. Bitcoin Magazine, consultado el 4 de diciembre de 2024. https://bitcoinmagazine.com/culture/bitcoin-is-superior-lending-collateral

Livera, Stephan. *Bitcoin Enables the Free Cities Movement*. Bitcoin Magazine, consultado el 4 de diciembre de 2024. https://bitcoinmagazine.com/culture/bitcoin-enables-the-free-cities-movement

Paradigm. *October Polling: Election Day Survey*. Paradigm, 30 de octubre de 2024. https://www.paradigm.xyz/2024/10/october-polling

River Financial. *Business Bitcoin Report 2024*. River, consultado el 4 de diciembre de 2024. https://river.com/learn/files/business-bitcoin-report-2024.pdf

Ross, Stevens, Carter, Nic y Farrington, Allen. *On Impossible Things Before Breakfast*. NYDIG, consultado el 4 de diciembre de 2024. https://assets.website-files.com/614e11526f6630959f-c98679/629a961965b5a15419d5c72b_On%20Impossible%20Things%20Before%20Breakfast.pdf

Srinivasan, Balaji. *The Network State: How To Start a New Country*. Ed. para Kindle. Amazon Kindle, 2022.

Stöferle, Ronald-Peter y Mark Valek. *In Gold We Trust Report*

2024. Incrementum AG, May 17, 2024. https://ingoldwetrust.report/
wp-content/uploads/2024/05/In-Gold-We-Trust-report-2024-english.pdf

Taleb, Nassim Nicholas. *The Most Intolerant Wins: The Dictator-
ship of the Small Minority*. Medium, Inserto, 14 de agosto 2016.
https://medium.com/incerto/the-most-intolerant-wins-the-dictators-
hip-of-the-small-minority-3f1f83ce4e15

Wankum, Leon. *Why Bitcoin Is Pristine Collateral*. Bitcoin Magazine,
consultado el 4 de diciembre de 2024. https://bitcoinmagazine.
com/business/why-bitcoin-is-pristine-collateral

www.ingramcontent.com/pod-product-compliance
Lightning Source LLC
Chambersburg PA
CBHW061157240326
R18026500001B/R180265PG41519CBX00028B/49